Mein Dank gilt allen Menschen, denen ich in den letzten Jahren während meiner Arbeit begegnet bin. Ich durfte viele Erfahrungen sammeln und habe dieses neue Wissen immer wieder neu in meine Arbeitsweise einfließen lassen.

Während jahrelanger Mess- und Beratungstätigkeit habe ich die vielfältigsten Probleme am Arbeitsplatz, im Schlaf- und Wohnbereich oder auf dem Baugrundstück vor dem Hausbau kennen gelernt. Einige dieser Erfahrungen habe ich in diesem Buch zusammengefasst.



Eigenverlag und Firma Robert Ohlheiser
Hauptstraße 43
57614 Steimel-Weroth (BRD)
Tel.: 02684-1275
Fax : -8398
Handy: 0171-430 497 7
Internet: www.rutengaenger.org
E-Mail: Rohlheiser@t-online-de

# Inhaltsverzeichnis

# Erdstrahlen gibt es!

Das steht fest! Genauso sicher ist auch, dass Menschen, die sich lange und immer wieder während der Schlafphase in den Störfeldern aufhalten, physisch und psychisch gestört werden. Nach einer Zeit treten meist bestimmte Krankheitssymptome auf.

Wer heute noch der Meinung ist, dies verleugnen zu können, hat entweder selber keine eigenen körperlichen Erfahrungen damit gemacht oder ist wissenschaftsgläubig. Erdstrahlen sind nicht sichtbare und auf herkömmliche Weise nur schwer messbare Strahlen. Wirkung und Vorhandensein lassen sich heute wie früher nur durch Erfahrung feststellen. Ich selber habe in meiner Jugend oft ein Gefühl/Gespür für bestimmte Stellen in der Natur gehabt, die ich gerne aufgesucht oder gemieden habe. Eine verstandesgemäße Erklärung habe ich damals dafür nicht gefunden. Als unbedarfter Mann bin ich später mit dem Thema Erdstrahlen und Krankheiten in Berührung gekommen und es war für mich sehr erschreckend zu erleben, dass es Stellen auf der Erde gibt, die ich unbedingt meiden muss.

## Dieses Wissen vermitteln

Heute bin ich dankbar dafür, dass ich seit 1984 hauptberuflich als Geobiologischer Berater und Rutengänger arbeite. Da ich es mir zur Aufgabe gemacht habe, dieses Wissen in Vorträgen zu vermitteln, halte ich seit dieser Zeit etwa 1 mal in der Woche in vielen Städten Deutschlands, Österreich und der Schweiz ein Referat zu dem Thema :

*1. Der richtige Umgang mit Schutz-, Kraft- und Heilsteinen*

*2. Krank durch Erdstrahlen/Wasseradern, Elektrosmog und der falschen Bettstelle?*

Hier erlebe ich bei jedem Vortrag immer wieder neu, welche Einstellung die Menschen zu diesem Thema haben. Es ist auch sehr interessant zu sehen, wie in den verschiedenen Städten, alleine hier in Deutschland, die Menschen unterschiedlich mit diesem Thema umgehen. In machen Gegenden haben die Menschen anscheinend keine großen Belastungen und reagieren dementsprechend. In anderen Gegenden sind die Besucher sehr aufgeschlossen und nach dem Vortrag wird noch lange darüber geredet und ausgemessen. Ich habe immer wieder festgestellt, dass sich auch im Laufe der Zeit die Menschen einfach wieder viel offener mit diesem Thema auseinandersetzen. Gab es in meinen ersten Vorträgen regelmäßig heiße und heftige

Diskussionen und teilweise sogar sehr massive Anschuldigungen und Drohungen, so sind die Besucher heute doch viel offener und aufgeschlossener geworden. Gerade zu dem Thema Elektrosmog habe ich in den Anfangsjahren immer wieder erfahren, dass es Belastungen durch Strom nicht gäbe und dass das hier Aufgeführte nicht sein kann. Einige Argumente, die immer wieder auftauchten, waren folgende: Das haben wir in der Ausbildung nicht gelernt. Hier geht es nur um Geschäftemacherei und Verängstigungen. Ich habe noch nie von einem Netzfreischalter gehört usw.. Ich kann ein blankes Stromkabel anfassen und mir passiert nichts, wieso soll da jemand von den Feldern krank werden?

Ich hatte das so oft gehört, dass ich nur sagen konnte, lernt dazu. Und die Elektrobranche hat dazugelernt. Anscheinend wurde entdeckt, dass hier Geld zu verdienen ist und seit dieser Zeit haben sich Elektriker immer mehr darauf spezialisiert, mit dem Thema Elektrosmog umzugehen. Ähnlich war es mit dem Thema Erdstrahlen. Viele wollten mir damals erklären, dass das alles nur Scharlatanerie und nicht nachzuweisen sei, wie z.B.: Die Wissenschaft steht diesem Ganzen skeptisch gegenüber. Es gibt keine Geräte, um diese Behauptungen nachzuweisen! Zeigen Sie mir die Formel dafür!

Mag ja sein, dass einige Wissenschaftler diesem alten Wissen skeptisch gegenüberstehen. Aber ich habe immer wieder erlebt, wie nach einer guten Schlafplatz-, Grundstücks- oder Arbeitsplatzuntersuchung festgestellt werden konnte, welche Belastungen vorhanden waren und dass nach deren Beseitigung es den Menschen einfach besser ging. Sofern die von mir vorgeschlagenen Veränderungen durchgeführt wurden, waren, meist innerhalb von wenigen Tagen bis maximal 3 Monate danach, spürbare Verbesserungen eingetreten. Dazu später noch mehr!

Heutzutage überschwemmen Informationen zu diesem Thema den Büchermarkt. Ich persönlich möchte mit diesem Buch eine überarbeitete Fassung anbieten. Mein erstes Skript erschien 1988. Dies ist jetzt die zweite überarbeite und auf den neusten Wissensstand gebrachte 2. Buchversion. Mein Anliegen ist, dieses Wissen leichtverständlich weiterzugeben. An Menschen, die zum erstenmal mit dem Thema in Berührung kommen. Ich möchte aber auch  an diejenigen, die schon belesen sind oder eigene Erfahrungen gemacht haben, die eine oder andere Anregung weitergeben.
Da ich seit 1984 regelmäßig mehrmals im Jahr Seminare und Ausbildungen durchführe, ist dieses Buch gleichzeitig auch eine Grundlage für eine gute Ausbildung. Ein Buch speziell mit der Ausbildung mittels Ruten, Pendel und Messgeräten wird nach diesem Buch vielleicht ebenfalls erscheinen. Das wichtigste habe ich jedoch schon hier zusammengefasst und leicht nachvollziehbar aufgeschrieben. Wer sich ein wenig Zeit lässt und nach den vorgeschlagenen Weg in den Übungen vorgeht, kann mit Sicherheit die eine oder andere neue Erfahrung machen. Es sind immerhin die Übungsschritte die sich im Laufe der

Jahre immer mehr herausentwickelt haben. Einfach, leicht und gut.

## *Störeinflüsse im Bett:*

***1. Erdstrahlen***

***2. Elektrosmog durch Hausstrom***

***3. Elektrosmog durch Störfelder von Außen***

***4. Falsche nichtverträgliche Bettmaterialien***

***5. Gestörtes Erdmagnetfeld***

***6. Falsche Bauweise***

## Veröffentlichungen in der Presse

Seit meinem ersten Vortrag lade ich die Presse kostenlos ein und bin immer wieder erstaunt, wie unterschiedlich danach die Veröffentlichung der Artikel ist. Je nachdem, wie die Reporter persönlich zu dem Thema stehen, sind die Artikel sehr gut und neutral geschrieben. Ich habe jedoch auch genügend Zeitungsartikel gelesen, die falsch, total bissig oder teilweise ganz dumm abgefasst waren.

Inzwischen habe ich Aktenordner voller Zeitungsausschnitten mit Berichten von meinen Vorträgen, und mancher Zeitungsartikel löst in mir immer noch große Verärgerung über die Art und Weise aus, in der über dieses alte Wissen in so unsachlicher Weise berichtet wird. Aber die Presse lebt halt von Angst und Schrecken.

Zum Glück gibt es aber auch Frauen und Männer, die sich wirklich informieren und ihren Lesern und Leserinnen das Thema sachlich und gut weiterreichen.

Während des Vortrages können die Besucher mit einer Laienrute selber an angezeichneten Punkten ihre Fähigkeiten testen. Hier hat die Presse einen wirklichen Einblick, wie wir Menschen mit den vorhandenen Strahlen umgehen und leben. Leider wird uns allen mit negativen Veröffentlichungen zu diesem Thema nicht geholfen. Eine große Verunsicherung findet statt. Ich habe viele belastete und kranke Menschen erlebt, die leider durch die Presse nicht erfahren konnten, warum sie krank waren. Es ist auch heute noch schwierig eine Bestätigung dafür zu finden, dass diese Umwelt- und Umfeld-Belastungen krankmachend sein können. Ich habe immer wieder erlebt, wie Kunden von mir sich durchgerungen haben, diese Belastungen austesten zu lassen, Gegenmaßnahmen durchzuführen und Erfolge zu erleben. Dies möchte ich in diesem Buch aufzeigen.

# Erdstrahlen

„Erdstrahlen oder Strahlen, die aus der Erde kommen“ dies ist eine im deutschsprachigem Raum sehr weitverbreitete Bezeichnung für 9 verschiedene Energiefelder. Man nennt sie auch Erdwellen, Reizstreifen, Reizzonen, Geopathogene Störfelder usw. Für uns Menschen sind diese Energien auf Dauer belastend und diese Energien können zu verschiedenen Krankheitssymptomen führen. Kurzfristig kann sich der Mensch ohne Schaden zu nehmen in diesen Störfeldern aufhalten. Sollte unser inneres Gefühl uns jedoch zu verstehen geben, dass wir uns unwohl fühlen, heißt es, diesem Impuls nachzugeben und die entsprechende Stelle zu verlassen. Wenn die Stärke der Energien vor Ort richtig gemessen wird, (vom Fachmann/frau), können wir max. 1000 Reizeinheiten (RE) vertragen, oder 7500 Boviseinheiten.

Reizeinheiten oder Boviseinheiten sind für den geübten Fachmann oder Fachfrau eine Möglichkeit, die vorhandene Belastung oder Einwirkungsstärke dieser neun Erdstrahlenfelder zu ermitteln. Sind sie stärker als 1000 Reizeinheiten oder sehr viel geringer oder sehr viel mehr als 7500 Boviseinheiten, so wird eine solche Stelle auf Menschen Krankmachend sein können. Wenn wir uns zulange darin aufhalten.

## *Erdstrahlen*

**Kommen als Strahlen aus der Erde und sind für Menschen auf Dauer belastend!**

**Sammelbegriff für:**

**1. Oberflächenwasserader (bis 50 Meter Tiefe)**

**2. Tiefenwasserader (tiefer als 50Meter)**

**3. Gesteinsbruch**

**4. Verwerfung**

**5. Kreuzungspunkt nach Dr. Ernst Hartmann**

**6. Kreuzungspunkt nach Dr. Manfred Curry**

**7. Doppelzonen-Gitternetzkreuzungspunkt**

**8. Horizontale Störwellen**

**9. Schwarze Energieströme**

**Bis 1000 Reizeinheiten oder in Boviseinheiten gemessen sollen nicht mehr oder nicht weniger wie 7500 vorhanden sein. Nur diese natürlichen Einwirkungen sind für den Menschen verträglich.**

## Umlenken oder Bett umstellen

Dies ist immer wieder die große Frage. Viele Menschen lassen erst gar keinen Rutengänger ins Haus kommen, da sie Angst haben, dass dieser ein Störfeld finden könnte und es bestünde dann keine Möglichkeit, etwas dagegen zu tun. Ich kann dazu nur immer wieder sagen, dass der gesamten Menschheit bestimmt genug Zeit geblieben ist, damit zu experimentieren/umzugehen. In unserem Land haben sich inzwischen zwei Hauptrichtungen herausgebildet. Die eine Gruppe hält es für sinnvoll, eine Bettstelle immer aus einer Belastung herauszustellen, und die zweite Gruppe (zu der ich gehöre) sagt, dass es ebenfalls möglich ist, eine Veränderung auch an einem belasteten Bettplatz vorzunehmen.

Möglichkeiten gibt es viele, deshalb habe ich mir angewöhnt, nur dann eine genaue Auskunft zu geben, wenn ich vor Ort im Schlafzimmer gesehen habe, welche Situation tatsächlich vorhanden ist. Sie werden hier im Buch immer wieder nachlesen können, dass verschiedene Dinge im Schlafzimmer zusammenkommen können. Erst wenn der Tatbestand bekannt ist, kann auch eine richtige Gegenmaßnahme vorgenommen werden.

Sobald die Situation eine Bettplatzumstellung innerhalb des Zimmers oder in einen anderen Raum zulässt, werde ich selbstverständlich diesen Vorschlag machen. Sollte dies aber nicht der Fall sein, oder meine Auftraggeber möchten das nicht, so werde ich mit ihnen zusammen eine Umlenkung der Erdstrahlen vor Ort ausprobieren und vornehmen. Hierzu gibt es verschiedene Möglichkeiten. Wichtig ist jedoch immer wieder, dass eine unbelastete Bettstelle folgendes aufweisen muss:

Es muss eine neutrale oder rechtsdrehende Schwingung vorhanden sein.
Zwischen 100 bis max. 800 Reizeinheiten. Gut wäre es, wenn es zwischen 100-500 Reizeinheiten wären. Der Platz, auf dem die Frau bzw. der Mann liegt, sollte mit einem Rutentest überprüft werden, ob die Situation wieder in Ordnung ist. Das kann auch mittels eines Kinesiologietestes durchgeführt werden, zuerst auf einer Belasteten und dann auf der neutralisierten Bettstelle. Erst dann kann davon ausgegangen werden, dass es richtig ist.

Bitte unbedingt prüfen, ob noch weitere Maßnahmen vorgenommen werden müssen, wie z.B. Stromausschaltung, Bettmaterialien austauschen, die Gesamtraumenergie, Tür-Fenster, nach den Feng-Shui-Regeln mittels Schutzsteinen ausgleichen, usw..

Ich kann hier jetzt nur einige Beispiele aufführen, wie ich in all den vielen Jahren Veränderungen bei meinen Auftraggebern durchgeführt habe. Oftmals habe ich auf dem Boden oder in den Bettkästen unter dem Lattenrost im Bett verschiedene Schutz- und Kraftsteine ausgetestet. Diese müssen dann an bestimmten Stellen platziert sein und sollten angezeichnet oder markiert werden. Hierauf kam fast immer eine bestimmte Auflage, und wenn nötig wurde eine bestimmte Naturmatratze noch mitverwendet. Ich habe aber auch oft erlebt, dass nur mit den Schutzsteinen und der Auflage eine Veränderung vorgenommen werden konnte. Dies ist einfach in jedem Haus oder Wohnung so verschieden, dass es nur vor Ort bestimmt werden kann. Möglich ist eine Veränderung zum Besseren auf jeden Fall. Da das ganze Thema Erdstrahlen jedoch noch nicht naturwissenschaftlich anerkannt und ausgeforscht ist, möchte ich an dieser Stelle einfach noch einmal darauf hinweisen. Ich kann immer wieder nur betonen, das ich seit 1984 diesen Beruf ausübe und werde auch immer wieder Beispiele geben, wie Kunden von mir diese Veränderungen erlebt haben.

## Das energetische Herz

### *Das energetische Herz ist die wichtigste positive Stelle*

### *Wo befindet sich das energetische Herz des Grundstückes oder des Hauses/der Wohnung?*

### *Wie kann ich es harmonisieren?*

Wenn sich Menschen seid alten Zeiten an bestimmten Plätzen versammelten, dann waren es immer Plätze mit einer guten Energie die speziell hierfür ausgesucht wurden. Um sich einfach zu treffen und die Zeit miteinander zu genießen, oder um Streitigkeiten zu regeln. Um darüber zu beratschlagen oder sich von ihren Medizinfrauen oder Schamanen die günstigste Zeit des einsähen, des Erntens oder um anstehende Clanwahlen zu treffen, egal warum auch immer, fast auf jedem Land dieser Welt ist bekannt, das sich die einzelnen Kulturen und Völker, Stämme oder Clan an bestimmten Stellen getroffen haben. Stellen an denen die richtigen Erdgeister wohnten oder herbeigerufen wurden. Auch wenn die sogenannten modernen Menschen dies heute eher mit Lächeln oder als Aberglaube abtun möchten. Vieles in unserem Leben deutet immer noch auf diese alten Riten hin. Aus dem Versammlungsort ist heute das Rathaus geworden. Das Haus, in dem der Rat sich trifft und für die Gemeinschaft die richtigen und besten Entscheidungen trifft. Wer früher in den Rat gewählt oder berufen wurde, hatte damit zwar Privilegien, aber auch eine hohe Verantwortung für seine Mitmenschen. Das Bürgerhaus oder die Stadthalle sind landläufige begriffe geworden. Die Herberge, das Haus des Gastes in vielen Touristenorten. Oder das Gasthaus, das Hotel usw.. Viele Orte sind aber auch für religiöse Treffen und Gemeinsamkeiten aufgesucht worden. Die Kirchen oder früher die Naturstellen, an denen bestimmte Kräfte oder Geister lebten oder wohnten. An denen Flüsse entspringen, Heilige oder heilende Quellen entsprungen sind und viele weitere Beispiele, die uns das überlieferte Volkswissen weitervermittelt haben. Alles alte Bräuche, die auf bestimmtes Wissen zurückzuführen sind. Alle überlieferten Rituale in den alten Handwerken basierten auf Erfahrungswerten. Also auf Erprobtes, Ausprobiertes in dem man durch praktisches Anwenden Wissen gesammelt hat. So auch die Grundsteinlegung beim Hausbau, die ursprünglich eine ganz andere Bedeutung hatte, als das was wir heute so landläufig daraus gemacht haben.

Versuchen wir uns vielleicht einmal 500 Jahre in unsere Vergangenheit zurück zu versetzen und wenn wir uns jetzt an dieser Stelle an der wir uns gerade aufhalten, umsehen würden, würden wir mit Sicherheit in den meisten Fällen eine völlig andere Umgebung um uns herum wahrnehmen. Die in unserer Zeit so vertrauten und gewohnten Umgebungsgeräusche würden in den meisten Fällen nicht mehr da sein oder sich völlig anders anhören. Der gewohnte Geräuschpegel, den wir heute fast überall hören und der um überleben zu können in den meisten

Fällen unterdrückt oder ignoriert werden muss, fiele alleine schon einmal weg. Wo gibt es denn heute noch Orte ohne die ständigen Hintergrundgeräusche?!

Auch die Orte und Häuser würden in vielen Fällen anders aussehen. Die für uns so gewohnten Straßen, Laternen, Hausfassaden, Fortbewegungsmittel würden entfallen und anderen Formen Platz machen. Die Kleidung der Menschen war anders, Lebensmittelkaufhäuser würden wegfallen und mit ihnen das Überangebot das uns überall umgibt. Es wäre alles anders, aber beileibe nicht primitiv oder unbedingt dümmer, wie sich viele so eine Umgebung im ersten Moment vorstellen. Du würdest viel mehr in und mit der Natur leben. Mit allen Vor- und Nachteilen. In den meisten Häusern würdest du Menschen und Tiere zusammen leben und wohnen sehen. Hier waren nicht immer wohnen und arbeiten soweit von einander getrennt wie es in vielen Fällen heute der Fall ist.

Bevor sich die meisten Menschen an einen bestimmten Platz niederlassen konnten, waren meist ganz andere Bestimmungen zu erfüllen, als wir es heute kennen/erleben. Wir kaufen meist einen Bauplatz, gehen zu Ämtern und haben irgendwann eine Genehmigung, um dort zu bauen und besondern wie wir bauen dürfen. Schnell das Haus hochziehen und dann darin leben. Die Kosten vielleicht über einen Abschreibungskredit oder Bausparvertrag finanzieren. Früher hätte ich, nachdem die Besitzrechte (wie auch immer) abgeklärt sind, eine wissende Frau oder einen wissenden Mann kommen lassen und erst einmal „nachsehen“ lassen ob dort auch der richtige Platz ist. Sind die Erdgeister dort auch damit einverstanden? Stimmt die Energie an diesem Platz um gut und freudig dort zu leben? Wenn die vorhandene Grundenergie nicht stimmt, muss ich das energetische Herz ausfindig machen. Meist eine Stelle von 1 bis 3 Meter im Durchmesser. Stimmt dort die Lebensenergie oder fließt sie dort natürlicherweise, so wird auf diesem Gelände auch eine optimale Lebensmöglichkeit vorhanden sein. Lachen, Wohlstand, Kindersegen, viele Lebewesen die gleichzeitig miteinander leben können und sich gegenseitig unterstützen. Streit oder Zwistigkeiten kann es schon mal geben, das ist einfach natürlich und ein Lern- und Lebensprozess. Stimmt die sogenannte Lebens- oder Grundenergie dort allerdings nicht, so werden an diesem Ort wohl eher sehr viele Missgeschicke erlebt werden. Krankheiten, Hass, Neid, Missgeschicke und all diese nichtgewollten Erfahrungen. Du hast ein auch ein Grundgefühl in dir um solche Daten, die dir dein Körper und deine feinstofflichen Körper (Aura) um dich herum signalisieren anzunehmen und zu verstehen. Es ist nur die Frage, ob du es zulässt und trainierst. Hast du schon einmal erlebt, wenn du auf ein Haus, Wohnung, einen Ort oder sonstiges zugehst, das du ein Grundgefühl empfindest? Vielleicht ist es dir unangenehm und du möchtest dort nicht hingehen oder es betreten! Mit dem logischen Verstand kannst du es nicht immer exakt zu erklären. Gehst du dort warum auch immer doch hinein, wirst du in den meisten Fällen später merken, das es besser gewesen wäre, auf deine innere Stimme zu achten. Oder du emp-

findest es als angenehm, inspirierend und du freust dich ein anderes Haus, Gebäude oder eine Wohnung zu betreten. Erkläre einmal exakt warum!
Stimmte die harmonische Lebensenergie an diesem Platz nicht, wurde herausgefunden was fehlt. In den meisten Fällen wurden ein oder mehrere Harmoniesteine ausgewählt und in Ritualen lebendig gemacht. Diese/r Stein/e wurden dann zu besonderen Zeiten in die Erde an dieser Stelle eingegraben. So kam das Wort Grundstein - Stein der in den Grund kommt - zu seinem Namen. Oder der Grundstein wurde nicht in den Grund ganz eingegraben sondern nur teilweise und als Sichtbarer Gegenstand an dieser Stelle platziert. Wegkreuze an Wiesen und Äcker und was wir hier alles für alte Zeichen haben. Grenzsteine waren nicht nur Steine die eine räumliche Grenze abstecken, sondern auch geistige und feinstoffliche Wirkungen hatten. Mehr zu diesem Thema werde ich in meinem Buch: Der richtige Umgang mit Schutz-, Kraft- und Heilsteine erläutern.

Jedes Grundstück - ein Stück eines Grundes - hat ein energetisches Herz oder selten, mehrere miteinander verflochtene energetische Herzen. In jedem Haus gibt es ein Hauptherz und davon ausgehend in jedem weiterem Raum ein miteinander verbundenes kleines energetisches Herz. Diese sollten alle miteinander in ständigem Kontakt sein und so eine bestmöglichste Grundversorgung und positiven Energien schaffen. Auch wenn diese nicht sichtbar ist. Sie ist möglich und sollte da sein. Soviel sollte sich jeder selber wert sein.

## Haben Sie schon einmal

etwas von Erdstrahlen, Wasseradern usw. gehört bevor Sie dieses Buch zu lesen angefangen haben? Doch sicherlich, oder? Es ist einfach eine Art Grundwissen und fast jeder hat schon einmal in seinem Leben davon gehört. Daran zu glauben oder nicht, das meine ich jetzt hier nicht!

### Ja oder Nein?

Wenn Sie es mit Ja beantwortet haben, lassen sie es uns doch einmal logisch aufbauen. Sie werden wohl ein Schlafzimmer haben, wie es auch immer aussehen mag. Dort verbringen sie dem sie die meiste Zeit ihres Lebens. Bei 8 Stunden Schlafen im Durchschnitt sind das immerhin 1/3 Ihres Leben. Auf einer relativ kleinen Fläche. Sagen wir einmal 1 auf 2 Meter (kann größer oder kleiner sein). Wenn wir einschlafen, wird sich unser sogenanntes Bewusstsein zum größten Teil von der Aufnahme von Außenimpulsen auf innere Wahrnehmungen umstellen. Der Körper fängt an sich zu entgiften von den am Tage oder in der vorherigen Nacht aufgenommenen Stoffen. Je besser er entgiften kann, um so besser ist er in der Lage neue Kraftreserven anzulegen, um am nächsten Tag damit gut über die Runden zu kommen. Vielleicht noch ein wenig Reserven zusätzlich zu haben. Auf der Traumebene werden wir wohl all das, was wir erlebt und gefühlsmäßig zu verarbeiten haben, wieder bereinigen. Einfach ausgedrückt: um am nächsten Tag mit neuen abgespeicherten Erfahrungen und neuem Wissen noch besser leben zu können. Damit dies alles optimal ist. Sie haben ja schon

von dem Thema Erdstrahlen gehört. Sie also bevor sie in ihr Schlafzimmer eingezogen sind, dasselbe erst einmal richtig ausmessen lassen und dann an der besten Stelle ihr Bett aufgestellt?
Oder?

## Die Entstörung oder Umlenkung

Es stehen für mich immer verschiedene Möglichkeiten zur Verfügung, und ich suche die richtige vor Ort aus. In den meisten Fällen kommen zwei Möglichkeiten zur Energieveränderung zum Einsatz:

Zur Umlenkung von Erdstrahlen werden auf dem Boden unter dem Lattenrost bestimmte Schutz- und Kraftsteine ausgetestet und an die richtigen Stellen platziert. Es wird eine Auflage entweder auf den Lattenrost oder noch besser auf die Matratze gelegt. Diese Auflage ist u.a. aus Wolle gefertigt mit einer speziellen Kupfer- und Magnetfeldeinlage. Hier gibt es natürlich verschiedene Auflagen. Denn nicht jede ist für alle Situationen gleich geeignet. Deshalb müssen vor Ort erst einmal alle Belastungen ausgemessen werden. Erst wenn ich das Zusammenspiel aller beteiligten Belastungen kenne, kann ich die hier richtigen Gegenmaßnahmen vorschlagen. Diese müssen dann mit allen Betroffenen ausgetestet werden. Ist es für alle Beteiligte auch die richtige und wirksamste Möglichkeit?

## Die zweite Möglichkeit zur Energieveränderung ist der Raumharmonisierer III-1

*Woraus besteht er und wie wirkt er:*

Der Raumharmonisierer wurde von mir entwickelt und wird auch von mir angefertigt. Hierfür habe ich zuerst aus verschiedenen Holzarten die Richtige mit den bestmöglichsten Energien ausgetestet und herausgefunden. Das Gehäuse wird extra für mich angefertigt und mit Naturmaterialien behandelt. Jeder Raumharmonisierer wird von mir in Einzelanfertigung hergestellt. Natürlich kann ich hier nicht alle Materialien beschreiben, die insgesamt verwendet werden. Denn jedes Gerät muss speziell angefertigt werden und so sind schon die Materialzusammensetzungen und die jeweiligen Mengen unterschiedlich. Hier einige Beispiele damit sie sich grob eine Vorstellung machen können: Magnete, tachyonisertes Quarzmehl, Schutz-, Kraft- und Heilsteine werden in der richtigen Reihenfolge eingearbeitet. Kräuter in bestimmten Zusammensetzungen genauso wie Holzspäne aus einem bestimmten Holz. Viele andere Zutaten kommen noch mit hinein, bis eine ganz bestimmte Schwingung und Wirkung erreicht wird. Das Ganze wird dann tachyonisiert. Der Raumharmonisierer harmonisiert die Raumschwingung. Er sollte z.B. so in einem Schlafzimmer aufgestellt werden, das er nicht in einer Erdstrahlenbelastung steht. Mit dem Pfeil zum Bett ausrichten. Sobald er aufgestellt ist, zieht er die vorhandene Erdstrahlenbelastung an und reinigt und wandelt diese Energie um. Von diesem Punkt an dem er steht wird eine Schwingung oder Energie ausgestrahlt, die je nach Belastungen zwischen 20 bis 25 Meter nach allen Seiten hin vorhandene Erdstrahlen harmonisiert und neutralisiert. Also zwischen 40 bis 50 Meter im Durchmesser ist eine neutralisierte Zone geschaffen. Gehen wir einmal von einer durchschnittlichen Grundfläche eines Wohnhauses aus, so haben wir hier etwa 10x10 Meter oder vielleicht auch 10x15 Meter. Also ist diese Fläche allemal neutralisiert. In der Etage in der ich das Gerät aufstelle ist allemal eine Wirkung im Wirkungskreis vorhanden. In die Etage nach oben oder nach unten ist eine neutralisierte Abstrahlen von 3-4 Meter mit vorhanden. Also kann auch hier meist noch die Etage darüber oder darunter mit neutralisiert werden. Ich habe auch schon Häuser vorgefunden, in denen wir das ganze Haus über 4 Stockwerke damit neutralisiert haben. Aber das liegt auch immer an der jeweiligen Belastung, die vor Ort vorhanden ist.

Die Raumschwingung wird erhöht, ausgeglichen und verbessert. Alle Harmonisierungsprozesse des Körpers und die von Tieren und Pflanzen werden unterstützt. Jeden Monat bei Vollmond führe ich spezielle Reinigungs- und Aufladungsübungen durch. Bevor ich diese Übungen und Arbeiten mache, frage vorher gedanklich immer ab, wer sich hier nicht daran beteiligen will. Diese Orte, Häuser oder Wohnungen werden dann nicht mitbehandelt. Das geschieht auf feinstofflicher Ebene und die Entfernung spielt in diesem Falle keine Rolle. Ich biete dies allen Menschen an, bei denen ich schon einmal war und die in meiner Arbeit eine Unterstützung und Veränderung sehen oder erfahren haben.

Ich bin öfters gefragt worden, was passiert denn, wenn sie mal nicht mehr da sind? Ist auch keine große Frage, denn die Materialien, die ich hier verwendet habe sind zum Teil Jahrmillionen alt und werden auch bestimmt wesentlich länger noch existieren als wir Menschen z.Z. leben.

*Keinerlei negative Nebenwirkung auf Mensch, Tier oder Pflanzen!*

Bitte beachten Sie, dass dies keine ärztliche Behandlung ersetzt. Es ist kein Heil- oder Arzneimittel. Es kann keine ärztliche Behandlung oder Therapie ersetzen. Veränderungen von Medikamenten, Therapien usw. sollten sie nur nach Absprache mit ihrer/m Ärztin/Arzt vornehmen. Oder wie es so schön heißt, selber und auf eigene Verantwortung hin.

Wichtig ist es mir, an dieser Stelle nochmals darauf hinzuweisen, das nicht jede Möglichkeit als Gegenmaßnahme immer gleich verwendet werden kann! Deshalb untersuche ich ja auch zuerst einmal die vorhandenen Räume, um die speziellen Belastungen in den jeweiligen Räumen herauszufinden. Um dann bei bekannter Gesamtlage die am besten geeignete Möglichkeit zur Energieveränderung oder zur Energieverbesserung auszuwählen. Ich habe etwa 20 verschiedene Möglichkeiten, die ich einsetzen kann, je nach Belastung und Schwierigkeit vor Ort. Deshalb untersuche ich auch so gründlich, um dann mit Ihnen zusammen auszutesten, ob es die richtige Möglichkeit ist, die ich dann vorschlagen kann.

Der Raumharmonisierer, den ich jetzt verwende ist eine Weiterentwicklung meines vorherigen Modells, das nur einen viel kleineren Bereich (etwa Größe eines Doppelbettes) abdeckte. Er kann bis mindestens 22.000 Reizeinheiten seine Arbeit vollziehen und eine so hohe Dichte an Erdstrahlen treffe ich nur sehr selten an.

Kann es einmal zur Probe hier aufgestellt werden? Die Frage habe ich des öfteren gehört. Darauf kann ich nur ehrlich antworten, das ich keine Aufstellung „zur Probe" mache. Denn wenn der Raumharmonisierer einmal aufgestellt ist, so kann man bereits nach wenigen Minuten die ersten Messungen und Test durchführen zum Nachweis der richtigen Gegenmaßnahme und beginnen der Verbesserung. Ob es hier die richtige Gegenmaßnahme ist. Bis eine ganze Wohn- oder Hausfläche dann neutralisiert ist, kann es zwischen einem halben bis eineinhalb Tage dauern. Würde ich dann das Gerät nach Tagen, Wochen oder Monaten wieder wegnehmen, so hat es ja inzwischen sehr viel der vorhandenen Energien aufgenommen und umgewandelt. Um es dann wieder an einem anderen belasteten Ort neu aufzustellen, müsste ich es wieder entladen und neu aufladen. Das ist mir ehrlich gesagt zuviel Aufwand und zu mühselig. Da ein Laie nicht weis, wie viel Arbeit dies bedeutet, kann man dies nicht nachvollziehen. Nicht umsonst messe ich mit den Leuten vor Ort aus, ob es die richtige Möglichkeit zur positiven Beeinflussung ist. Wenn der Raumharmonisierer aufgestellt wird und vor Ort bleibt, sollten etwa nach drei Monaten ein oder zwei Haare von den jeweiligen Personen herausgebürstet oder abgeschnitten werden. Wenn diese dann zu mir zugeschickt werden, kann ich über die Haare austesten, ob alles in Ordnung ist oder evtl. noch Restbelastungen festzustellen sind. Dann wird bei nächstbester Gelegenheit noch einmal nachgemessen. Dies können meine Kunden alle Jahre einmal neu machen. Denn ich möchte ja selber gerne wissen, ob noch alles in Ordnung ist. Oder ob sich durch Umgebungseinflüsse, neue Handymasten oder was auch immer, neue Belastungen eingestellt haben. Diese Test sind dann kostenlos.

Wer einen Raumharmonisierer kauft, bekommt von mir ein Zertifikat. Dies haben schon viele bei sich aufgehängt oder einfach zu den Akten gelegt. Es wurde aber auch schon in Hotels, Privatpensionen usw. aufgehängt, damit die Besucher sehen konnten, dass hier auch auf diese Art und Weise für sie bestmöglichst gesorgt wurde.

Natürlich könnte ich jetzt an dieser Stelle viele Beispiele aufführen, die zeigen, was meine Kunden bisher damit erlebt haben. Ich möchte Ihnen aber einmal einen Fall schildern. Nicht immer läuft es so ab, wie in diesem Fall. Aber er hat sich tatsächlich so zugetragen. Genauso wie alle anderen Fallbeispiele, die ich in diesem Buch hier erwähne, um Ihnen eine Möglichkeit zu geben, einmal ein wenig in meine Arbeit hineinzublicken. Zu dem Beruf des

Energiearbeiters gehört nun einmal mehr als einmal ein Buch zu lesen und schon damit anzufangen, für andere Menschen die Schlafzimmer auszumessen.

In einer mittleren Stadt in Franken hatte ich bei einigen Ausmessungen mit den Menschen Veränderungen vorgenommen in Ihrem Lebens- und Schlafbereich. Bei einem Mann hatte dies sehr schnell zu einem so großen Verbesserungsschritt geführt, dass er dadurch mehr positives erlebte als er je für Möglich gehalten hatte. Wie es sich so im Leben ergibt, hatte er bei einem Freund davon erzählt, als sie zusammensaßen. Der wiederum kaufte sich ein Buch von mir und legte es dann in seiner Praxis aus. Ein Kunde von ihm sah es liegen und während er auf seinen Termin wartete, las er darin. Es sprach ihn an und als er dann an der Reihe war, fragte er ihn, warum denn dieses Buch draußen im Wartezimmer liegt. Sie redeten darüber und am nächsten Tag bekam ich einen Anruf und wir machten einen Termin aus. Ich war zu dieser Zeit gerade mit meinem Wohnwagen unterwegs und hatte mir diese Woche frei genommen, um mehr bei meiner Tochter zu sein, an meinem Buch in Ruhe weiter zu schreiben und halt die Zeit mal wieder so richtig zu genießen. Da es nicht so weit entfernt war, beschloss ich am nächsten Tag dort den Termin auszumachen, zumal mir eine Stimme in mir sagte, dass es wichtig ist. Wenn ich jetzt versuche, das ganze so einfach und logisch wie möglich aufzuschreiben, dann möchte ich aber natürlich auch dazu sagen, dass ich ja alle Zusammenhänge nur so nach und nach erfahren habe und erst dann das gesamte Bild dahinter erkennen konnte. Deshalb möchte ich ja auch nicht, dass mir die Leute vorher etwas von ihren Schwierigkeiten erzählen.

Als ich dort am verabredeten Ort in der Straße ankam, stand vor dem Haus ein Mann und wurde von den vorbeikommenden Fußgängern freundlich angesprochen und ich merkte sehr schnell, dass der Mann dort beliebt war. Wir gingen dann in ein sehr schön renoviertes Haus hinein und er stellte mich seiner Frau vor. Nachdem wir ein wenig gesprochen hatte, wurde ich noch gefragt, ob es mir recht sei, wenn noch ein Frau dazu käme, die sich ebenfalls für Energiearbeit interessieren würde. Von mir aus schon, sagte ich ihnen, aber stört es sie nicht, wenn wir auf private oder intime Dinge evtl. zu sprechen kommen. Nein, für sie war es soweit in Ordnung. Wie ich später erfuhr, war es seine Chefin gewesen. In dem alten Haus waren bis auf das Fenster im Bad allen Türen gegenüber immer eine geschlossene Wand. Hier kam die Grundenergie also in das Zimmer herein und blieb so bei dieser Bauweise auch im Zimmer. Wir testeten es aus und ich merkte schon, wie misstrauisch der Mann war. Er fragte mich dann auch zwischendurch, ob ich ihm denn sagen könne, wo hier im Haus die Ameisen wären und ob ich die Stelle im Garten auch benennen könnte, an denen sie sich ebenfalls niedergelassen hatten. Genau natürlich nicht, aber ich kann es nachher versuchen, sagte ich ihm.

Im Zimmer des Sohnes stand das Bett zwar nicht nach den üblichen Richtlinien im Zimmer, aber es war an dieser

Stelle, erdstrahlenfrei. Allerdings war die Elektrobelastung durch den großen Fernseher direkt am Fußende und der Federkernmatratze sehr hoch. Im Zimmer selber lief ein sehr breiter Gesteinsbruch durch das Zimmer. Genau durch die Stellen an denen sonst wohl das Bett gestanden hätte. Wie ich später erfuhr waren schon zwei Leute da gewesen und hatten ein wenig mit dem Pendel gearbeitet. Einer hatte jedoch herausgefunden, dass an der Stelle wo zuvor das Bett stand, eine Wasserader war und ihm die jetzige Bettstelle empfohlen. Der Sohn, der vorher sehr viele Probleme hatte, spürte auch schnell, das sich hier einiges veränderte. Wir haben ihm dann später noch Schwarze Boxen gegen die Elektrosmogbelastung unter das Bett gelegt und er merkte dann auch hier wieder, wie es ihm seit dieser Zeit besser ging.

Im Elternschlafzimmer war die Sache jedoch nicht so einfach. Hier verlief total gewunden eine etwa 2 ½ Meter breite Wasserader in einem noch zusätzlich vorhandenen Gesteinsbruch entlang. Hier war die Energie linksdrehend, also Kraft abziehend. Bis 1000 Reizeinheiten sind bei Erdstrahlen für den Menschen, der ausgeglichen und in seiner Mitte ist, maximal verträglich. Hier kam jedoch ein Wert von 13.400 Reizeinheiten heraus. Beide Betten waren hier komplett belastet. Quer durch das Zimmer zog sich noch ein zweiter Gesteinsbruch. Natürlich noch zusätzlich durch das Bett der Frau. Im Kopfbereich war zusätzlich noch ein Currykreuzungspunkt. Als wir am Anfang die Bettmaterialien austesteten, hatte die Frau enorme Schmerzen, wenn sie die Materialien berührte und sie nicht verträglich waren. So bei den Kopfkissen, Zudecke, Federkernmatratze. Später testeten wir dann aus, was sie verträgt und sie wollte es dann nochmals so mit mir austesten, dass sie zuerst das nichtverträgliche Material nahm (mit Schmerzen im Arm und Schultergelenk und plötzlichen starken Nierenschmerzen) und dann das verträgliche Kopfkissen berührte um festzustellen, dass sie das Gefühl hatte, Kraft zu bekommen und keine Schmerzen auftraten. Ich glaube, da hatte ich sie überzeugt, wie wichtig es war und worum es hier wirklich ging.

Die vorhandene Elektrobelastung war natürlich auch noch viel zu hoch und als wir dann auf ihren Wunsch hin das Bett wieder störungsfrei machten und sie es mit mir und ihrem Mann austestete, waren alle Schmerzen weg und sie hatte wieder Kraft ohne Ende. Ich nahm die schwarzen Boxen wieder weg und den Raumharmonisierer legte ich um, sodass kaum eine Wirkung vorhanden war. Selber Test wieder und sie hatte wieder sehr starke Schmerzen und keine Kraft mehr. Sie wollte es dann noch zweimal wissen. Immer mit dem selben Erfolg. Selbst der vorher so misstrauische Mann merkte den Unterschied sehr deutlich. Für die Frau war es dann klar, dass sie es so wieder in Ordnung bringen wollte und sie wollte, das wir es in ihrem Schlafzimmer wieder in Ordnung bringen mit all dem was vorher belastet war. Also machten wir alles wieder richtig und ich ging dann mit ihnen ins Wohnzimmer um auch hier auszutesten, ob es jetzt in der ganzen Wohnung wieder neutral war. Fernseher mit schwarzer Box in Ordnung gebracht usw.. Was ich so massiv auch sehr selten erlebt habe, die Frau war vorher sehr blass und konnte kaum laufen. Zwischendurch berichtete sie mir und ihrem Mann immer wo im Körper gerade sich wieder etwas veränderte und wieder Leben in sie einkehrte. Sie konnte es direkt fühlen. Zuerst fing es mit den Füßen an und wanderte dann in der nächsten halbe Stunde bis hinauf in den Kopf. Die Frau selber hatte wieder Farbe im Gesicht und ging merklich aufrechter und war viel wacher und klarer. Wie sie mir dann berichteten, waren schon einmal zwei Bekannte da gewesen, die sich ein wenig und der andere schon mehr mit Rutengehen und Pendeln beschäftig hatten. Da habe ich mit meinem Raumharmonisierer ja nicht nur einfach ein Gerät geschaffen habe, dass die vorhandenen Erdstrahlenbelastungen im Umkreis von 40 bis 50 Meter. Ich habe hier die Erfahrungen aus vielen Kulturen mit „hineingepackt" und es arbeitet auch auf dem Bereich der nicht mehr mit Messgeräten nachvollziehbaren Ebenen wie Geistwesen oder Geister abschirmen, vorhandene energetische Blockaden ausgleichen, das oder die energetische Herzen wieder neutralisieren, Blockaden von negativ wirkenden Menschen ausgleichen oder abwehren. Einen Schutzwall um die Wohnung oder das Haus errichten und mit dem jeweiligen Energiepunkt der hierfür zuständig ist zu verbinden. Außerdem noch mit einer uralten Energie von unten und von oben kommend anzuschließen und hiermit zu reinigen. Wie soll ich all diese verschiedenen Ebenen einem rein nach wissenschaftlichen Gesichtspunkten denkenden Menschen außer in dieser Form näher bringen?

Denn der Mann war nicht umsonst sehr misstrauisch. Er hatte seine Erfahrungen gemacht. So kam dann heraus, das sie beide vor über 40 Jahren aus Rumänien nach Deutschland kamen. Sich hier mit viel Arbeit und Ihrer Art einfach sehr beliebt gemacht hatten. Er war Handwerker und zwar einer der es mit Leib und Seele war und die Menschen spürten es auch. So wie ich es am Anfang auch wahrgenommen hatte. Sie hatten viel gearbeitet, einen Sohn großgezogen und dann vor ca. 10 Jahren ein Haus gekauft, das er dann selber zu einem Schmuckstück aus- und umgebaut hatte. Doch während dieser Zeit wurde die Frau immer kränker. Nierenleiden, ständige Operationen und inzwischen wurde sie ständig mit Morphium gespritzt, um die vielen Beschwerden und Schmerzen überhaupt noch aushalten zu können. Sie konnte mir einen langen Leidensweg erzählen. Irgendwann fragten sie mich dann, was es in meinem Buch denn mit den Geistern zu tun habe, wie sie es darin gelesen hatten. Sind denn in diesem Haus hier auch Geister? Das konnte ich ganz klar ein Nein darauf sagen. Aber es sind Blockaden von anderen Menschen hier gewesen, erzählte ich ihnen, bis wir den Raumharmonisierer richtig aufgestellt hatten. Die beiden schauten sich nur an und ich konnte sehen, wie sie Kreidebleich wurden. Dann erzählten sie mir von der Zeit, als sie das Haus hier gekauft hatten. Über ihrer Etage wohnten damals zwei alte Frauen die es nicht verkraften konnten, das sie jetzt als Vermieter zwei Ausländer hatten, auch wenn die beiden schon seit so vielen Jahren hier lebten und arbeiteten. Sie zogen dann auch aus und als die beiden von denen ich hier spreche dann wieder nach

Hause kamen, waren von oben aus der Wohnung bis unten zur Gartentür überall Stroh ausgestreut. Das kam den beiden sehr merkwürdig vor und aus Ihrer Heimat waren sie von Menschen her vorbelastet. Dort gab es den Brauch von früher her noch, jemandem etwas Böses zu tun und dann auf alte magische Rituale zurückzugreifen. So auch das mit dem Stroh. Jedenfalls kam seit dieser Zeit wohl nicht nur die starken Belastungen durch die Wasserader und all die oben schon beschriebenen Belastungen sondern auch noch diese Ebenen hinzu. Der Mann konnte anscheinend besser damit umgehen. Obwohl er mir dann auch ehrlich sagte, dass er in letzter Zeit immer mehr Probleme bekam. Das war mit ein Grund, warum auch seine Chefin mit dabei war. Obwohl es etwa ein bis zwei Tage dauert, bis der Raumharmonisierer seine Arbeit richtig vollzogen hat, war ich erstaunt, wie sehr die Frau nach etwa einer dreiviertel Stunde schon wieder völlig anders aussah und sich benehmen konnte. Der Fluch war weg und die beiden spürten es. Egal was andere auch denken mögen, die nicht dabei waren.

Vielleicht darf ich an dieser Stelle noch etwas erzählen? Ich berichte manchmal auf den Vorträgen, dass manche Menschen Kastanien in den Hosentaschen tragen um sich gegen Erdstrahlen zu schützen. Es schützt zwar nicht gegen Erdstrahlen, aber (kann, laut rechtlichem Sinne) aktiviert das sogenannte Immunsystem oder stärkt die inneren Abwehrkräfte, wie wir heute sagen würden. Unterstützt bei Rheuma und Gicht und ähnlichem. Das sind ja gerade die Krankheiten, die bei Wasseradern vermehrt auftauchen. In Rumänien haben die Menschen schon immer große Gläser genommen und zermahlene Kastanien und Petroleum dort vermischt ziehen lassen. Die Frau, von der hier die Rede ist, hat dies ebenfalls gemacht und selber gute Erfolge damit erzielt, indem sie es sich auf ihre Problemzonen eingerieben hat. Auch bei anderen hatte es teilweise gut gelindert. Auch bei uns in Deutschland wird ähnliches aus alten Zeiten überliefert. Vielleicht kann ja der Eine oder die Andere etwas mit diesem Wissen anfangen.

## Die Wasserader

Genauso wie wir an der Erdoberfläche fließendes Wasser in Form von Rinnsalen, Bächen, Flüssen, Strömen sehen, fließt Wasser ständig in der Erde. Nach einem Regen versickert das Wasser im Boden. Es kann sich zum Grundwasser ansammeln. Dies ist ein mehr oder weniger stehendes Wasser, aber in der Regel nicht belastend. Etwas anderes sind sehr feuchte Gebiete, hier haben die Menschen schon immer versucht, nicht ständig in diesen Gebieten mit Häusern oder in Siedlungen zu leben. Wenn es nicht zu vermeiden war, wurden bestimmte Abhilfen verwendet. Wenn Wasser an der Oberfläche fließt, können wir es sehen. Was können wir alles beobachten?

Hier einige Beispiele:
Wenn es regnet, wird mehr Wasser abfließen.
Je stärker es regnet, um so größer wird die Wassermenge sein, die abfließt, und um so stärker wird die Strömung sein.
Je trockener es ist, um so weniger Wasser fließt.
Es gibt eine Hauptströmung und Bereiche, in denen das Wasser langsamer fließt.
Vielleicht kann man sehen, dass manche Stellen unterschiedlich tief sind.
Wir können sehen, aus welcher Richtung das Wasser strömt und in welche es abfließt.

Ein guter Rutengänger muss in der Lage sein, dies ebenfalls mit der Wünschelrute, einem Pendel oder Biotensor festzustellen. Hier können wir mit unserem optischen Sinn nichts anfangen und müssen andere Sinne entwickeln und ausbilden, schärfen. Vielleicht sind mittels Pflanzenwuchs oder Verhaltensweisen von Tieren Anhaltspunkte erkennbar. Aber um es richtig zu wissen, müssen wir dies ausmessen. Ähnlich wie unser Körper mit Blutbahnen versehen ist und frisches, helles Blut bis in alle Zellen transportiert wird sowie verbrauchtes, dunkles Blut wieder zurückfließt, ist in der Erdkruste ebenfalls gereinigtes und energetisch verbrauchtes Wasser zu finden.

Wer schon einmal Wasser direkt aus einer sauberen und frischen Quelle getrunken hat weiß, wie wunderbar dieses Wasser schmeckt. Es belebt im wörtlichen Sinne unseren Körper und unser Energiefeld und baut unsere Lebenssinne auf. Ob das Wasser in einem natürlichen Flussbett nur wenige Zentimeter unter der Erdoberfläche oder gar in Tiefen von Tausenden von Metern fließt, ich bin als ausgebildeter Rutengänger in der Lage, dies festzustellen, zu orten, wie wir sagen.

## *Wie der Volksmund sagt:*

## *Dort, wo sich ständig fließendes Wasser unter der Bettstelle befindet, muss der Schlafende mit Rheuma, Gicht und Schlafstörungen rechnen.*

Während meiner Arbeit habe ich immer wieder festgestellt, dass folgende Krankheitssymptome bei Menschen anzutreffen waren, die lange auf Wasseradern gelebt haben: Nieren, Leber- und Rückenprobleme, Phasen von starker Übererregbarkeit wechselnd mit Erschöpfungszuständen, später nur noch Erschöpfungszustände, Schilddrüsenprobleme, Allergien, Pilzerkrankungen des Körpers, Schwächung des Immunsystems usw.. Es ist nicht gut, wenn sich an Stellen mit ständig fließenden Wasseradern im evtl. darüber befindlichen Schlafzimmer das Bett befindet. Der längere Aufenthalt an diesem Ort während der Schlafphase ist für uns Menschen auf Dauer nicht geeignet.

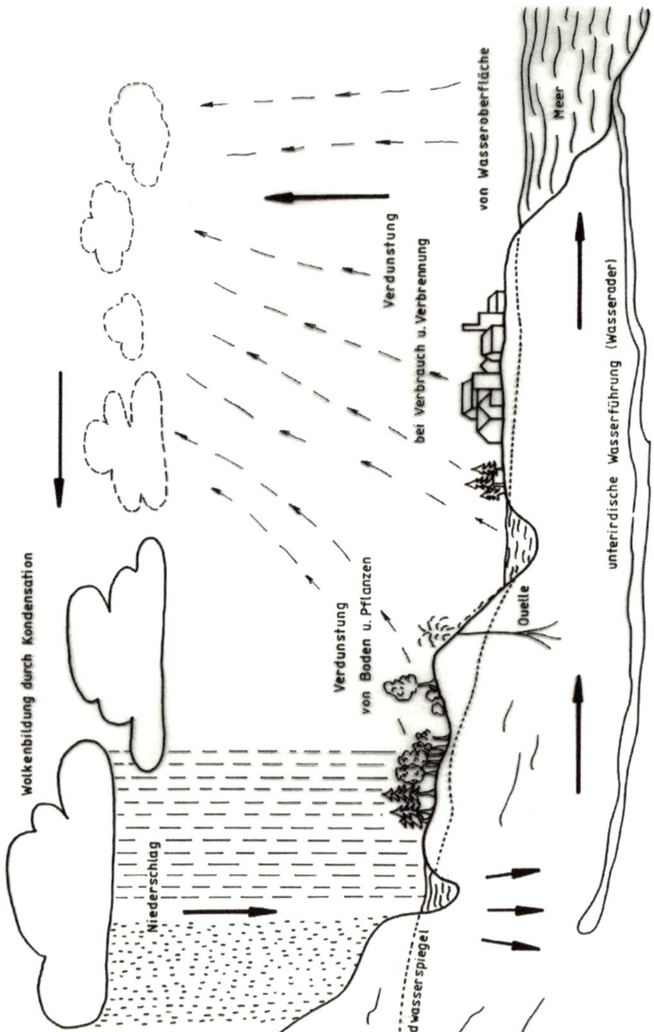


Kreislauf des Wassers

### *Die Oberflächen- und Tiefenwasserader*

Der Rutengänger sollte gelernt haben, diese beiden Arten voneinander zu unterscheiden. Es handelt sich zwar in beiden Fällen um Wasseradern, die von Menschen gemieden werden sollten, jedoch sind die Belastungen, die von Oberflächen- und Tiefenwassern ausgehen, sehr unterschiedlich.

Die Oberflächenwasseradern gehen bis in Tiefen von maximal 50 m. Sie sind in der Regel vom Wetter abhängig und führen deshalb meist auch unterschiedliche Wassermengen. Die Belastungen (Reizeinheiten- und Boviswerte) können deshalb auch sehr unterschiedlich ausfallen. Für einen feinfühligen Menschen sind diese beiden Energien sehr unterschiedlich zu spüren und wahrzunehmen. Die Oberflächenwasserader ist meist sanfter und gleichmäßig schwingender zu erleben. Die Tiefenwasseradern sind in der Regel härter und ungleichmäßiger zu fühlen, pulsierender. Die Tiefenwasserader ist meist unterhalb von 50m anzutreffen. Oftmals sind diese von den Wassermengen her gleichmäßiger und nicht so starken Schwankungen unterlegen. Viele Quellen werden aus diesen versorgt, und viele Brunnen werden daraus gespeist. Auch die Qualität des Wassers kann sehr verschieden ausfallen. Wir brauchen da nur an die unterschiedlichen Mineralquellen zu denken, die meist aus diesen Quellen nach oben gefördert werden, und die wir als Mineralwasser trinken. Deshalb ist die Belastung für einen Menschen über einer Wasserader nicht überall gleich oder dieselbe, sondern sehr unterschiedlich.

### *Die zeitweise Wasserader*

Neben der ständig fließenden Wasserader gibt es noch Wasseradern, die nur zeitlich begrenzt auftreten. Oftmals sind nach Regenfällen Gesteinsbrüche oder Spalten in den Bodenflächen wasserführend. Das Wasser fließt auch nach dem Regenfall noch eine zeitlang ab. In Trockenphasen sind hier keine Wasseradern zu messen und manchmal auch keine Belastungen festzustellen. Je nach Bodenbeschaffenheit und den tieferliegenden Erd- und Gesteinsschichten ist es sehr unterschiedlich.

Deshalb ist es - wichtig - in einem Schlafzimmer nicht nur das Störpotenzial ständig fließenden Wasseradern zu messen, sondern auch die zeitlich begrenzt auftretenden Störfelder.

### *Künstliche Wasserführungen*

Neben den ersten aufgeführten Wasserläufen, welche pathogen (krankmachend) sind, gibt es in einem Haus heutzutage viele Wasserrohre. Für die Wasserversorgung, für Heizsysteme, wasserführende Fußbodenheizungen, Wasserbetten und vieles mehr. Diese sind in der Regel nicht pathogen. Ich habe jedoch manch sensible und kranke Menschen kennen gelernt, die sich auch hier unwohl gefühlt haben. Das ist jedoch die Ausnahme und muss vor Ort überprüft werden. Meist ist es nicht der Hauptgrund für diese Belastungen gewesen.

## Der Gesteinsbruch

Unsere Erdkruste ist nicht gleichmäßig aufgebaut, sondern sehr unterschiedlich zusammengesetzt. Einmal von der Gesteinszusammensetzung, von der Dichte, den unterschiedlichen Bodenschichten, dem Wurzelwerk, dem Wuchs der Pflanzen an der Oberfläche und durch menschliche Bebauung. Hierdurch haben wir sehr unterschiedliche Strukturen geschaffen. Inzwischen haben wir sehr unterschiedliche natürliche und künstliche Erdoberflächen. Bei mir, hier im Westerwald, ist eine völlig andere Bodenstruktur vorhanden als in Süd- oder Norddeutschland. Bestimmte Gesteinsbrüche zählen zu den Erdstrahlenarten: Risse, Spalten, Klüfte, Abrutsche und Verschiebungen von Erd- und Gesteinsformationen. Manche davon sind ständig wasserführend, andere nur zeitweise. Wichtig ist auch bei dieser Erdstrahlenart, dass der Wohnraum oder die Bettstelle sich nicht darüber befindet. Anzutreffende Krankheitssymptome sind Knochenprobleme und Nervenschwierigkeiten.

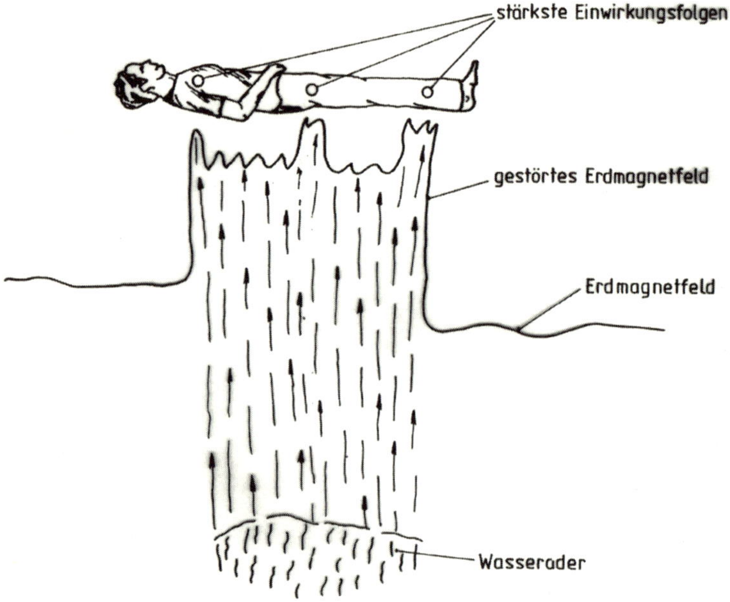
stärkste Einwirkungsfolgen
gestörtes Erdmagnetfeld
Erdmagnetfeld
Wasserader

## Die Gesteinsverwerfung

Gesteinsverwerfungen sind sehr starke Belastungen, da es sich hier ebenfalls um Untergrundveränderungen handelt z.B. um Ablagerungen, die während der Eiszeiten entstanden sind, durch Geröllschichten usw. Wenn ich eine Messung vornehme, nehme ich immer meinen Geigerzähler, um die vorhandene Radioaktivität zu ermitteln. Ich lege ihn auf den Boden vom Schlafzimmer. So kann ich die vorhandene Radioaktivität des Zimmers in kurzer Zeit feststellen. Es lassen sich Rückschlüsse ziehen, ob die Strahlung der vorhandenen Baumaterialien, die Untergrundbelastungen, zu hoch ist. Liegt der Wert nicht mehr im Durchschnittsbereich, müssen weitere Messungen im Raum und vom Untergrund außen gemacht werden. Kann ich auch mit der Rute eine Verwerfung feststellen, so haben die Bewohner dieser Räume darin oft große Schwierigkeiten. Ich habe dies in Schlafzimmern und auch oft in Arbeitsräumen festgestellt. Wenn der Arbeitsplatz zusätzlich auch noch belastet ist, ist die Frau oder der Mann fast ständig in einer Belastung, was je nach Typ recht schnell zu Ausfallerscheinungen führen kann.

Ich habe vor vielen Jahren einmal ein Haus ausgemessen, in der eine Gesteinsverwerfung eine große Rolle gespielt hat. Ein Ehepaar hatte sich ein altes Haus gekauft und es mit viel Aufwand sehr schön umgebaut. Unten wurde ein Friseurgeschäft errichtet, in dem sie beide tagsüber arbeiteten. Als ich das Haus betreten hatte, fühlte ich mich sehr aufgeladen und hatte das Gefühl, in einem Bienenhaus zu sein. Ständig wurde schnell gelaufen, gerannt, hektisch gesprochen, die Bewohner (Eltern und Kinder) waren total aufgedreht. Sie kamen im Haus fast nie richtig zur Ruhe, weder tagsüber- noch nachts. Wenn sie außerhalb des Hauses waren, wurden sie ruhiger. Auch die Kunden im Geschäft spürten dies und waren wie verwandelt. Hier liegen ähnliche Symptome wie bei der Erdstrahleart der schwarzen Energieströme vor, und dieses wird oft verwechselt.

### Typisch anzutreffende Probleme sind:

Starke Unruhe, nervliche Leiden, Hysterien, Probleme im familiären Zusammenleben, starke Auseinandersetzungen usw. Der Mensch ist hier durch den ständigen Aufenthalt in diesen Belastungszonen einfach überfordert. Kann er seinem natürlichen Verhalten, diese zu meiden, nicht auf Dauer nachgeben, so können starke physische und psychische Probleme entstehen.

## Das Globalgitternetz

Das Globalgitternetz oder Hartmannnetz, ist nach dem inzwischen verstorbenen Arzt Dr. med. Ernst Hartmann benannt, der es wiederentdeckte. Um die Erde zieht sich ein gitternetzförmiges Gebilde, das sich je nach Untergrundzusammensetzung, Erdmagnetfeld, Bauweise des Hauses an die vorgegebenen Maße hält. Nach den festgelegten Maßen soll es sich in 2m x 2,50m Abständen um die Erde ziehen. Ein Streifen verläuft von Norden nach Süden, die anderen Streifen von Osten nach Westen. So entsteht ein gitternetzförmiges Gebilde, ähnlich wie auf einem Globus Längen- und Breitengrade zu sehen sind. Aber diese Maße variieren vor Ort, so dass dies kein Anhaltspunkt ist. Die einzelnen Linien sind nicht pathogen. Probleme gibt es, wenn sich die beiden Linien überlagern, schneiden, kreuzen. Deshalb werden diese Stellen auch Kreuzungspunkte genannt. Ein Kreuzungspunkt ist ca.50 cm groß, wobei der belastende Punkt in der Mitte etwa handtellergroß ist. Die einzelnen Kreuzungspunkte sind abwechselnd auf- oder abladend. Das heißt, auf dem einen Kreuzungspunkt, der abladend ist, wird unsere Energie abgezogen, abgesaugt. Der aufladende Kreuzungspunkt lädt unsere Energie zu stark auf, wir werden mit zuviel Energie versorgt. Deshalb sollte ein Kreuzungspunkt nicht an der Stelle sein, an der Sie Ihr Bett stehen haben, oder an der Sie z.B. im Büro ständig sitzen. Wenn Ihr Körper ständig während der Ruhe- und Entspannungsphase mit diesen starken Energiezonen belastet wird, kann auf Dauer eine Zellveränderung entstehen.

Typische Krankheitssymptome sind deshalb an Kreuzungspunkten: Warzen, Tumore, Geschwülste und Krebs. Je nach Sensitivität, Alter und Menschentyp reagieren wir langsam bis sehr schnell auf diese Belastungen. Wenn wir jedoch eine Auramessung durchführen, können wir fast sofort feststellen, wie die körpereigene Energie sofort auf ein solches Kraftfeld reagiert. Unsere Aura wird auf einem aufladenden Punkt sofort um ein vielfaches größer und bei einem abladenden Kreuzungspunkt sofort um ein vielfaches kleiner. Dabei sind etwa 10% Toleranz normal, hier sind jedoch weit höhere Werte festzustellen.

## *Fallbeispiel:*

Herr H. aus Duisburg

Ich möchte Ihnen hier anhand von einem Beispiel zeigen, welche Probleme auftauchen können, wenn verschiedene Belastungen zusammenkommen. Familie H. wohnte damals in einem schönen Reihenhaus in Duisburg. Es war drei Stockwerke hoch, relativ schmal. Sie lebten dort schon viele Jahre und „wie so üblich" gab es auch einige Probleme. Aber man konnte es immer wieder hinbekommen. Nachdem aber nun schon über einen längeren Zeitraum Magenprobleme auftauchten, suchte Herr H. einen Arzt auf, um sich untersuchen zu lassen. Es wurde Magenkrebs festgestellt. Eine Operation wurde dringend angeraten, jedoch die Chancen standen schon sehr schlecht. Er war natürlich sehr erschrocken und musste erst einmal damit fertig werden. Doch so einfach wollte er sich nicht unters Messer begeben. Also suchte er einen bekannten Arzt auf und ließ sich nochmals untersuchen.

Er kam zu demselben Ergebnis, hatte aber mehrere Verfahren verwendet, u.a. auch einen Geopathietest nach Dr. Voll vorgenommen. Dabei wurden mehrere geopathogene Belastungen vorgefunden. Er riet seinem Patienten, nicht mehr an der alten Stelle zu schlafen. Er hatte die Wahl zwischen mehreren Möglichkeiten bekommen. Operation, chemische Therapien, alternative Heilweisen. Nun musste er sich entscheiden. "Zufällig" hatte ich dort in der Stadthalle einen Vortrag zu diesem Thema angeboten. Er kam vorbei und ich erzählte über die Schwierigkeiten, die ich immer wieder bei Menschen erlebt habe, die lange auf Kreuzungspunkten gelebt haben. Ich sagte beim Vortrag auch, dass mir Menschen bitte nichts über ihre Probleme erzählen sollen, damit ich nicht beeinflusst werde. Wir machten dann einen Termin aus. Ich kam Tage später vorbei, um das Schlafzimmer auszumessen. Es war, wie gesagt, ein Reihenhaus mit 3 Etagen. In der mittleren war das Schlafzimmer. Da das Zimmer recht klein war, hatte man das Beste daraus gemacht und die Schränke usw. im Zimmer genau angepasst. Ein Verstellen des Bettes wäre also nicht möglich gewesen. Ich fand eine Wasserader quer durch das Bett hindurch, etwa vom Knie- bis zum Halsbereich. Das Wasser lief in einem Gesteinsbruch, und als dritte Erdstrahlenart war im Bauchbereich ein Globalkreuzungspunkt vorhanden.

Metallrost und Federkernmatratze veränderten das Erdmagnetfeld und verstärkten die vorhandene Erdstrahlenbelastung noch um ein Vielfaches.

Die Strombelastung war dadurch, dass die Kabel im Zimmer ständig unter Strom standen und es noch einige Geräte mehr in der Nähe des Bettes gab, viel zu hoch. Die elektrischen- und elektromagnetischen Felder waren weit über den Werten von 10- max. 30 V/m (Volt pro Meter) und N/T (Nanaotesla). Nachdem ich meine ersten Messergebnisse hatte, fragte ich nach, ob Herr H. im Magen/Bauchbereich (ebenso kann es auch im Rückenbereich dort sein) körperliche Schwierigkeiten kennt. Daraufhin erzählte er mir von seiner Krankheitsgeschichte, und warum er mich zu sich nach Hause bestellt hatte. Wir haben uns dann alle drei noch eine Weile darüber unterhalten und haben dann angefangen, die erforderlichen Gegenmaßnahmen vorzunehmen. Wir räumten das Bett aus, und ich suchte bestimmte Schutz- und Kraftsteine mittels meinem Biotensor aus. Diese Steine wurden an ganz bestimmte Stellen auf den Boden im Bett platziert und gekennzeichnet. Ein verstellbarer Ganzholzlattenrost mit Kopf- und Fußverstellung aus Holz kam daraufhin ins Bett. Darüber ein Naturmatratzenschoner und eine ausgetestete Naturmatratze mit einer speziellen Auflage. Beim vorherigen Austesten kam heraus, dass Kissen und Oberbett nicht verträglich waren. Also testeten wir auch hier die richtigen Materialien aus. Ich ließ einen Feldschaltautomaten da, der dann eingebaut wurde. Für Herrn H. fanden wir den richtigen Schutz, -Kraft- und Heilstein. Es stellte sich heraus, dass er ihn in einem Lederbeutelchen auf der linken Körperseite tragen sollte. Bei Frau H. machten wir dasselbe. Ich ließ einen Erfahrungsbericht da und bat Familie H., mir diesen nach ca. 3 Monaten zuzuschicken und zu beobachten, was und welche Veränderungen sich in diesem Zeitraum ergeben hatten. Als das Schreiben dann kam, stand einfach nur darauf:

*Allgemein besseres Wohlbefinden, wesentlich besserer Schlaf. Herzlichen Dank.*

Wir haben uns dann später darüber unterhalten, und Herr H. erzählte mir, dass die ganze Krankheit ohne Operation sich aufgelöst hat. Nach einer kurzen Umstellungsphase ging es ihm immer besser, und seit Jahren nun ist er diese Krankheit los.

## Der Test für Sie

### *Ist Ihre Gesundheit in Gefahr?*

Inwieweit Ihr Wohlbefinden oder Ihre Gesundheit im Schlafbereich belastet ist, können Sie durch die Beantwortung der folgenden Fragen austesten:

1. Haben Sie Schlafstörungen?

   Ja/Nein

2. Fühlen Sie sich morgens wie gerädert, haben Sie Druck im Kopf oder Rückenschmerzen?

   Ja / Nein

3. Befinden sich in Ihrem Bett Metallscharniere um den Lattenrost zu verstellen, Sprungfederrahmen oder Federkernmatratzen, Motoren?

   Ja / Nein

4. Haben Sie nachts Schweißausbrüche, kalte Füße oder Alpträume ?

Ja / Nein

5. Können Sie bei Vollmond schlecht oder schlechter schlafen ?

Ja / Nein

6. Haben Sie oder Familienmitglieder Beschwerden, für die weder Sie noch Ihr behandelnder Arzt/Heilpraktiker eine Erklärung findet ?

Ja / Nein

7. Benützen Sie öfters eine Heizdecke ?

Ja / Nein

8. Wohnen Sie in der Nähe einer Hochspannungsleitung oder einer Eisenbahnlinie?

Ja / Nein

9. Liegt Ihr Schlafzimmer/das Ihrer Kinder über dem Heizungsraum oder über dem Öltank?

Ja / Nein

10. Befindet sich unmittelbar an Ihrem Bett eine Installationsleitung, Nachttischlampe, Elektrowecker, Radio etc. ?

Ja / Nein

11. Leiden Sie an unerklärbarer nervöser Unruhe?

Ja / Nein

12. Haben Sie in Ihrem Haus/Bettbereich ein sog. „Entstörungsgerät" ?

Ja / Nein

13. Verbessern sich Ihre Beschwerden, wenn Sie längere Zeit außer Haus sind ?

Ja / Nein

14. Glauben Sie, dass Ihr Körper auf Strahlungen und Umwelteinflüsse reagiert ?

Ja / Nein

15. Glauben Sie, dass ein natürlicher und strahlungsfreier Schlafbereich die Voraussetzung für ein gutes und erholsames Schlafen ist ?

Ja / Nein

## Auswertung:

Wenn Sie eine/mehrere Fragen mit JA beantwortet haben, empfehle ich Ihnen, im Interesse Ihres Wohlbefindens bzw. Wiedererlangung der vollen Leistungsfähigkeit, eine Untersuchung Ihres Hauses/Wohnung zu veranlassen bzw. Kontakt mit mir aufzunehmen.

## Das Curry-Netz

Nach dem inzwischen verstorbenen Dr. med. Manfred Curry benannt. Ein schachbrettförmig angeordnetes Netzsystem auf der Erdoberfläche mit dem Linienverlauf von Nordwest nach Südost. Die zweite Linie verläuft von Südwest nach Nordost. Wie beim Globalgitternetz sind die einzelnen Linien nicht belastend. Überlagern sich die Curry-Netzlinien mit anderen Erdstrahlenarten, so kann es jedoch zu Komplikationen kommen. Auch hier ist der pathogene Kreuzungspunkt etwa Handtellergroß, und es gibt energieaufladende und energieabziehende Kreuzungspunkte zu messen. Bei Vollmond sind beide Kreuzungspunkte am stärksten und bei abnehmendem Mond etwas schwächer, aber immer noch zu belastend. Reizeinheitenwerte über 3000 sind anzutreffen. Die Abstände der einzelnen Kreuzungspunkte schwanken ebenfalls je nach örtlichen Gegebenheiten und Belastungen zwischen 2,6m x 3,5 bis 5,5m. Ich habe allerdings auch schon weit größere Abstände gemessen. Auch hier auf diesen Kreuzungspunkten sind auf Dauer Belastungen des Menschen anzutreffen, oftmals im zellverändernden Bereich. Herr Dr. med. Manfred Curry hat sich lange Jahre mit diesem Thema beschäftigt und unter anderem festgestellt, wie sehr diese Punkte unsere Aura beeinflussen und verändern. Er fand heraus, dass sich die Menschen aufgrund ihrer unbewussten Reaktion und ihres Verhalten in K-Typ oder W-Typ einteilen lassen. Diese zeigen, wie groß unsere Aura etwa ist, wie sehr sie schwankt, und ob wir kälte- oder wärmeempfindliche Menschen sind.

## Doppelzonen - Gitternetz

Grundsätzlich sind diese Kreuzungspunkte die hier entstehen auf Dauer auf den Menschen sehr belastend und können zu Zellveränderungen führen. Bei den einzelnen Gitternetzsystemen treten Schenkel auf, die stärker geopathogen (krankmachend) sind als andere Schenkel. Beim Globalgitter-Netz weist jeder 4. Schenkel in Nord-Süd Richtung eine Doppelzone auf. In der Ost-West-Richtung ist es jeder 5. Schenkel, so dass die Doppelzonen jeweils in 10 Meter Entfernung bei diesem Netzsystem auftreten. Beim Curry-Netz sind ebenfalls Doppelzonen anzutreffen. Bei einer Doppelzonenkreuzung ist der negative geopathogene Effekt erheblich größer als nur ein „einfacher" Kreuzungspunkt. Es können wesentlich höhere Reizeinheitenwerte gemessen werden. Es gibt auch hier wieder auf- und abladende Kreuzungspunkte. Sie sollten demnach nicht an Orten sein, wo sich ein Mensch sehr lange zum Entspannen aufhält, denn wir sind Strahlenflüchter. Gerade bei Fällen in der Praxis, bei denen man nicht weiterkommt, den Rezidivkranken, sollte unbedingt eine Messung hierauf durchgeführt werden. Auf der Lecherrute haben wir hierfür eine eigene Einstellung der Frequenz, um diese festzustellen. Auch in den unter Rutengängern weiterhin bekannten Netzsystemen sind solche Effekte bekannt. Ein weitere bekanntes Erdstrahlenart ist das Bänkernetz. Auch dieses Energiefeld das sich vertikal und horizontal um die Erde ziehen kann hat bestimmte Ballungszentren. Auch diese können für den Menschen eine besondere Belastung sein wenn wir uns zu lange in diesem unsichtbaren Bereich aufhalten. Unser Körper wird uns meist anzeigen, dass wir uns hier nicht wohlfühlen und dieser Stelle ausweichen sollen. Verstehen wir allerdings die Signale unseres Körpers nicht, haben wir in der Regel auch keine Chance diesen Einwirkungen auszuweichen. Abgeschlagenheit, Müdigkeit, Erschöpfungszustände und Nervosität sind die ersten Auswirkungen für einen zu lange Aufenthalt in diesen Störfeldern. Jedoch sind nicht alle zu messenden Energien auch tatsächlich belastend für uns Menschen. Diese hier beschriebenen sind es!

## Horizontale Störwellen

Horizontale Störwellen sind sehr feinstoffliche Energien, die das biodynamische Feld, den feinstofflichen Körper oder auch die Aura eines Menschen sehr stark stören. Horizontale Störwellen entstehen durch: Umgebung eines Hauses und dessen Platzierung in der Landschaft. Die Lage der einzelnen Räume innerhalb des Hauses. Form und Größe der einzelnen Zimmer.

Anordnung der einzelnen Zimmergegenstände.
Abstrahlende, umlenkende Gegenstände.
Wenn das Herzstück des Hauses oder Zimmers gestört ist.

Sie sind in verschiedenen Höhen in einem Zimmer zu messen und können im ungünstigsten Fall noch von abstrahlendem Mobiliar reflektiert werden. Die einzelnen

Störfelder sind etwa 15-20cm breit und an Stellen mit anderen Erdstrahlenbelastungen besonders gefährlich. Dort wird die Energie um ein Vielfaches verstärkt.

## Ein Beispiel:

Ich habe einmal in einem freistehenden Haus in der ersten Etage, im Schlaf- und Wohnbereich eine Messung durchgeführt. Außer Kreuzungspunkten fand ich keine weitere Belastung. Die Elektrobelastung war in der ganzen Etage mittels Feldschaltautomat ausgeschaltet, das Bett war aus Vollholz und die Matratzen aus Naturmaterialien. Und doch klagte die Frau immer über Schmerzen in den Beinen, die bisher nicht beseitigt werden konnten. Als ich dann horizontale Störfelder im Zimmer feststellte, wunderte es mich nicht. Aus einer Zimmerecke kommend verlief ein solcher Streifen in der Höhe von etwa 55-80cm über dem Boden gerade über das Bett der Frau. Ihre Waden/Knie wurden dadurch ständig während der Schlafphase energetisch sehr stark unterbrochen, gestört, was irgendwann rein körperlich seine Auswirkung zeigte. Ähnlich wie das Benkersystem können horizontale Störfelder gemessen werden. Es sind jedoch in der Regel Felder, die durch das Haus selber verursacht werden. Ich habe jedoch auch öfters gemessen, dass Strahlen von außerhalb ins Haus eindringen und im Haus zurückgeworfen werden. Oft aber erzeugen sie auch ganz eigene Störfelder erzeugen, die nur in dieser speziellen Situation in diesem Haus vorkamen.

## Schwarze Energieströme

Schwarze Energieströme sind den Dogon, einem afrikanischen Volksstamm aus der Mitte Afrikas schon seit einigen tausend Jahren bekannt. Sie wissen, dass diese starken Energiefelder sich auf die Psyche eines Menschen auswirken und viele Krankheiten entstehen können, wenn sie sich in diesen Tabuzonen aufhalten. Die Dogon leben mit dem Wissen und dem Verständnis, dass unsere Erde ein lebendes Wesen ist, dass genauso, wie beim Menschen, auch in der Erde verschiedene Energien fließen. Ähnlich den Energiebahnen, die durch die Akupunktur bekannt sind. Wenn im Körper eines Menschen die Energien nicht richtig fließen, gestaut oder blockiert werden, entstehen Energieblockaden, Unwohlsein und Krankheiten. Kann die natürliche Energie der Erde nicht fließen, entstehen schwarze Energieströme. Diese, meist großflächigen Stellen, können mehrere hundert bis tausend Meter groß sein.

Das Wissen hierüber wird an eingeweihte Männer und Frauen weitergegeben und muss in einer Ausbildung erworben werden. Sie kennen verschiedene Mittel, um diese Stellen zu lokalisieren und die blockierte Energie wieder zum Fließen zu bringen, damit diese Orte wieder für Menschen und Tiere zugänglich sind.

Ich habe an/in vielen Häusern solche schwarze Energieströme gemessen. Ich habe mich an diesen Stellen immer sehr unwohl gefühlt, und hätte ich meinem natürlichen

Impuls nachgegeben, wäre ich dort sofort weggegangen. Ich fühlte mich dort sehr eingeengt und hatte das Gefühl, als wenn jemand ständig leichte bis schwere Schläge gegen mich austeilen würde. Oder meine Energie verschwand einfach im Boden und ich fühlte mich leer, wie ausgesaugt, alles wurde schwarz um mich herum. Während meiner Ausbildung musste ich zuerst lernen, diese Stellen zu finden, um bewusst zu spüren, wie ich mich hier fühle, was mit mir geschieht. Wie ich Gegenmaßnahmen anwenden kann, um hier bewusst eine Untersuchung durchführen zu können. Später habe ich in den Fällen, bei denen die Bewohner auch eine Veränderung haben wollten, helfen können.

Wenn ich wieder bei dem Beispiel Akupunktur bleiben darf, so wird hier unter anderem mittels verschiedener Nadeln die blockierte Energie wieder zum Fließen gebracht. Bei schwarzen Energieströmen müssen verschiedene Energie auf- und abladende Punkte festgestellt werden. Sodann wird das Zentrum oder die Stelle, von der aus der Geist ausstrahlt gesucht. Auf der Geistebene wird mittels Ritualen gereinigt und dann auf der materiellen Ebene mittels bestimmter Steine oder extra angefertigten altbekannte Gegenstände eine Erdakupunktur durchgeführt. Nach einiger Zeit löst sich die blockierte Stelle wieder auf und ist geheilt. Nun kann diese wieder von uns belebt werden. Das Ganze ist zeitaufwendig und muss genau durchgeführt werden. Es gibt nur wenige wirklich eingeweihte Menschen, die dies können und dürfen. Ich bin froh, dass ich gelernt habe und mir das Wissen gegeben wurde, die Heilung anwenden zu dürfen.

## Muss das sein?

Eine Milliarde Schlaftabletten und viele weitere Drogen werden jährlich in Deutschland verbraucht. Daraus abgeleitet müssen mindestens 20% der Bevölkerung unter Schlafstörungen leiden. Fast 10% aller allgemeinärztlichen Rezepte wurden auf Schlaftabletten ausgestellt. Dies ist auf Dauer mit Sicherheit nicht der richtige Weg, denn ausreichender und gesunder Schlaf gehört zu den wichtigsten Voraussetzungen eines gesunden Lebens. Würde das heute vorhandene Wissen konsequent in Schlafzimmern umgesetzt, würde dies von den Materialien her anders gestaltet werden. Was für die Industrie kein Nachteil wäre, denn es würden wieder Verbesserungen vorgenommen, die den Menschen zugute kommen. Nur, wer möchte das denn wirklich?! Die Verbraucher/Käufer wissen es oftmals nicht oder wollen es nicht wissen. Und so wird halt solange verkauft, wie es geht. Seit 1984 halte ich jede Woche Vorträge und zeige es den Besuchern immer wieder, wie ein optimales Schlafzimmer aussehen sollte. Deshalb habe ich dieses Buch auch geschrieben. Damit Sie es nachlesen und eine Umgestaltung Ihres Schlafraumes vornehmen können.

## Zum Nachdenken

**Der Mensch ruht im Laufe von 10 Jahren etwa 29.200 Stunden auf seinem Schlafplatz**

| | | | |
|---|---|---|---|
| **bei** | **pro Tag/Nacht** | **-** | **8 Stunden** |
| | **pro Woche** | **-** | **56 Stunden** |
| | **pro Jahr** | **-** | **2,920 Stunden** |
| | **10 Jahren** | **-** | **29.200 Stunden** |

**oder 3 Jahre und 4 Monate**

Ich hoffe deshalb, dass Ihre Schlafstelle unbelastet ist. Wenn nicht, sollten Sie schnellstmöglich etwas ändern! Ein Termin für eine Schlafplatzuntersuchung kann relativ schnell ausgemacht und durchgeführt werden. Die Adresse und Telefonnummer sind gut lesbar am Ende des Buches angebracht. Hier haben Sie sie aber gerne nochmals:

Fa. Robert Ohlheiser
Hauptstr.43 57614 Steimel-Weroth
Telefon: 02684 -1275
Handy: 0171-4304977

## Kurz und Fündig

*Preisschild in einer Werkstatt im US-Staat Michigan:*

*Wir berechnen 9 Dollar pro Stunde für die Arbeit an Ihrem Auto!*

*Wenn Sie zusehen wollen, kostet es 12 Dollar.*

*Wenn Sie mithelfen, 15 Dollar.*

*Wenn Sie die Arbeit leiten, 18 Dollar!*

Sollten Sie sich zu einer Untersuchung Ihres Schlafzimmers durch mich entschließen und mit mir einen Termin ausmachen, so können Sie gerne dabei sein und zusehen. Mir ist es sogar sehr lieb, wenn sie dabei sind. Denn ich möchte Ihnen ja verständlich machen, was an Belastungen vorhanden ist und welche Wirkungen diese auf Sie haben. Ich werde dann nicht mehr berechnen! Eine Schlafplatzuntersuchung einer Familie von 2 Schlafzimmern kostet schon seit vielen Jahren den gleichen Preis und ist für alle erschwinglich. Untersuchungen werden von mir in ganz Deutschland und im Ausland (sofern sie mich verstehen) durchgeführt.

## Geschichte der Rutengänger

Wie weit dieses Wissen und Können wirklich zurückreicht, kann mit Sicherheit niemand sagen. Welche Fähigkeiten zum Überleben wirklich gebraucht werden, können wir modernen Menschen nur schlecht nachvollziehen. Mit Sicherheit ist das heutige Bild der Wissenschaft in einigen Jahrzehnten wieder überholt. Aus alten Überlieferungen wissen wir jedoch, dass verschiedene Hilfsmittel eingesetzt wurden, um mit Gott eine Verbindung zu bekommen oder eine Antwort. So ist aus der Sandwahrsagung, über Karten, das Pendel schon immer hierfür verwendet worden. Für die Medizinfrau oder den Schamanen war es ein heiliges, magisches Zeichen und Orakel. Hier in Deutschland wurde in den letzten Jahrhunderten die Fähigkeiten der Rutengänger im Bergbau eingesetzt. Diese Tatsache ist noch heute gut nachvollziehbar und dokumentiert. Als die Menschen sesshaft wurden und Tiere domestizierten, musste immer schon eine der Hauptfragen geklärt sein: Wo bekomme ich soviel Wasser her, um überleben zu können?

Nicht immer konnte an Flüssen oder Bächen angesiedelt werden. In manchen Gegenden konnte Grundwasser angebohrt werden. So setzten sensible Menschen ihre Fähigkeiten auch ein und fanden mittels Zweigen über Wasser im Boden die genaue Lage heraus. Wünschelruten wurden aber auch für viele andere Zwecke verwendet. Vor dem Hausbau wurde festgestellt, wo positive oder negative Erdenergien waren, um die Lage des Hauses danach auszurichten und zu bauen.

*Älteste Hinweise auf Rutengängerei :*

ca. 8000 Jahre v.Chr. Felsenbilder von Tassili in der nördlichen Sahara zeigen Rute/Pendel

ca. 4000-1500 v.Chr. Buschmannmalereien im Norden des West-Kaplandes

ca. 3000-300 v.Chr. Sandsteinpendel, Bilder von Priestern mit Rute an den Grabstätten im Tal der Könige in Ägypten

ca. 2200 v.Chr. Kaiser Kuang Yu in China erließ ein Edikt: dass kein Haus gebaut werden dürfe, bevor die Erdwahrsager nicht bestätigt haben, dass die Baustelle frei von „Erddämonen" sei.

ca. 2200 v.Chr. Ausgrabungen in Babylon zeigen gegabelten Stock an Tempeln.

In unserer Zeit: Madagaskar = Entscheidungsgrundlage der Regierung bei der Anlage von Bauten, Siedlungen und Städten, sowie Erdwahrsagekunst = Gespür für die Erde.

In Indien und Ceylon habe ich gesehen, dass dieses Wissen auch heute noch eingesetzt wird. Vor und während dem Hausbau, um sich gegen böse Geister abzuschirmen.

In Ländern wie Vietnam, Korea und China ist es oft noch Bestandteil vom Hausbau.

In vielen östlichen Staaten wie Polen wird es angewandt.

Es gibt inzwischen viele Bücher, in denen dieses Wissen nachgelesen werden kann. Dies sollte nur ein kleiner Überblick sein.

## Strahlensucher/Strahlenflüchter

Schon immer wurde beobachtet, dass Pflanzen an bestimmten Standorten besser oder schlechter wachsen. Viele Heilpflanzen sind oftmals auf geopathogenen Zonen anzutreffen. Wenn Sie ein großes zusammenhängendes Brennnesselfeld sehen, können Sie davon ausgehen, dass hier eine Erdstrahlenbelastung vorhanden ist. Wir können viele Pflanzen und Tiere in Strahlensucher und Strahlenflüchter einteilen. Wie der Name schon sagt, sind Strahlensucher Lebewesen, die ganz bewusst eine erdstrahlenbelastete Stelle aufsuchen und sich auch darauf aufhalten und wohlfühlen. Strahlenflüchter spüren diese Zonen ebenfalls, fühlen sich aber auf Dauer hier nicht wohl und weichen diesen Zonen aus. Wenn es geht. Wir Menschen sind Strahlenflüchter. Wenn wir unserem natürlichen Instinkt nachgeben können, werden wir Erdstrahlenzonen ausweichen. Nur unsere heutige Bauweise der Häuser und die oftmals vorgeplanten Bettstellen lassen solche „unwichtigen" Gedanken außer acht. In unserem Erfahrungsschatz ist nicht mehr eingespeichert, dass eine Schlafstelle belastend sein kann. Deshalb wird sich immer wieder auf dieselbe Stelle gelegt, obwohl die Menschen merken, dass sie hier nicht schlafen können oder sich unwohl fühlen. Durch unser Sesshaftigkeit verkümmern viele Instinkte, die Naturvölker noch zum Überleben brauchen.

### *Der Hund weicht aus!*

Die meisten Hunde kann man zu den Strahlenflüchtern zählen. Je natürlicher die Rasse ist, um so besser sind diese Instinkte noch vorhanden und werden gelebt. Einige Male habe ich erlebt, dass Hunde dieses Ausweichen nicht gemacht haben und ebenfalls krank wurden und sogar dort starben. In einem Fall hat sich der Hund immer neben das Bett seines Herrchens gelegt. Mann und Hund hatten ähnliche Beschwerden gehabt. Ich konnte feststellen, dass eine Wasserader quer durch das Bett lief. Der Hund lag ebenfalls in der Wasserader, auch wenn er neben dem Bett schlief. Statt von der Stelle wegzugehen, legte er sich immer wieder so nahe wie möglich zu seinem Besitzer. Denn sie lebten wirklich sehr eng miteinander. Eine Frau in der Nähe von Wiesbaden wohnend, hatte zwei Hunde hintereinander an Krebs verloren. Sie war damals sehr geschockt. Auch hier lagen die Hunde neben und auf dem Bett, durch das eine sehr breite und starke Wasserader führte. Ein Ausweichen war nicht möglich in diesem kleinem Zimmer, und die Hunde verstarben später. Die Frau hatte „zufälligerweise“ auch Krebs bekommen. Wenn das alles nur Zufall sein soll!

Zu den Strahlenflüchtern gehören ebenfalls Schweine, Rinder, Schafe und Pferde. Deshalb hat man früher auf einer Weide beobachtet und achtgegeben, wo sich diese Tiere aufhalten. Oder welche Stellen sie meiden. So konnte dieses Wissen mit beim Hausbau verwendet werden und die Schlaf- und Wohnsituation geplant werden. Früher waren die Ställe der Tiere ja oft mit im selben Haus, sodass dies allen zu gute kam.

### *Die Katze sucht es!*

Die Katze ist eindeutig ein Strahlensucher und meist nachtaktiv. Sie erlebt über 24 Stunden verteilt mehrere Schlafphasen. Sie schläft nicht wie wir 8 Stunden in einem durch, sondern jeweils wieder einmal für ein paar Stunden. Tagsüber wird die Katze als nachtaktives Lebewesen lieber dösend und schlafend verbringen. Sie hat eine ausgeprägte Fähigkeit, sich den veränderten Umweltbedingungen anzupassen und in der Nacht aktiv zu sein. Um auch tagsüber eine Entspannung zu erreichen, sucht sie Stellen auf, die eine energieabbauende Schwingung haben. Durch ihr Fell kann sie auf diesen Stellen eine einschläfernde, schlafunterstützende Wirkung erzielen. Nehmen Sie vergleichsweise einen Schichtarbeiter, der überwiegend in den Morgen- bzw. Vormittagsstunden schläft. Deshalb wurde früher bei Rheuma und Gicht ein Katzenfell verwendet. Es wurde ins Bett gelegt oder um die zu behandelnde Körperstelle gewickelt. In der modernen Forst- und Waldwirtschaft hat ein altes Wissen wieder Zugang gefunden. Ameisenhaufen werden nur dort aufgebaut, wo eine Erdstrahlenkonzentration ist. Wenn Ameisen einfach willkürlich auf eine Stelle angesiedelt werden und diese Konzentration nicht vorhanden ist, weichen sie aus. Es ist bekannt und wird in der Ausbildung mit berücksichtigt, dass bestimmte Krankheitssymptome an Bäumen auf Reizzonen entstehen. Baumknacken oder auch Baumkrebs genannt. Sogenannte Ameisenstraßen sind ebenfalls ein sicheres Zeichen dafür, dass hier Reizzonen vorhanden sind. Da können Sie mit Gift anfangen, die Ameisen werden später wieder diesen Weg nehmen. Wenn es sein muss, auch durch ein bewohntes Haus hindurch.

### *3 Junge Tannenbäume gehen ein*

Pflanzen reagieren ebenfalls sehr stark auf Reizzonen. Ich habe einmal in einem Haus gelebt und Folgendes mitbekommen: Der Hausbesitzer ließ 11 Nadelbäume als Grundstücksbegrenzung in einer Reihe anpflanzen. Sie wurden nicht besonders behandelt, sondern einfach ihrem natürlichen Wachstum überlassen. Nach ca. einem halben Jahr dachte ich mir noch, warum einige Bäume anscheinend kleiner bleiben als die anderen, die schon viel größer aussehen. Ich habe später bei vielen Schulungen für Rutengänger diese Baumgruppe als Übungsgelände verwendet. Es war immer wieder interessant zu erleben, wie die Teilnehmer dieselben Ergebnisse bekamen. Wir haben mit farbigen Bändern die einzelnen Wasseradern ausgelegt, um es besser sehen zu können. Es kamen immer 3 Wasseradern heraus. An der Wuchshöhe konnte man sehr deutliche Größenunterschiede erkennen. Die 3 Bäume in der Wasserader blieben klein, verwelkten und gingen später ein. Ich hätte den Bäumen gerne geholfen, aber der Hausbesitzer wollte davon nichts wissen.

Bei einem anderen Nadelbaum lasse ich immer wieder gerne die Seminarteilnehmer nach Wasseradern suchen. Sie sind dann meist schon soweit, dass sie feststellen können, wie viele an der Stelle vorhanden sind. Wie sie verlaufen, wie tief sie sind, welche Schwingung und welche Belastung vorhanden ist. An diesem Baum sind in verschiedenen Höhen Baumknacken/Krebsgeschwülste zu sehen. An Hand der Höhe dieser Baumknacken lässt sich ebenfalls die Tiefe einer Wasserader schätzen.

Es gibt noch weitere Zeichen, nur sollte meiner Erfahrung nach dies nur als Anhaltspunkt dienen. Ob diese Veränderungen wirklich von Wasseradern herkommen, - unbedingt mit der Rute überprüfen!

Pflanzen, die sehr schräg (Schiefwuchs) wachsen. Wenn sich Zwiesel (zwei Stämme ausbilden) bilden. Wenn Pflanzen, Blumen oder Gemüse sehr groteske Formen bilden.

Deshalb ist es manchmal schon sehr wichtig in einem Garten oder auf einem Feld zu wissen, wo starke Reizzonen sind. Ebenso auf Obstplantagen.

## Natürliche Strahlungshinweise

*Strahlensucher*

Katzen Bienen Ameisen Schlangen Kaninchen Eiche Pflaumenbaum Kirschbaum Aprikosenbaum Weide Fichte Tanne Lärche Holunder Misteln Asparagus Zimmerlinde Mohn Pilze Farn Wacholder Ginster Weißdorn Brennesel Fingerhut Minze

*Strahlenflüchter*

Mensch Hund Schwein Rind Pferde Schafe Schwalben Reh Fuchs Dachs viele Vögel, außer Wasservögel Apfelbaum Birnbaum Nussbaum Johannisbeerstauden Flieder Buche Linde Sonnenblume Rose Begonie Geranie Kartoffel Blumenkohl Gurke Sellerie viele Palmenarten

Soweit erst einmal zu Thema Erdstrahlen. Nun möchte ich uns zu den Menschen selber einiges erzählen. Auch dies soll dazu dienen, die manchmal sehr verwickelten Zusammenhänge oder Zusammenspiele besser zu verstehen. Oft kommen mehrere Faktoren zusammen, bis die Abwehrkräfte im Menschen nicht mehr in der Lage sind, mit ständigen äußeren Belastungen fertig zu werden.

# Zähne können Antennen sein

Zähne stehen nicht isoliert im Mund. Ganz im Gegenteil, sie sind reflektorisch über Nerven mit allen Zentren und Organen im Körper verbunden. Jeder Zahn hat seinen Reflexpunkt im Organismus. Wenn Sie nicht mehr ihre natürlichen Zähne haben, sondern Füllungen, Kronen usw., so können diese verschiedenen Materialien auch verschiedene Spannungsfelder erzeugen. Es ist heutzutage relativ leicht festzustellen, ob die Spannungsfelder im Mund harmonisch sind, oder ob sehr starke Spannungen auf die Zähne wirken, die dann natürlich auch wieder auf den gesamten Organismus wirken können. Unter anderem kann dies mit einem Elektroakupunkturgerät nach Dr. Voll gemessen werden.

Wir sind in unserer modernen Welt fast ständig mit Metallen (z.B. im Fußboden) und mit Geräten, die unter elektrischem Strom stehen, umgeben. Selbst nachts beim Schlafen ist überall Strom im Zimmer. Wenn Sie in Ihrem Bett liegen und schlafen, haben sie meist ebenfalls zu hohe elektrische- und elektromagnetische Felder im Zimmer. Bei sehr unterschiedlichen Zahnmaterialien können diese wie starke Antennen wirken und haben dann ebenfalls einen kleinen aber ständigen Einfluss auf Sie. Ich habe als Rutengänger sehr stark gespürt, welche Belastung dies sein kann. Nach einer Zahnsanierung konnte ich viel besser und leichter mit den starken Belastungen durch die Aufnahme von Fremdenergie beim Rutengehen körperlich umgehen. Ich fühlte mich leichter und freier.

## Die Haut - ein Wunderwerk der Natur

Die Haut eines Menschen wird pro Quadratzentimeter mit 1,5 Teilchen kosmischer Energie durchströmt. Da die Haut eines Menschen etwa 2 qm (1,73 Quadratzentimeter ist der Standard!) ausmacht, wird ein Mensch mit ca. 15.000 Teilchen kosmischer Strahlung pro Sekunde durchströmt. An diese Umgebungsstrahlung haben wir uns jedoch angepasst und gewöhnt. Im Körper werden ständig neue Zellen produziert. Der menschliche Organismus besteht aus etwa 100 Billionen Zellen. Treffen diese kosmische Strahlenteilchen auf ein DNS der Zelle, kommt es zu einer Schädigung der Zelle. Über geopathogenen Reizzonen ist eine erhöhte Strahlenbelastung mit Rute und verschiedenen Geräten nachzuweisen. Alle Zellen im Körper stehen in einer ständigen Verbindung miteinander. Jede Zelle im Körper ist eine kleine Fabrik und enthält alle Informationen des gesamten Organismus. Wird eine Zelle mit der falschen Information gespeist, gibt sie diese Information bei der Erneuerung an die nachfolgende neue Zelle weiter. Deshalb kann der Körper zu irgendeinem Zeitpunkt einmal diese Einflussfaktoren bei ständiger Dauerbelastung nicht mehr verkraften. Es kommt zu Störungen im Hormonhaushalt und Zusammenarbeit des Organismus. Wird diese Störung nicht erkannt (der Körper gibt uns ständig Zeichen), muss er sich stärker bemerkbar machen. Oftmals werden Zeichen des Körpers aber nicht angenommen oder erkannt. Hierauf muss er dann noch stärkere Reizsignale setzen, bis hin zum Schmerz. Blockierungen der Körperenergien werden und müssen Auswirkungen haben. Sei es an den Zähnen oder am Fußzeh, der Leber und so weiter. Wenn eine geopathogene Störzone im Bett vorhanden ist, so ist meist auch an dieser Stelle im oder am Körper auf Dauer eine Schwierigkeit oder Krankheit. Unzählige Messungen haben immer wieder gezeigt, dass viele Menschen an einer belasteten Bettstelle geschlafen haben und dort krank geworden sind.

*Solch ein Leidensweg muss aber nicht sein!*

Durch Berücksichtigung der örtlichen Gegebenheiten vor dem Hausbau kann Menschen und Tieren viel Leid erspart werden.

## Die Aura

Wir haben in unserer Kultur gelernt, dass wir nur glauben, was wir sehen und logisch nachvollziehen können. Leider wurde schon immer in der Geschichte der Menschheit Wissen unterdrückt, wenn es den Herrschenden nicht gepasst hat. Unseren Körper können wir sehen, und deshalb besteht der Mensch nach unserem Weltbild auch nur daraus. Wir sind aber weit vielschichtiger, im wahrsten Sinne des Wortes. Die moderne Wissenschaft beschäftigt sich heute mit den Dingen, die Kulturen vor uns schon längst gekannt haben. Hierfür gibt es genügend Beispiele. Um den Körper herum gibt es ein Energiefeld, das „Bio-Dynamisches Feld" oder die „Aura" genannt wird. Es ist im Normalzustand etwa 1,5 - 2,5 Meter groß. Es ist nicht nur eine Abstrahlung des Körpers, sondern hat viele Aufgaben zu bewältigen. Es kann größer oder kleiner werden, innerhalb von Sekunden. Ich zeige meinen Kursteilnehmern immer, wie mit bestimmten Ruten die Größe der Aura gemessen werden kann. Wie sie sich sofort verändert, wenn starke Gefühlsregungen vorhanden sind oder erzeugt werden. Wie die Aura auf Körperhaltungen, Stress, Zeichen und Symbolen, normale und belastende Stellen, in der Nähe von Strom oder wenn Menschen sich uns nähern, reagiert. Es ist verblüffend zu sehen, wie wir wirklich reagieren und agieren. Vieles von uns geschieht nicht, wie immer angenommen wird, von uns aus. Sondern wir reagieren auf Zeichen unserer Umgebung viel mehr als normalerweise angenommen wird. Das heißt, bei diesem Kurs lernen Sie auch sich selber viel genauer und besser kennen und können ganz anders auftreten. Sie werden viel sicherer. Als ich gelernt habe, andere Menschen auszubilden, habe ich mir überlegt, dass es am wichtigsten ist, erst einmal mich selber kennen zu lernen, wie und warum ich reagiere und dann erst anzufangen, mit einem Pendel oder einer Wünschelrute umzugehen. Was geschieht in diesem Stadium mit mir, wenn ich ein Pendel nehme, wie kann es beeinflusst werden und wie kann ich wirklich vernünftige und richtige Ergebnisse bekommen. Deshalb möchte ich Sie zu einer kurzen Einführung in dieses Thema einladen.

Haben sie schon einmal bewusst wahrgenommen, wie Sie sich fühlen, wenn ein anderer Mensch auf sie zukommt? Vielleicht sind Sie im Verkauf tätig und haben ständig Menschen um sich herum ? Wie nah sind diese Menschen an Ihnen dran? So das Sie sich noch wohlfühlen? Oder zu nah?

Haben Sie schon einmal gespürt, dass Sie sich in der Nähe von bestimmten Leuten immer energieloser fühlten? So als wenn diese Person Ihre Energie absaugt!

Wie nah dürfen Ihnen fremde Personen bei der ersten Begegnung körperlich kommen?

Bei vielen wird der Abstand etwa so groß sein, wie der ausgestreckte Arm. Vielleicht lassen Sie gerne Menschen näher an sich herankommen oder Sie möchten lieber, dass diese noch weiter wegbleiben?

In unserer Erziehung haben wir in der Regel nicht gelernt, auf solche Dinge zu achten und darauf einzugehen. Vielfach geschieht dies unbewusst. Vielleicht müssen Sie diese Impulse auch oft oder ständig unterdrücken und wundern sich dann später, dass Sie sich unwohl fühlen, verärgert sind oder müde und erschöpft, geschlaucht! Jeder von uns Menschen hat seinen eigenen Reaktionsabstand. Dies ist der Abstand, an dem wir anfangen körperlich zu reagieren. Bleiben wir beim Beispiel, dass ein anderer Mensch auf Sie zukommt. Er hat die äußere Schicht Ihrer Aura durchschritten und in Ihnen arbeitet schon alles auf Hochtouren. Kommt er/sie weiter auf Sie zu, werden Sie jedoch normalerweise bei Ihrem Reaktionsabstand (Armlänge) reagieren. Wie, das hängt je nach Situation und Mensch ab. Das kann von sprachlicher Art sein (Stop), bis hin zu körperlicher Reaktion
(Schritt zurück oder Arm ausstrecken).

Interessant ist übrigens auch, dass beim Rutengehen der Rutenausschlag meist nicht die Stelle anzeigt, an der auch wirklich die Belastungszone ist. Kommen Sie über eine solche Stelle, so müssten Sie eigentlich zu Ihrem Ausschlag noch die Länge Ihres Reaktionsabstandes dazurechnen. Denn hiermit wird gemessen, und die Rute schlägt aus. So wie unsere Haut die äußere Abgrenzung unseres Körpers darstellt und unser größtes Organ ist, so ist die äußerste Auraschicht unsere feinstoffliche Abgrenzung und Hülle. Wir haben 7 Energiekörper innerhalb unserer Aura. Diese haben jeweils bestimmte Aufgaben und stehen natürlich auch miteinander in Verbindung. Damit nun diese Energieschichten auch einen Kontakt mit unserem Körper und unserem Wesen haben, gibt es auch 7 Kontakt- oder Verbindungskanäle. Diese werden Chakren genannt. Es gibt noch mehr, wie im Buddhismus bekannt ist, aber dies sind die Hauptzentren. Jedes Chakra hat eine Verbindung zum und in den Körper und wird neben der Wirbelsäule in die Hauptnervenbahnen eingeleitet. Von hieraus gehen diese Impulse an das nächsthöhere Chakra und weiter zum Gehirn. So ist eine ständige Verbindung vorhanden. Denken wir nur einmal daran, dass wir über 90% unseres Lebens unbewusst leben oder erleben.

Vereinfacht ausgedrückt, liegen die einzelnen Chakren:

1. Chakra zwischen After und Geschlechtsteil
2. Chakra zwischen Geschlechtsteil und bis kurz unterhalb des Bauchnabel
3. Chakra oberhalb des Bauchnabel
4. Chakra im Herzbereich
5. Chakra im Halsbereich
6. Chakra von der Nase bis Stirn
7. Chakra Mitte des Schädels (Scheitelchakra)

Jedes Energiezentrum ist in Verbindung mit dem Energiekörper, das es lenkt und lebt. Jedes Chakra ist eine Art Kraftstation und die Energie vom Körper und den einzelnen Energiekörpern wird hierdurch gelenkt und geleitet. Sie können sich öffnen und schließen und mehr oder weniger Lebensenergie durchlassen. Dabei spielt die Lebenseinstellung eine bedeutende Rolle. Je positiver die Lebenseinstellung, desto besser und leichter öffnen sich die Chakren. Die Lebensenergie kann ungehindert einfließen und durchfließen. Je unbelasteter unser Körper ist, um so freier kann die Lebensenergie zwischen unserem Körper und unserem Energiekörper zirkulieren. Je mehr Umfeld- und Umweltbelastungen auf uns einwirken, um so mehr muss der gesamte Mensch darauf reagieren. Es ist schon sehr interessant, wie die verschiedenen Einflüsse unsere Energiesysteme verändern. Wir können mit der richtigen Methode und den Ruten messen, wie unser Gesamtenergiekörper sich ausbreitet oder zusammenzieht. Wie unsere Yin-Seite (Linke) und unsere Yang-Seite (Rechte) reagieren. Sie können ebenfalls blitzschnell reagieren, und dann wundert man/frau sich, warum wir uns „Einseitig und Unausgewogen" fühlen!

Ich habe beim Thema Kreuzungspunkte geschrieben, dass diese Energie entweder auf- oder abladend sind. Wenn sie auf einer neutralen Stelle stehen und ich Ihre Gesamtaura mit einer Rute messe, können wir feststellen, wie groß diese ist. Stellen Sie sich z.B. auf einen abladenden Kreuzungspunkt, werden wir sofort sehen, wie sehr Ihre Gesamtenergie kleiner wird. Gehen Sie dort wieder heraus, wird ihre Energie wieder normal werden. Stellen sie sich dann auf einen aufladenden Kreuzungspunkt, wird sofort sichtbar, um wie viel die Aura sich vergrößert. Bis ca. 10% kann sie ungehindert größer oder kleiner werden. Wird die Aura jedoch wesentlich stärker beeinflusst, führt es auf Dauer zu Belastungen. So lassen sich Strombelastungen usw. ebenfalls ausmessen. Es gäbe zu diesem Thema noch ein ganzes Buch zu schreiben, nur fehlt an dieser Stelle der Platz dazu. Ich möchte Sie aber gerne zu einem der Seminare oder noch besser zu Einzelstunden einladen. Hier können Sie dies alles lernen und für sich und andere Menschen anwenden.

## Pendel- und Rutenanleitungen

Bevor ich Ihnen nachstehend Anleitungen für verschiedene Übungen geben werde, möchte ich noch einmal kurz auf ein ganz wichtiges Thema eingehen.

Seit 1984 bin ich hauptberuflich als Energiearbeiter beschäftigt. Ich habe sehr vielen Frauen und Männer auf den Vorträgen zu diesem ganzen Thema in etliche Stunden meines Lebens durch Referate viel Theorie nahe gebracht. In den Pausen lasse ich Besucher mit der Laienrute selber Gehversuche machen und bei fast allen funktioniert es auch. Ich habe seit dieser Zeit in sehr vielen Seminaren Frauen und Männer das Pendeln oder das Rutengehen beigebracht. Manche haben es mehr zum Hobby gelernt. Einigen habe ich in dementsprechenden Seminaren einen neuen Beruf gelehrt. Ich habe allerdings auch immer wieder erlebt, das sogenannte Könner zu den Ausbildungen kamen, die nicht einmal in der Lage waren, eine Wasserader richtig auszutesten oder die nicht in der Lage waren zu sagen, ob es sich hier um einen Gesteinsbruch, eine Wasserader oder was auch immer handelt. Es gab halt einen Ausschlag und schon war es halt eine Wasserader.

Ich versuche Ihnen deshalb in diesem Buch so ausführlich und doch leichtverständlich zu zeigen, das es verschiedene Störfaktionen geben kann. Diese sollten dann auch genau gemessen und unterschieden werden können. Wenn Sie dies wirklich richtig machen wollen, brauchen sie ganz einfach Zeit. Mit ein paar Stunden ist es nicht getan. Selbst bei gutem Gefühl müssen sie einfach ein paar Jahre rechen, bis sie sicher in ihren Anspürungen sind. Wissen und viel, viel üben. Immer wieder. Ich habe viele erlebt, die einmal ein paar Stunden genommen haben und dann nicht mehr weitergemacht haben, weil sie meinten schon alles zu können. Ich denke immer, das jeder sich selber einfach nur folgende Fragen stellen sollte:

Möchte ich selber von jemanden bei mir zuhause etwas untersuchen lassen der es nicht richtig kann?

Würde ich es für mich selber auch so machen?

Vor anderen so tun als wenn ich es perfekt kann und beherrsche! Möchte ich für mich selber, dass das auch jemand anders mit mir macht?

Was ist mit der Verantwortung für andere Menschen? Möchte ich auch so behandelt werden?

Nur durch viel Üben werden wir in der Lage sein, alle Wahrnehmungen zu erfassen und immer mehr gezielt und klar zu spüren. Je mehr du dich dem vorhandenen Wissen und der Lebensenergie, die alles Bisherige gespeichert und gesammelt hat, nähern kannst, um so leichter wirst du dich in das Lebenswissen einklinken und davon profitieren können. Es ist alles da und wird immer da sein. Nur du selber entscheidest wann, wie und welches Wissen du davon lebst!

## Das Pendel

Wenn du richtig pendeln möchtest so solltest du ein paar Hinweise beachten. Es gibt unendlich viele Pendelformen, Materialien, Größen. Je besser ein Pendel zu dir passt, um so leichter und Kraftsparender und damit um so genauer wirst du arbeiten können. Ich empfehle schon seit Jahren das Mimosapendel. Ein kleines 3,5 g leichtes Messingpendel mit einem Seidenfaden. Ein Pendel sollte nicht zu lang angefasst werden. Für die meisten ist der Abstand vom Pendelkörper zu der Stelle an der es gehalten wird, der bestmöglichste zwischen 10 bis 15 cm. Alles was länger ist, sieht war schön aus, ist aber meist viel zu kraftraubend und anstrengend.

Das Pendel hat die Menschen seit jeher fasziniert und es ist in der Hand eines sensitiven Menschen ein wirkliches Instrument. Ein Steigrohr ins Unterbewusstsein und als Lebenshilfe einzusetzen. Machen Sie sich allerdings nicht davon abhängig. Es ist eine Hilfe, kann aber auch zur Gefahr werden. Um gute Ergebnisse zu erzielen, sollten sie die nachfolgenden Grundprinzipien beachten:

1. Gehen sie mit Respekt und ohne jegliches Vorurteil an das Pendel. Entspannen Sie sich vorher und stellen sie sich eine Verbindung zu ihrem innerem Wissen oder innerem göttlichen Teil von sich Selbst (Seele) her. Einfach daran denken und wünschen!
2. Pendeln sie nur dann, wenn sie sich sowohl körperlich als auch seelisch ausgeglichen fühlen!
3. Gehen sie nicht mit einer vorgefassten Meinung an das Pendeln heran. Da sie sich sonst selber beeinflussen.
4. Möglichst Metallgegenstände vom Körper entfernen.

Wichtig ist nun fest zu stellen, welche Polarität sie haben. Die meisten Menschen sind rechtspolarisiert. Zum Überprüfen nehmen Sie nun das Pendel in die rechte Hand. Es hängt nun nach dem Schwerkraftgesetz nun ruhig herab. Nach einiger Zeit fängt es meist an in vier verschiedene Bewegungen überzugehen:

1. rechtsdrehende Kreise (mit dem Uhrzeiger)
2. Senkrechte Strichbewegung (zum Körper- weg vom Körper)
3. linksdrehende Kreise (gegen den Uhrzeiger)
4. Waagerechte Strichbewegung (z.B. links nach rechts oder umgekehrt)

Bejahung einer gestellten Frage oder positive Antwort meist unter 1 + 2

Verneinung einer gestellten Frage oder negatives Ergebnis meist unter 3 + 4

Am besten nehmen sie ein Blatt Papier und malen sich die vier Zeichen auf. Einen Kreis mit dem Pfeil nach rechts und einen senkrechten Strich. Auf ein anderes Blatt einen Kreis mit dem Pfeil nach links und einen waagrechten Strich.

Halten sie das Pendel über einer der vier Symbole und konzentrieren sie sich darauf, das das Pendel diese Bewegung ausführt.

Halten sie ihr Pendel über die linke Handinnenfläche. Was für einen Pendelausschlag bekommen sie jetzt?
Halten sie das Pendel über den linken Handrücken?
Was für einen Pendelausschlag erhalten sie jetzt?
Dasselbe dann mit der rechten Hand.

Sie müssten bei entsprechender Sensitivität ständig gegenläufige Ausschläge erhalten.

Stellen sie sich jetzt folgende Frage:
Wie sieht mein Zeichen für Nein aus?
Wie sieht mein Zeichen für Ja aus?
Wie sieht mein Zeichen für neutral aus?

Sie können ihr Pendel auch in eine bestimmte Bewegung programmieren. In diesem Fall nehmen sie das Pendel ruhig in die rechte Hand (als Rechtshänder, links als Linkshänder) und sagen dem Pendel:
Für ein JA drehe dich nach rechts.
Anschließend:
Für ein Nein drehe dich nach links.

Nach jedem Pendelausschlag sollten sie sich unbedingt folgende Fragen stellen. Sie werden mit der Zeit erkennen wie wichtig sie sind:

*Jede Frage zuerst so ausdenken, das sie nur mit JA oder NEIN beantwortet werden kann.*

*Frage an das Pendel stellen.*

*Stimmt das Ergebnis?*

*Habe ich mich beeinflusst?*

*Wurde ich beeinflusst?*

Nach jedem Pendeln sollten sie sich kurz entspannen und ausruhen. Nur wird gerade das meist nicht gemacht. Im Laufe der Zeit werden sie dann jedoch spüren, wie anstrengend es sein kann.

Bevor sie mit den nun nachfolgenden Übungen beginnen, sollten sie sich vorher entspannen und sich eine ruhige Umgebung schaffen. Nachstehende Übungen gelten für Pendel und Tensor. Sie können damit Lebensmittel, Medikamente und vieles mehr austesten. Wenn sie einen Gegenstand ausmessen möchten, können sie es leichter, wenn sie diesen mit dem linken Zeigefinger berühren oder den Finger darüber halten. Nehmen wir z. B. einen Apfel.

Sie legen ihn vor sich hin.
Sie atmen ein paar mal tief ein und aus.
Sie halten den linken Zeigefinger darauf oder darüber
Sie nehmen das Pendel in die rechte Hand
Ist dieser Apfel gut für mich?
JA.......................................NEIN
Stimmt das Ergebnis?
Habe ich mich beeinflusst?
Wurde ich beeinflusst?
Tief ein und ausatmen und kurze Pause, entspannen!

Sie können auch für andere Personen austesten. In diesem Fall nehmen wir einmal den Namen Jürgen und stellen wir folgende Frage:
Ist dieser Apfel gut für Jürgen?
(weiter wie oben)
Oder sie können z.B. folgende Fragen stellen:
Ist dieser Apfel gespritzt?
Ist dieser Apfel unbehandelt?
Ist dieser Apfel radioaktiv behandelt oder bestrahlt?
Ist dieser Apfel gut für .........?
Ist diese Sorte richtig für mich?

*Körperliche Störzonen erfühlen:*

*Bitte unbedingt beachten:*

Wenn sie eine andere Person austesten oder über eine andere Person etwas abfragen, zuerst die Frage an diese Person wenn sie anwesend ist oder wenn sie nichtanwesend ist, an das Leben die Frage stellen:
Darf ich das?
Bekomme ich von dir die Erlaubnis dafür?

*Bekommen sie ein Ja ist es OK!*

*Bekommen sie ein Nein, heißt das auch nein!*

*Wie würden sie sich fühlen wenn sie zu etwas Nein sagen und es wird dann doch gemacht?*

Pendel oder Tensor in die rechte Hand nehmen und konzentriert mit der linken Handinnenfläche dicht über den Körper einer anderen Person entlang streichen. Fängt das Pendel an dieser Stelle an zu schwingen, kann die Körperenergie an dieser Stelle blockiert sein. Es kann zu Verspannungen, Wunden, Narben, Krankheitssymptome oder Energieblockaden und vieles mehr kommen.

Beispiele für das Abfragen mit dem Pendel:
Ist hier ein Energiemangel?
Ist hier ein Energieüberschuss?
Ist der Köper hier verletzt?
Ist das Organ ..... belastet?
Ist das Organ ..... gestört?

*Auflösen von Energieblockaden*

Linke Hand oder Pendel an diese Stelle halten und Gedanklich den Befehl geben:

**Bei gestauter Energie lasse ich diese fließen!**

Das Pendel wird anfangen gegen den Uhrzeigersinn zu kreisen. Lassen sie es solange kreisen, bis es von alleine aufhört und bleiben sie mit ihrer Konzentration und Gedanken nur hierbei.

**Bei Energiemangel lasse ich Energie zufließen!**

(wie oben)

Mit stetiger Übung werden Sie mehr Unterschiede erspüren. An diesen Stellen erfahren Sie vielleicht: Hitze, Kälte, Kribbeln, Ziehen, Druck, Pulsieren .............

Nach der Behandlung nochmals die Stelle austesten und abfragen. Was zeigt das Pendel jetzt an?

Anschließend wieder entspannen und dann stellen sie sich hin. Stellen sie sich vor, das alles, was sie jetzt aufgenommen haben und nicht zu ihnen gehört, sie einfach aus den Händen herausschütteln. Tun sie genau das dabei. Bis sie spüren, das es leichter wird oder sie frei sind.

*Energetisch aufladen:*

Linken Finger oder Pendel an die Schilddrüse halten. Bei Energiemangel erfolgt meist eine linke Schwingung und bei Energieüberschuss meist eine rechte Schwingung.

Bewusstes Aufladen an sich selber oder bei Anderen: Augen schließen und sich vorstellen wie ein warmer, leuchtender Lichtstrahl oder Energiestrom zum Hals fließt und mich oder die andere Person durchdringt und zum Leuchten bringt.

Das Pendel wird nun anfangen in einem ganz eigenem Rhythmus zu schwingen. Lasse es einfach geschehen und blocke es nicht ab, es fließt Energie hinein und reinigt. Es wird auch wieder herausfließen und belastende Energie mitnehmen. Das macht es solange bis es abgeschlossen ist. Das Pendel wird dann meist nur noch auf - und abschwingen oder zur Ruhe kommen.

Der Umgang mit dem Pendel oder dem Tensor sollte in erster Linie Spaß machen und Freude bereiten. Wenn du diese verlierst, nehme es als Zeichen, dass es dich anfängt zu beherrschen!

***Wie in anderen Bereichen gilt auch hier: Übung macht den Meister!***

Ich wünsche dir viel Spaß damit.

## Die Laienrute

1. Laienrute locker in die Hand nehmen.
2. Darauf achten das die Rute nicht auf der Hand oben aufliegt, sondern etwas höher nehmen
3. Daumen zur Seite nehmen.
4. Arme locker an den Körper anwinkeln und die Laienrute im Abstand von ca. 20 bis 30 cm parallel halten.
5. Langsam und ruhig über die zu untersuchende Stelle gehen.
6. Beim Überqueren einer Störzone schlagen die Winkelruten zusammen oder sehr stark auseinander.
7. Nach jeder Übung Hände waschen oder Energie aus den Händen ausschütteln.

### Übungsbeispiele:

Gehen sie mit den Ruten über ein Bett.

Wenn die Laienruten sich kreuzen, zeigen sie eine Belastung an.

Prüfen sie ob und welche Metallteile sich im Bett befinden.

Entfernen sie diese (z.B. Federkernmatratzen).

Gehen sie erneut über die Stelle.

Kreuzen sie sich immer noch, wenn vorhanden weitere Metallteile herausnehmen (Scharniere usw.).

Kreuzen sie sich noch, Sicherung des Schlafzimmers (Elektrosmog) ausschalten.

Kreuzen sie sich immer noch, liegt wohl eine Erdstrahlenbelastung oder eine Erdmagnetfeldstörung vor.
Finden sie heraus, wo die Störzone ist.

Gehen sie mit der Laienrute über ein Grundstück, können Sie ebenfalls eine Störzone ausmessen.
Kreuzen sich die Laienruten, gehen sie nach links oder rechts bis sich die Ruten wieder kreuzen. Markieren sie sich diese Stelle. Gehen sie nun wieder auf die Stellen zu und konzentrieren sich dabei auf folgenden Satz: Ich möchte die zugehörige Stelle zu diesem Punkt finden.
Markieren sie nun alle Stellen, die sie herausfinden.
So können sie den Verlauf herausfinden.

Gehen sie auf ein Elektrogerät wie Fernsehgerät, Computer usw. mit den Laienruten zu, so können sie herausfinden wie weit das Gerät ausstrahlt.

## Die Vertikalrute

Die Vertikalrute sieht aus wie ein großes umgedrehtes U mit Verlängerungen an den Kanten. Während die meisten Ruten nach oben oder unten ausschlagen sollen, so wird die Vertikalrute nach links oder rechts ausschlagen. Sie ist aus Messing. Messing ist ein sehr neutrales Material für Pendel oder Ruten. Das heißt, die Körperenergie wird nicht gestört und aufgenommene Impulse werden leicht und gut weitergeleitet. Jeder sollte für sich zuerst einmal austesten, was für ein anderes Material außer Messing für ihn verträglich ist, wenn sie sich selber eine Rute anfertigen wollen. Sie können aber auch eine Vertikalrute durch mich beziehen. Adresse steht ja hier im Buch.

Die Vertikalrute sollte so zwischen den beiden Zeigefinger gehalten werden, dass sich der Bogen der Vertikalrute in der Höhe des Bauchnabel befindet.

In den meisten Fällen wird der linke Zeigefinger unten und der rechte Zeigefinger oben sein wird beim Halten der Rute. Je nach Polarität eines Menschen kann es aber auch sein, dass die Rute mit dem linken Zeigefinger oben und dem rechten Zeigefinger unten gehalten wird. Ebenfalls mit dem Bogen in Bauchnabelhöhe. Dies sollten Sie einfach einmal ausprobieren, wenn die Rute sich nicht bewegt oder kein Ausschlag erfolgt.

Grundsätzlich sollten sie auch wissen, dass die Vertikalrute von sich aus nichts machen kann. Sie kann nur auf die Energien reagieren, die im Körper fließen oder blockieren. Wenn sie die Vertikalrute ruhig in die Grundstellung nehmen, wird sie ihnen vielleicht nach einiger Zeit in eine leichte bis stärkere Schwingung geraten. Dies ist das Fließen ihrer eigenen inneren Lebensenergie. Oder des jeden Menschen eigenen Rhythmus.
Bedenken und achten sie bitte auch auf folgendes: Wenn sie etwas ausmessen möchten, so müssen nicht unbedingt eine Bewegung bis zum Arm haben als Bestätigung einer Frage, oder eines Ausmessens. In dem Moment wenn sich ihre Rute anfängt zu bewegen, das ist schon

die Antwort! Alles weitere sieht vielleicht toll aus, ist aber völlig unökonomisch und Kraftraubend. Also achten sie besonders auf die kleinen, leichten Ausschläge dieser Rute. Sie ist sehr sensibel und feinfühlig.

Ebenso wichtig ist auch zu wissen, dass mit einer Vertikalrute auch eine bewusste Frage, ähnlich wie beim Pendeln, gestellt werden kann. Stellen sie eine Frage, wie oben beim Pendeln beschrieben, so wird die Antwort mit dem Ausschlag nach links mit Ja beantwortet. Mit dem Ausschlag nach rechts, wird die Frage mit Nein beantwortet. Einfach ausprobieren, auch das ist einfach Übungssache.

*Übungsbeispiel:*

Sie befinden sich auf einer Wiese und möchten feststellen, ob sich fließendes Wasser unter dem Boden befindet. An der Oberfläche würde ein Bach/Fluss sichtbar sein. Wir würden zwei Randzonen, den Bachverlauf, die Fliesrichtung des Wassers und die Strömung sehen. Befindet sich dieser Bach/Fluss jedoch unter der Erdoberfläche ist er mit dem Auge nicht mehr zu sehen. Deshalb nehmen wir eine Vertikalrute um unsere anderen Sinne einzusetzen und uns dies damit sichtbar zu machen. Ein Energiefluss ist trotzdem vorhanden. Unsichtbar, aber von der Energie her spürbar und wahrnehmbar, wenn ich mich darauf einlassen kann und lerne, die einzelnen Impulse richtig zu deuten.

Als Gedankliche Unterstützung stellen sie sich die Farbe BLAU vor bei der Suche nach Wasser im Boden. Konzentrieren sie sich dabei auf:

*Wenn ich über einen Wasserverlauf komme, wird die Vertikalrute ausschlagen!*

Atmen sie ein paar Mal vorher tief ein und aus. Nehmen sie die Vertikalrute in die Grundstellung und stellen sie sich die Farbe Blau vor. Dann den Satz vorstellen und langsam losgehen bis sie einen Ausschlag haben oder bis sie merken, dass die Konzentration nachlässt. Sobald ihre Konzentration nachlässt, werden sie empfänglich für andere Impulse und die Rute wird hierauf reagieren.

Sobald sie einen Ausschlag haben, kennzeichnen sie sich diese Stelle. Kurz entspannen.

Innere Konzentration auf:

*Komme ich über die zweite Uferzone, schlägt die Rute aus!*

Stelle kennzeichnen und kurz entspannen.

Dann stellen sie sich mitten zwischen die beiden gekennzeichneten Stellen und fragen die Vertikalrute:

*Aus welcher Richtung kommt das Wasser?*

Oder:

*In welche Richtung fließt das Wasser ab?*

Wieder kurz entspannen und dann zur ersten Uferzone gehen.
Lassen sie sich die Rute in eine Richtung drehen (z.B. in die Fließrichtung) und konzentrieren sich auf:

*Ich gehe der Uferzone entlang!*

Gehe sie einfach immer der Vertikalrute nach, wie sie sich auch dreht. So finden sie den Verlauf des Baches heraus.

## Achtung:

Bekommen sie keine Antwort bei den Fragen: Aus welcher Richtung kommt das Wasser? oder der Gegenfrage: In welche Richtung fließt das Wasser ab?, so befinden sie sich über einer anderen Erdstrahlenart. Aber nicht über einer Wasserader.
Jetzt würde ich an dieser Stelle folgende Frage stellen:

## *Befindet sich hier eine Gesteinsverwerfung?*

Zählen sie nun nach und nach die einzelnen Erdstrahlenarten auf bis sie einen Ausschlag bekommen!
Wenn sie keinen Ausschlag bekommen, haben sie auch keine Erdstrahlenart gemessen. In diesem Fall können sie weiter fragen:

Habe ich eine Elektrobelastung gemessen?
Habe ich eine Radiofrequenz gemessen?
Habe ich eine radioaktive Strahlung gemessen?
Habe ich eine Technische Strahlung gemessen?

Habe ich eine kosmische Strahlung gemessen?
Habe ich ein Rohr im Boden gemessen?
Habe ich mich selber beeinflusst?
Wurde ich beeinflusst?

Folgende Messungen können mit der Vertikalrute durchgeführt werden: Größe, Dichte und Gesundheitszustand einer Aura von einem Menschen, einer Pflanze oder einem Tier, Erdstrahlenvorkommnisse wie Ober- und Tiefenwasseradern, Gesteinsbruch oder Gesteinsverwerfung, teilweise auch Kreuzungspunkte und deren Energielinien und schwarze Energieströme. Ebenso die Veränderungen in der Aura durch unbewusste Körperhaltungen, Handzeichen, gedanklichen Manipulationen oder Annäherung einer anderen Person. Welche Wirkungen haben: Düfte, Farben, Gegenstände, Licht, Wärme und Kälte, Schadstoffe. Positive wie negative Gedanken, positive oder geomantische Stellen oder Kraftorte. Wie sexuelle Energie fließt oder blockiert wird oder diese aufgebaut werden kann. Es können viele andere Lebensvorgänge mit der Vertikalrute wieder sichtbar gemacht werden, die sonst eher im Verborgenen leben. Sie können die Vertikalrute über mich beziehen.

Bitte beachten sie jedoch, dass eine Rute oder ein Pendel nach Möglichkeit nicht an andere weitergegeben werden sollte. Wenn sie ein Pendel oder eine Rute verliehen haben, so sollten sie diese wieder reinigen und neu aufladen. Nehmen sie z. B. die Vertikalrute in die linke Hand und stellen sie sich vor, dass sie mit der rechten Hand alle negativen Energien herausziehen. Diese schütteln sie mit der Hand dann aus.

Sollten sie noch mehr in dieser Richtung lernen wollen, so biete ich stundenweise Einzelausbildung an. So kann ich speziell auf sie abgestimmt eine Ausbildung mit ihnen zusammen durchführen, die schneller, einfacher und präziser auf sie abgestimmt ist. Bei einem Seminar mit mehreren Menschen kann es nicht so exakt auf sie abgestimmt sein. Ich wünsche Ihnen viel Spaß beim Üben!

## Gesund durch Kosmische Lebens-Energie

Auch bezeichnet als:

### *Tachyonen-Energie*

### *Freie Energie*

### *Nullpunkt-Energie des Vakuum*

Der Mensch wie alle biologischen Systeme - kurz die gesamte Materie- bestehen und existieren nur aus zwei Teilchen:

1. Das Materie-Teilchen Myon-Neutrino-, das sich -dynamisch strukturiert- selbst bewirkend, aus prästellarer Masse entstanden ist
2. Das -kosmische Energie-Teilchen- die allumfassende „Lebensenergie" die die Quantenphysiker als „Nullpunkt-Energie des Vakuums", „Freie Energie" oder Tachyonen-Energie" bezeichnen.

Nachstehend zwei von vielen Produkten die ich selber entwickelt habe und immer wieder mit anderen Menschen zusammen ausgetestet habe. Die bei vielen Menschen im Leben inzwischen unverzichtbar sind, weil gut und wirksam:

## Tachyonisiertes Trinkwasser

### *So schnell können Sie sich ihr Trinkwasser wieder neutralisieren und aufladen!*

Ich habe in einem Kunststoffbeutel zwei unterschiedliche Steine zusammengepackt. Der Kunststoffbeutel ist nur solange zu verwenden wie die Steine neutral gelagert oder verschickt werden sollen. Je Beutel habe ich immer die beiden zueinander passenden Steine zusammengesucht. Es kommt also auch darauf an, die beiden passenden Steine miteinander zu verwenden und nicht nur wahllos irgendwelche zu nehmen. Alle Steine wurden von mir dann tachyonisiert. Zu jedem Beutel wird eine Kurzbeschreibung mitgegeben.

Nehmen sie einfach die Steine aus dem Beutel heraus und legen sie diese in einen sauberen Behälter in dem Sie ihr Wasser aufladen möchten. Egal ob Sie einen Liter oder 50 Liter lebendig machen und aufladen wollen, die Menge spielt keine Rolle. Sie sollten nur folgendes beachten:

- beim ersten Auffüllen des Wassers sollten Sie ca. eine halbe Stunde warten bis es richtig ist und Sie es trinken
- wenn Sie das Wasser herausnehmen, sollten der/die Steine immer leicht mit Wasser bedeckt bleiben, also nicht ganz ausleeren
- wenn Sie jetzt wieder Wasser auffüllen, wird das neue Wasser mit dem bisher ge-

speicherten und tachyonisierten Informationen automatisch wieder aufgeladen

- je nach Wunsch können Sie den/die Stein/e hin und wieder einmal kurz unter fließendem Wasser reinigen. Meist genügt ein einfaches abwaschen/abbürsten
- machen Sie einmal, wenn Sie Lust dazu haben folgenden Test: Füllen Sie in ein Glas ihr normales Wasser und in das andere Glas das tachyonisierte Wasser. Sie werden in der Regel den Unterschied deutlich schmecken. Denn das tachyonisierte Wasser wird weicher und intensiver schmecken. Oder pendeln Sie es aus! Oder trinken Sie einen Kaffee oder Tee der mit diesem Wasser hergestellt wurde
- ideal auch um damit ihre Pflanzen zu gießen oder in der Landwirtschaft
- ebenfalls für Tiere sehr gut geeignet, machen Sie doch einfach einmal die Probe
- wenn Sie z.B. in einem Cafe sitzen und sich einen Kaffee oder Tee bestellt haben, so können Sie die beiden Steine einfach für wenige Minuten neben die Tasse legen und schon wird es tachyonisiert. Sie werden den Unterschied feststellen!
- bei Wein ebenfalls sehr gut und sie werden in der Regel feststellen, dass er noch intensiver schmeckt. Allerdings wird es bei Bier meist nicht besonders besser

schmecken. Das sollten Sie dann doch lieber sein lassen.

Alle meine Tachyonenprodukte habe ich von Preis her so angepasst, das sie in der Regel sehr preiswert sind. Tachyonenprodukte geben keine schädlichen oder negativen Felder/Strahlen oder Schwingungen ab. Ist also völlig unbedenklich und ungefährlich! Bitte vor Kleinkinder schützen, damit diese die Steine nicht verschlucken können.

## Tachyonenfilze für Handy

Auf den Vorträgen mache ich jede Woche wieder den Test mit einem Besucher/in. Ich bitte jemanden nach vorne zu mir zu kommen und sein Handy mitzubringen. Dann machen wir auf einer neutralen Stelle einen Armtest. Die Versuchsperson hat Kraft. Ich bitte sie dann ihr Handy in die Hand zu nehmen und wir machen wieder einen Armtest. Bisher ging der Arm ganz leicht herunter und zeigte damit an, das die Versuchsperson dadurch geschwächt wurde. Ich habe dann einen Tachynonenfilze mit Beutel darüber gegeben. Also die Versuchsperson hatte ihr Handy noch in der Hand und hielt den Tachyonenfilz mitsamt dem Verkaufsbeutel einfach darüber. Beim anschließendem Armtest war wieder Kraft ohne Ende da und der Arm konnte locker oben gehalten werden. Selbst bei stärkstem Druck.

Geeignet ist der leichte Tachyonenfilz für alle Handy`s und für Telefonapparate die mittels einem Auflade- und Sende- und Empfangsstation einen abnehmbaren Hörer haben. Ich empfehle nun den Tachyonenfilz auf den Hörer irgendwo hin zu kleben. Kleber ist schon darauf, also einfach das dünne Papier abziehen und aufkleben.

Sobald Sie den Hörer abheben und damit weggehen, wird der Tachyonenfilz ihnen die sonst verlorene Lebens-Energie umwandeln und zur Verfügung stellen. Natürlich ist es nicht Wissenschaftlich bewiesen und wird auch lächerlich gemacht. Aber rein wissenschaftlich wird die Handystrahlung in der heutigen Literatur auch als völlig harmlos dargestellt!

Einfach den Tachyonenfilz vom Klebeband lösen und an der für Sie besten Stelle ihres Handy aufkleben. Ab jetzt ist ein Bereich bis zu 1 bis 1 ½ Meter wieder neutralisiert. Sie können dies mittels Pendel, Rute, Tensor oder einem Kinesiologietest ( Arm- oder Muskeltest) ermitteln.

Der Empfang des Gerätes wird dadurch jedoch weder verbessert noch verschlechtert. Es bedarf sonst keiner weiteren Pflege mehr. Die Wirkung hält je nach Gerät zwischen 5 bis 8 Jahre. Meist jedoch länger. Es ist nur die Frage, ob sie das selbe Handy dann auch so lange hindurch benutzen. Es gibt keine negativen oder schädlichen Felder, Schwingungen oder Energien ab. Ist also völlig unbedenklich und ungefährlich! Bitte vor Kleinkinder fernhalten, damit diese das Filzplättchen nicht verschlucken können. Sonst kann nichts passieren.

## Schwarze Boxen

Siehe hierzu das Kapitel darüber. Hier habe ich mehr darüber geschrieben. Siehe Seite 198.

## Das Erdmagnetfeld

Wir kennen bestimmt alle aus der Schule noch folgenden Versuch: Wir nehmen 2 Stabmagnete und halten sie gegeneinander. Entweder ziehen sich beide an, oder sie stoßen sich ab. Jeder Magnet hat eine anziehende oder Plusseite und eine abstoßende oder Minusseite. Zwei Plus/Plus- und zwei Minus/Minus-Seiten stoßen sich ab. Wie ein Magnet, so erzeugt unser Planet ebenfalls ein Magnetfeld. Dieses wird das Erdmagnetfeld genannt. Es hat natürlich eine wesentlich höhere Stärke und Dichte. Es ist ständig und überall auf diesem Planeten vorhanden. Im Kern unseres Planeten befindet sich ein flüssiger Eisenkern von etwa 3800km Umfang und etwa 4000 Grad Celsius. Dieser flüssige Eisenkern ist ständig in Bewegung und erzeugt mit dem magnetischen Nordpol und dem entgegengesetzten Südpol ein Magnetfeld. Dieses Erdmagnetfeld dringt ständig aus dem Erdinneren und ist zur sonnenzugewandten Seite etwa 65.000km hoch. Ähnlich einem Kometen, wird das Erdmagnetfeld von der Sonne abgelenkt und ist an der sonnenabgewandten Seite der Erde am Magnetfeldschweif etwa 1,6 Millionen Kilometer lang. Wir leben im Erdmagnetfeld und nehmen normalerweise dieses nicht mehr wahr. Starke Schwankungen sollten wir allerdings meiden. In der Wissenschaft und Medizin gilt der Einfluss des Erdmagnetfeldes auf biologische Organismen als unumstritten. Anomalien wurden und werden an deutschen Universitäten auf ihre Belastung hin untersucht, sei es die Auswirkung eines veränderten Feldes auf unsere Augen, oder inwieweit bei Tieren spürbare Veränderungen nachzuweisen sind. Jedes Lebewesen hat sich in seiner Entwicklungsgeschichte artspezifisch angepasst. Die Erde besteht ja nicht aus einer einzigen festen Masse, es sind vielmehr verschiedene flüssige und feste Stoffe, die einer ständigen Bewegung und Veränderung unterliegen. Leider wissen wir über das Erdinnere weit weniger als über die Erdkruste. Die Erde besteht aus mehreren Schichten. In der Mitte ist ein schwerer Kern. Durch Computerberechnungen, Messungen und Versuche wissen wir heute, dass dieser Kern aus reinem Eisen besteht. Er wird von einem äußerem, geschmolzenen Kern aus Eisen und einigen Zusatzmetallen umgeben. Ca. 3.500 km umfasst dieser äußere Kern im Radius. Die nächste Hülle ist wieder ca. 5.000 km dick, deren Beschaffenheit noch nicht exakt bekannt ist. Diese Hülle ist sehr heiß und steht unter enormen Druck. Auf dieser Hülle befindet sich eine dünne, abgekühlte Kruste der Erde, - unser Lebensraum. Sie besteht aus den Meeresböden, die im Durchschnitt 10 km dick sind und sich zum größten

4. Notwendige Statik für die Anpassung der Körperform.

Meßprotokoll

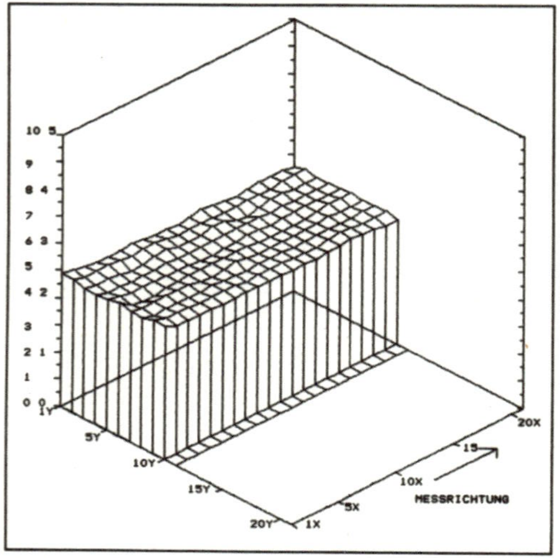


Vorderansicht



**neutrale Bettstelle**

Meßprotokoll

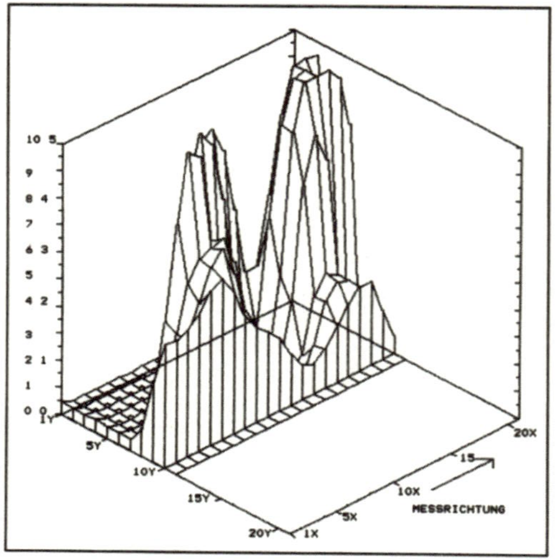


Vorderansicht

**gestörte Bettstelle**
mit einer Federkernmatratze

Teil aus Basaltplatten zusammensetzen. Viele Kilometer dicker und aus leichteren Gesteinsschichten in verschiedenen Mischungen zusammengesetzt, ergeben unsere Kontinente. Insgesamt bilden die ein und ein halb Dutzend Platten eine feste Schicht. Unter enormem Druck und Hitze wird das feste Gestein erstaunlicherweise weich wie Kerzenwachs an einem heißen Tag. Jede Platte ist im Durchschnitt etwa 70 km dick. Sie wird Lithosphäre genannt, von griechisch lithos/Stein. Das Mantelgestein wird teilweise durch den Zerfall seiner radioaktiven Elemente erhitzt. Bei einigen Planten konnte ein schwaches Magnetfeld festgestellt werden, bei anderen wiederum fehlt es völlig.

Zum Glück für uns Menschen leben wir auf einem Planeten mit einem sehr starken Magnetfeld. Dieses ist ständig und überall vorhanden. Würde es auch nur kurzfristig zusammenbrechen, ein Leben wie wir es kennen, wäre nicht mehr möglich. Das Erdmagnetfeld hat sehr vielfältige Aufgaben zu erfüllen. Als Schutzschild der Erde gegen kosmische Einstrahlung, Anziehungskraft metallischer Gegenstände und als natürliche Umgebungsstrahlung und vieles mehr. Hier in Europa schwankt die Stärke des Magnetfeldes zwischen 0,55 bis 0,75 Gauß, oder 55.000 bis 75.000 Nano Tesla (nT). Die alte Bezeichnung von 1 Gauß ist heute 100.000 nT.

Von der Sonne geht eine ständige Teilchenstrahlung aus, diese wird auch Sonnenwind genannt. Wäre dieser nicht vorhanden, wäre unser Erdmagnetfeld wohl ähnlich einem

Stabmagneten aufgebaut. So entsteht allerdings ein kometenähnliches Gebilde mit langem Schweif. Durch den ständigen Sonnenwind auf das Erdmagnetfeld, ist es zur Sonnenseite hin „nur“ 65.000 km stark, auf der sonnenabgewandten Seite aber etwa 1,6 Millionen Kilometer lang. Durch die Magnetospähre hat die Erde sich eine Art Schutzwall aufgebaut. Natürlich befinden sich verschiedene Schutzschichten um unsere Erde, die nur miteinander existieren können. Durch das Magnetfeld entstehen um unseren Planeten herum aus sich schnell bewegenden Elementarteilchen, sogenannte Isolierzonen. Diese können in innere und äußere aufgeteilt werden. Deshalb ist der Einfluss der Sonnenenergie auf uns gedämpfter und erträglicher. Dies alles erinnert mich immer an unsere Aura!

## Veränderungen des natürlichen Erdmagnetfeldes

Neuste Geräte ermöglichen es heute, Anomalien im aufsteigenden Erdmagnetfeld  exakt zu messen. Die bekannteste Art das Erdmagnetfeld zu messen, stellt der Kompass dar. Bei unseren beiden Polen muss zwischen dem magnetischen und dem geographischen Pol unterschieden werden. Auf der nördlichen Hemisphäre zeigt die magnetische Nadel auf den magnetischen Nordpol. Eine Abweichung vom geographischen Nordpol ist immer vorhanden, diese wird Deklination genannt. Eine Kompassnadel hat noch eine andere Abweichung, nämlich etwas nach unten gerichtet, zum Eisenkern hin. Diese Abweichung ist die Inklination. Wie in so vielen anderen Bereichen wurde mit einfachen Methoden auch hier das vorhandene Weltbild umgestoßen. Kontinentalverschiebungen, Polveränderungen waren noch im letzten Jahrhundert als unwahr angesehen worden, obwohl alle Anzeichen dafür sprachen. Später konnte Dank des Kompasses nachgewiesen werden, dass sich unsere Erde und damit der Verlauf des Erdmagnetfeldes in den letzten Jahrmillionen immer wieder verändert hat. Wenn bei einem Vulkanausbruch die Lava erkaltet, richten sich die ferromagnetischen Mineralien nach dem jeweiligen magnetischen Nordpol aus. Auf diese Art konnte die jeweilige Nord-Süd-Achse bei Basaltsteinen aus verschiedenen Zeiten ausgemessen und später die Wanderungen der Kontinente nachvollzogen werden. Die Hauptträger des Magnetismus sind die Steine Magnettit, Imenit oder Pyrohotin. Kristallisiert ein Gestein aus dem Magma, sind Teilchen bei einer Temperatur über 425 Grad Celsius unmagnetisch. Dies ist der Curie-Punkt. Bei weiterer Abkühlung unter dieser Temperatur erhalten die Gesteine ihre magnetische Ordnung, gleich der Richtung des herrschenden Magnetfeldes. So konnte an allen Basaltvorkommen das heutige Magnetfeld gemessen und mit dem abstrahlenden, veränderten Magnetfeld verglichen werden. Es gibt heute ja genügend Meßmethoden, mit denen das Alter der Steine bestimmt werden kann. Was hat das Magnetfeld nun für eine Bedeutung in der heutigen Baubiologie und für einen Einfluss in unseren Häusern? Im Gegensatz zu unserem Gravitationsfeld zieht das Erdmagnetfeld alle metallischen Gegenstände an oder stößt sie ab. Da in unserem Körper ebenfalls Spurenelemente aller Metalle vorkommen, sind wir auch diesen natürlichen Anziehungs- und Abstoßungsvorgängen unterlegen. Die Bauweise unserer Häuser, Abschirmungsvorgänge im Auto, die Nähe ständiger großer Metallflächen über, unter und neben uns, beeinflussen das Erdmagnetfeld und damit auch uns. Die Einflüsse des Erdmagnetfeldes sind heute unbestritten. Für Flieger werden immer wieder neue Karten mit den vorhandenen Magnetfeldschwankungen erstellt. In der Geologie werden damit die Bodenschichten gemessen. Das Militär setzt dafür Flugzeuge oder Hubschrauber oder auch U-Boote ein. U-Boote können im Meer damit in der Tiefe aufgespürt werden. Die Liste lässt sich noch beliebig lange fortsetzen. Ich habe seit Jahren eine spezielle Computereinheit mit einem Geomagnetometer (Messgerät zur Aufzeichnung von Magnetfeldern) und einem tragbaren Drucker. Hiermit mache ich vor Ort im Schlafzimmer über dem Bett eine Messung vom Kopf- bis zum Fußende. Anschließend wird ein paar Zentimeter nebenan die nächste Messreihe durchgeführt, bis die Bettstelle ausgemessen ist. Die Werte werden sodann ausgewertet und eine 3-D-Graphik ausgedruckt. Auf dieser kann sofort festgestellt und gesehen werden, ob das Magnetfeld über der Bettstelle ausgeglichen oder gestört ist. Ein weiterer Vorteil ist die Auswertung des Störungsgrades. Diese Methode ist immer wieder reproduzierbar und für viele Menschen damit wichtig. Mit diesem Verfahren kann vor allem festgestellt werden, wie die Schlafstelle tatsächlich aussieht. Denn heute sind viele Betten meist aus Unwissenheit heraus mit vielen Belastungen und Antennen ausgestattet, die auf Dauer jedoch einen Einfluss auf den/die Schlafenden haben. Sollte die Computergrafik eine Störung anzeigen, muss vor Ort nachgesehen werden, wo diese herkommen kann.

Mögliche Ursachen sind:
Garagen mit Autos unter dem Schlafzimmer, Heizungsanlagen, Öltanks, Eisenträger und Stahlmatten in der tragenden Decke, Metallbettrahmen, Sprungfederrahmen, Metallscharniere bei verstellbaren Lattenrosten, Metallrahmen mit Federholzleisten, Federkern- und Taschenfederkernmatratzen, Motoren bei elektrisch verstellbaren Lattenrosten, Heizungsanlage bei Wasserbetten, elektrische Heizdecken, eingebaute Radios oder Wecker, Radiowecker neben dem Bett, Lampen mit Metallfassungen, Halogenlampen, Lautsprecher, Fernseher und vieles mehr. Da unter den meisten Betten viel Stauraum vorhanden ist, wird hier oftmals auch viel untergestellt. Können Sie ja machen, nur sehen Sie einmal nach, dass sie keine Metallgegenstände dort haben. Erstaunlich was in oder unter Betten alles zu finden ist.

## Erfahrungswerte

Auf einem Meter sollte eine Schwankung von nicht mehr als 2000-3000 nT (Nano Tesla) vorhanden sein!
Sollte bei einem liegenden Menschen zwischen Kopf- und Fußbereich eine Differenz von mehr als 25% (2500 nT) auftreten, müsste eine genauere Untersuchung auf die Anomalieursache durchgeführt werden.

Pathogenitätsgrad (PG)

$$PG = \frac{\text{Messwertdifferenz (nT)}}{\text{Messstreckendistanz (1m)}}$$

Biologischer Schwellenwert
Erfahrungswert
ca. 3.000 nT / 1m

| | | |
|---|---|---|
| PG | 2.000 nT/1m | tolerierbar |
| PG | 2.000-3.000 nT/1m | individuell zu bewerten |
| PG | 3.000 nT/1m | pathogen |
| PG | 10.000 nT/1m | stark pathogen |

Daten von Ludger Mersmann, Quelle aus seiner Arbeit

## Lieber vor dem Hausbau .........

Wenn der Entschluss zum Hausbau gefallen ist, dann geschieht dies oftmals das erste und auch einzige Mal im Leben. Und dabei ist so vieles zu bedenken, denn erhebliche Summen stehen dabei auf dem Spiel. Der gesundheitliche Aspekt geht nicht selten unter, bei den vielen Fragen um Grundstückslage, Architekt, Kalkulation, behördliche Auflagen. Doch das Stück „Mutter Erde", das wir zum Beispiel einer Stadt abgekauft haben, existiert schon Millionen von Jahren. Vieles ist bereits darauf geschehen, und die Kilometer von der sichtbaren Erdoberfläche bis zum Erdinneren sind uns verborgen. Das „darunter" interessiert meistens nur in Bezug auf bauliche Maßnahmen. Wenn nach einem Jahr, nach Jahren oder Jahrzehnten, psychische oder physische Krankheiten auftreten, deren Ursache und Herkunft rätselhaft sind, kommen derartige Gedanken bei etlichen Menschen eher ins Bewusstsein. Oft jedoch sind sie erst das Ergebnis einer langen Suche: Kuren, Medikamente, Heiler. Oft werden Leiden einfach als unabwendbares Schicksal hingenommen. Nach Ausschalten der für die Bewohner bislang unbekannten Belastungen konnte ich als Rutengänger in ca. 90% aller Fälle den Menschen helfen. Die Umstellungszeit des Körpers beträgt manchmal einige Tage. Zumeist dauert es jedoch 2-3 Monate, bis ein Gefühl der Besserung klar spürbar ist.

Warum sollte heute dieses alte Wissen nicht wieder eingesetzt werden?
Weil es etwas kostet?

Weil es normalerweise nicht vom Architekt vorgeschlagen wird?
Weil die späteren Nachbarn sich vielleicht denken, was sind denn das für Menschen. Die glauben wohl an so was?
Weil sie Angst vor dem eventuellen Ergebnis haben?
Weil sie nicht daran glauben?

Es gibt wohl tausend Gründe, aber wichtig ist jedoch, dass sich diese geringen Kosten auf Jahre oder Jahrzehnte hinaus auszahlen werden, sollten tatsächlich Belastungen auf dem Bauplatz sein. Und wenn es nur die Gewissheit ist, dass keine Belastungen vorliegen!

Ich habe in den vielen Jahren und Ausmessungen aber immer erlebt, dass ich den Bauherren/innen nützliche Tipps geben konnte. Auch wenn sie daran nicht gedacht hatten. Ich habe selber fast 10 Jahre ein Haus umgebaut, bzw. umbauen lassen. Baubiologisch. Da fallen jede Menge Erfahrungen an. Bei einer Bauplatzuntersuchung sollte grundsätzlich folgendes beachtet und durchgeführt werden:

## *Sind auf dem Grundstück :*

Oberflächenwasserader oder Tiefenwasserader
Wenn ja, wo genau und wie tief ?
Wie verläuft die Ader durch das Grundstück ?
Links- oder Rechtsdrehend ?
Wie viel Reizeinheiten sind an Belastung vorhanden ?
Gibt es Quellen ?
Gesteinsbrüche und Verwerfungen?

Messung mit Geigerzähler um die vorhandene Radioaktivität festzustellen. Evtl. muss noch eine zusätzliche Radonmessung durchgeführt werden, wenn die Werte zu hoch sind!
Wie hoch sind die elektrischen- und elektromagnetischen Felder?
Welche wichtigsten Feng-Shui Regeln sollten beachtet werden?
Wenn die genaue Lage der einzelnen Räume bekannt ist, sollte nachgesehen werden:
Wo genau befinden sich die Kreuzungspunkte der einzelnen Gitternetze?
Wo ist die beste und optimalste Bettstelle?
Evtl. kann eine Erdmagnetfeldmessung durchgeführt und eine Computergrafik erstellt werden?

Hier ist es genauso wichtig, mit der Wünschelrute wie mit den richtigen Messgeräten vor Ort herauszufinden, welche Belastungen tatsächlich vorhanden sind. Erst die Summe aller Daten erlaubt die genaue Beurteilung, wie es so schön heißt.
Jetzt heißt es, die richtige Beratung zu eventuell notwendigen Gegenmaßnahmen durchzuführen, oder Tipps für die Elektroinstallation, zu Feldschaltautomat zu geben. Dies ist sicherlich genauso wichtig, wie die richtige Lage des Grundstückes oder der Finanzierungsplan. Ich habe viele Grundstücke oder Rohbauten ausgemessen, bei denen keine großen Grundstücksbelastungen vorhanden waren. Aber auch viele, bei denen die Besitzer Schwierig-

keiten bekommen hätten, wenn das Haus so gebaut worden wäre, wie es ursprünglich geplant war.

## Einige Beispiele hierzu :

In Erlangen habe ich während des Baues einer Reihenhaussiedlung viele Messungen durchgeführt. Es wurden ca. 20 Häuser in einer Flucht gebaut. Ich habe hier bei 8 der Reihenhäuser keine Belastungen festgestellt. Etwa in der Mitte war ein Haus auf eine Wasserader erstellt, und nach links hin zum letzten Haus konnte ich aus der Ferne wieder eine Belastung feststellen. Die Frauen, mit denen ich dort sprach, waren sehr sensibel, denn sie hatten das Gefühl, dass sie dort nicht einziehen wollten.

Vor vielen Jahren habe ich einmal in Hessen eine Bauplatzuntersuchung vorgenommen. Ich bekam am Abend einen Anruf und wurde gebeten, so schnell wie möglich vorbeizukommen. Da ich eh dort in der Nähe zu tun hatte, konnte ich es einrichten, am nächsten Tag vor Ort zu sein. Die Baugrube war ausgehoben, aber man kam nicht weiter. Ständig kam soviel Wasser in die Baugrube nachgeflossen, dass Pumpen eingesetzt werden mussten. Als ich morgens ankam, war die Baugrube etwa 1m tief mit Wasser angefüllt. Und das in einer Nacht! Ich konnte 5 Wasseradern feststellen, die genau an der Stelle durch die Hanglage zogen, an der mit dem Bagger die Erde ausgehoben worden war. Sie zogen dort in nur geringer Tiefen dort entlang, und der Druck des Wassers drückte die Erde hier nach oben, sodass das Wasser anstieg in der Baugrube. Nachdem die genaue Lage bekannt war, konnte eine Gegenmaßnahme durchgeführt werden. Hätte der Bauherr vor dem Hausbau eine Untersuchung machen lassen, wären die Mehrkosten von über 80.000 DM nicht entstanden. Denn ich hatte beim Nachbarn, als dieser baute, vorher eine Bauplatzuntersuchung gemacht. Wir hatten außerhalb des Hauses 2 Wasseradern gefunden, die auf besagtes Grundstück zuliefen. Aber auf die gutgemeinte Empfehlung hin lachte er damals nur und sagte, er glaube an so etwas nicht.

## Der beste Stellplatz mit dem Wohnwagen

Ich bin jahrelang gerne mit meinem Wohnwagen unterwegs gewesen. Mit meiner damaligen Frau haben wir viele Esoterik- und Naturmessen besucht. Auf den Ständen zeigten wir, wie mit der Rute umgegangen werden kann. Für uns war es aber nicht nur etwas, was wir anderen zeigten, sondern wir lebten mit diesem Wissen. Wenn wir ein Hotelzimmer mieteten, so habe ich erst einmal mit einer Rute gemessen, welches Zimmer das beste für uns war. Die Reaktion des Personales war sehr unterschiedlich. Viele hatten jedoch Verständnis dafür und haben uns sogar ihre Erfahrungen erzählt. Also war es später nur normal, den Abstellplatz unseres Wohnwagens auszumessen. Als ich das erste Mal den Wohnwagen auf einem Campingplatz abstellte, machte ich mir mit der Auswahl des Standplatzes nicht allzu viel Mühe. Ich war der Mei-

nung gewesen, es sei für 1-2 Nächte egal, ob hier nun eine Erdstrahlenbelastung vorliegt oder nicht. Nachdem wir die halbe Nacht jedoch nicht geschlafen haben, standen wir auf und suchten einen anderen Platz. Hier konnten wir dann fast sofort einschlafen. Seit jener Nacht habe ich immer erst einmal mit der Rute ausgemessen und dann den Wohnwagen abgestellt. Wer selber einen Wohnwagen oder ein Wohnmobil hat, weiß, dass erst einmal wieder einiges geräumt und verändert werden muss, bevor ein neuer Standplatz angefahren werden kann. Das ist unter Umständen eine ganz schöne Arbeit. Wie es so schön heißt, durch Erfahrungen kann man nur lernen. Also habe ich mir dann Gedanken gemacht, was noch verändert werden kann oder muss. Der Vorteil eines Campingplatzes war, dass hier ein Stromanschluss vorhanden war und ich mit einer Kabeltrommel diesen in den Wohnwagen einleiten konnte. Also habe ich dann mit meinem Messgerät angefangen, den Wohnwagen auszumessen. Ich war verblüfft, wie hoch die elektrischen- und elektromagnetischen Störfelder waren. Am Anfang habe ich dann den Stecker aus der Kabeltrommel gezogen, wenn es zum Schlafen ging. Damit war der Wohnwagen wieder belastungsfrei. Später kam ich auf die Idee, einen Unterbrecherstecker dazwischen zu stecken. Nun brauchte ich nur noch einen kleinen Hebel umzuschalten und hatte denselben Effekt. Dieser kostet ca. 20,-DM/10Euro.
Einen Wohnwagen nach den Regeln des Feng-Shui einzurichten, bringt ebenfalls viel Lebensqualität mit hinein. Dies habe ich später umgesetzt, als ich angefangen habe, mich mit diesem alten Wissen zu beschäftigen. Ich spürte

schnell, dass mit einfachen Veränderungen auch hier ein noch besseres Wohlbefinden zu erreichen war. Deshalb wünsche ich allen Campern viel Spaß und immer den richtigen Standplatz. Ich habe inzwischen bei vielen Stellplätzen Messungen für die Auftraggeber durchgeführt. Denn einige davon lebten ausschließlich nur noch auf dem Campingplatz.

Eine einfach zu handhabende Wünschelrute ist meine Laien- und Winkelrute, die ich mit einer Kurzbeschreibung z.Z. für 12 Euro anbiete. (Diese verwende ich schon seit Jahren auf den Vorträgen und lasse die Besucher dort ihre ersten Gehversuche mit den Laienruten machen.) Diese können sie bei mir bestellen und die Kosten haben sie schnell wieder heraus. Denn ein Urlaub sollte eine Zeit sein, in der sie sich wohlfühlen und die beste Energie zur Verfügung haben sollten. Ich kenne auch Reisende, die mit dieser Rute erst einmal ihr Hotelzimmer ausmessen, bevor sie dies dann fest buchen. Viel Spaß und Erfolg jedenfalls damit.

# Mikrowellenherde

Die „Schnelle Welle“ ist vielen nicht so ganz geheuer.1987 wurden ca. 700.000 Mikrowellengeräte gekauft. Aber eine letzte Frage um die Gefährlichkeit ist bei den meisten offen geblieben. Hier hört man ja nur Gutes, aber gefühlsmäßig bin ich in einer Zwickmühle. Ich weiß nicht so recht, was ich davon halten soll. Diese und ähnliche Fragen bekomme ich immer wieder zu hören. Deshalb wird in diesem Kapitel näher darauf eingegangen.

Bestimmtes Kochgeschirr ist durchlässig für elektromagnetische Schwingungen, wie Glas, Porzellan, Glaskeramik, bestimmte Kunststoffe. Diese Materialien werden, im Gegensatz zu Metall, als Mikrowellengeschirr verwendet. Metall kann diese Schwingungen nicht durchlassen. Eine äußere Wärmequelle heizt in der normalen Backröhre oder auf dem Herd zuerst den Topf oder die Pfanne auf und bringt so die Speisen zum Garen oder zum Kochen, je nach Dauer der Einwirkzeit und Hitze. Im Mikrowellenherd versetzen elektromagnetische Schwingungen von durchschnittlich etwa 2450 Megaherz (=2,45 Milliarden Schwingungen pro Sekunde) die in den Lebensmitteln vorhandenen Wasserteilchen in Bewegung. Dabei entsteht Reibungswärme, die den Braten oder das Gemüse von innen heraus erhitzt.

## Innen heiß - außen kalt

Mikrowellen mit 2450 Megahertz bringen zwar nicht so „viel“ Wärme wie Hochfrequenz Schwingungen, dringen dafür aber tiefer in die Lebensmittel ein. Dieser Wert ist ein Kompromiss zwischen einer ausreichenden Tiefenwirkung der Strahlung und einer effizienten Energienutzung. Das Herz des Mikrowellenherdes ist das Magnetron. Es erzeugt die elektromagnetischen Wellen. Wie weit diese Hochfrequenz-Schwingungen in Lebensmittel eindringen, hängt allerdings von deren Beschaffenheit ab. Bei Gemüse etwa 4 cm, bei reinem Fett 10-20cm. Als Faustregel gilt: wasserhaltige Gewebe wandeln mehr Energie in Wärme um. Sie erhitzen sich rascher als fetthaltige. Dies erzeugt große Unterschiede beim Auftauen von Speisen, Garen oder Erhitzen. Ebenfalls eine große Rolle spielt die Form der Gefäße. Die Energie konzentriert sich im Inneren von runden Produkten mit einem Durchmesser von 4-8cm und an scharfen Ecken. Aus diesem Grunde explodieren beim Kochen ganze Eier, oder es verbrennen manchmal die Ecken bei Aufläufen. Zwar verteilt sich die erzeugte Hitze - wie beim konventionellen Garen - durch Wärmeleitung in den Speisen, aber die Ausdehnung der Wärme wird unterschiedlich weitergeleitet. Bisher wurde der Topf von außen erhitzt. Diese Wärme wurde auf die Lebensmittel weitergegeben und diese von außen nach innen durch Wärme umgewandelt.

## Auswirkungen auf Lebensmittel

Heute werden in der Industrie weit mehr Mikrowellen für viel mehr Aufgaben eingesetzt, als der Laie sich vorstellen kann. Im elektrischen Feld kann sich die Struktur der Proteine (Eiweiß) stärker verändern als bei normalem Erhitzen. Der Fleischfarbstoff Myoglobin wird stärker abgebaut. Bei Gemüse vertragen manche Vitamine die Mikrowelle gut, andere wiederum nicht. Ein Vitamin aus der Folsäuregruppe (wichtige Rolle für die Blutbildung, für Wachstum und zur Infarktabwehr) wird etwa 5 mal schneller abgebaut. Vitamin B2 zum Beispiel, in Schellfisch und in verschiedenen Fleischsorten und Fett. Im Mikro gegarte Kartoffeln büßen mehr ungesättigte Fettsäuren ein. Der Anteil der Trans-Fettsäuren nimmt zu, gerade diese Fettsäuren fördern jedoch möglicherweise die Krebsentstehung, ähnlich wie Peroxide. Mikrowellengegartes Fleisch schneidet im Geschmack und in der Konsistenz meist schlechter ab. Die fehlende Kruste erzeug einen oft höheren Tropfsaftverlust. Unregelmäßige Erhitzung, oft Mangel an Nährstoffen und weniger Geschmack sind die Folge. Bei Gemüse ist oft eine hohe Wasserabgabe festzustellen mit Einfluss auf Gewebestrukturen wie z.B. bei Brokkoli und Möhren. Hier sind die Zellwände anschließend zerstört. Die Zellwandreste zeigen ausgeprägte Faltungen. Normalerweise bleibt die Zellstruktur intakt, die Zellen schrumpfen nur.

## Leckstrahlung

Sicherheit und Qualität sind verschiedene Seiten. Laut Deutscher Normen - in den Ostblockstaaten sind Grenzwerte hierfür um ein Vielfaches niedriger - darf die entweichende Reststrahlung vom Gerät bzw. Fenster des Gerätes nicht mehr als 5 Milliwatt pro Quadratzentimeter (mW/cm2) betragen. Denn trotz Hochfrequenzabdichtungen zwischen Gehäuse und Tür entweichen Mikrowellen. Unser Körper reagiert genau nach dem gleichen Prinzip wie Fleisch zum Garen. Bei 10 mW/cm2 ist ein Temperaturanstieg von rund 0,5 Grad Celsius an der Körperstelle zu errechnen. Rechnerische Daten die an Puppen ermittelt wurden, ergeben diese Zahlen. Menschen allerdings sind sehr verschieden, normaler Blutfluss und Wärmetransport bei einem gesunden Menschen vorausgesetzt. Dementsprechend können wir sagen, je schlechter ein Organ durchblutet ist, umso stärker sind diese Folgen. Besonders gefährdet sind unsere Augen, die Empfindlichkeit der Augenlinse ist am Größten. Sie kann sich bei Belastungen mit einer Strahlung von mehr als 0,1 mW/cm2 trüben. Grauer Star ist die Folge davon. Jede Temperaturerhöhung bedeutet Stress. Fieber und Stress erzeugen gleiche Körperabläufe !!!!

Gesunde und geschwächte Menschen, ein riesiger Unterschied in den Körperabläufen und Auswirkungen. Obwohl die Stärke des elektrischen Feldes mit der Entfernung zum Gerät abnimmt, liegt sie dennoch um das Millionenfache höher als natürliche Felder, an die der Mensch angepasst ist. Zum Schluss noch einige heute fast normale Mikrowellennutzungen: Imbissstuben, Gaststätten, Krankenhäuser, Kantinen, Auftauen und Erwärmen, Blanchieren von Gefriergut, Pasteurisieren von Bier und Milch, zum Gefriertrocknen, zur Herstellung von Gemüsekonzentraten und Fruchtpulver, zum Trocknen von Kräutern, Nudeln, Kartoffelchips usw., Rösten von Kaffee, Kakaobohnen, Erdnüssen, Sonnenblumenkernen, Schädlingsbekämpfung in Mehl und Getreideerwärmung von über 70 Grad Celsius. Eine Mischung aus Dihydroxyaceton (ein

Bräunungsmittel in Kosmetika, dass nicht alle Menschen vertragen) und Zucker verhilft bei manchen Speisen zu einer „schmackhaften Kruste“, oder ein „speziell entwickeltes Protein“ sorgt in Pizzas dafür, dass diese nicht glitschig und gummiartig auf der Zunge liegen. Jeder möge selber seine Entscheidungen treffen! Viele Manipulationen von „Lebens-Mitteln“ kommen leider vor.

## Was kann jeder für sich selber tun?

Jeder kann überlegen, ob ein Mikrowellenherd gebraucht wird. Wenn das der Fall sein sollte, sollte man möglichst nicht im Raum sein, wenn das Gerät eingeschaltet ist. Bei unseren Messungen habe ich in großen Küchen über Hunderte von nT (bis 30 nT sollte nicht überschritten werden)bei eingeschalteten Geräten gemessen. Elektromagnetische Felder dringen durch Wände und Decken. Die künstlichen Felder beim Garen bleiben als Informationen in den Speisen enthalten und sind mittels Rute, Pendel und Bio-Tensor feststellbar. Mit einem Mikrowellenlecksuchgerät (ca.30,-Euro) sollte jeder Besitzer eines Mikrowellenherdes regelmäßig Überprüfungen an seinem Herd durchführen. Sie gehen mit dem Gerät in der Hand zum Sichtfenster vor und daran entlang. Sollte ein Leck vorhanden sein, wird es sofort damit angezeigt. Es genügt schon ein haarfeiner Riss im Gummi, um Schäden zu verursachen. Denn unser Körper reagiert genauso, wie die Lebensmittel beim Garen. Wenn Sie ein Mikrowellenlecksuchgerät im Handel nicht bekommen, können Sie es über uns beziehen.

## Formaldehyd

Formaldehyd ist ein farbloses, stechend riechendes Gas mit der chemischen Summenformel: CH O oder CHOH 2

### Formaldehydquellen sind:

Spanplatten, Schaumstoffe, Lacke, Anstriche, Holzschutzmittel, Holzversiegelungen, Klebstoffe usw..

### Gesundheitsaspekte :

1 ppm ist gleich 1 Teil Formaldehyd auf 1 Million Teile Luft. Berichtete Gesundheitseffekte bei Formaldehydkonzentrationen in ppm:

| | |
|---|---|
| stechender Geruch (Gewöhnung) | ab 0,05-1,0ppm |
| Augenbindehautreizung | ab 0,01-1,6ppm, |
| Nasenschleimhautreizung | ab 0,08-1,6ppm |
| Kehlkopf- und Rachenreizung | ab 0,5ppm |
| Reizung der oberen Atemwege | ab 0,1ppm |

Bei höheren Konzentrationen Stechen und Brennen in Augen, Nase und Kehle, Tränenfluss, Husten und Atemnot.
Lebensgefahr durch Lungenödem und Entzündungen ab 30ppm
Neurophysiologische Effekte ab 0,05 - 1,5 ppm
(Kopfschmerzen, Sehstörungen, Schwindelgefühle),
Allergien und Hautausschläge Lungenfunktionsstörungen
Bronchial-Asthma (verstärkende Wirkung),
Erhöhte Infektionsanfälligkeit und Verdacht auf krebserregende Wirkung.

Der von der Bundesregierung erlassene Grenzwert, auch MAK-Wert (maximale Arbeitsplatz-Konzentration) genannt, beträgt bei uns in Deutschland 1ppm. Man geht davon aus, dass sich eine Person etwa 8 Stunden in diesem Raum aufhält. Die Empfehlung für die Konzentration in Innenräumen liegt momentan bei 0,1ppm. Die geplanten Grenzwerte für Innenräume liegen bei 0,05ppm. Da wir Menschen uns in unseren Wohn- und Schlafräumen jedoch meist länger als 8 Stunden aufhalten, ist der jetzige Wert mit 1ppm meines Erachtens viel zu hoch. Ich habe in vielen Schadstoffmessung weit höhere Werte in einigen Häusern festgestellt. Dort hatten die Bewohner aber auch dann massive körperliche Beschwerden. Bei Bedarf kann eine Formaldehydmessungen vorgenommen werden, wir müssten halt nur einen Termin ausmachen. Es kann zusätzlich noch eine weitere Schadstoffmessung auf verschiedene andere Schadstoffe durchgeführt werden. Diese ist jedoch zeitaufwendiger und die Schadstoffkonzentrationen werden in einem Labor ermittelt. Eine Formaldehydmessung kann direkt vor Ort durchgeführt werden. Mit dem Formaldemeter kann die Konzentration von Formaldehyd in der Raumluft direkt nach kurzer Zeit digital angezeigt werden.

## Radon

Was ist Radon? Radon ist ein unsichtbares, geschmacks- und geruchsloses radioaktives Edelgas, das an einigen Orten je nach Bodenbeschaffenheit aus dem Erdreich entweicht und durch undichte Keller in unsere Wohnräume eindringen kann. Es wird einschließlich seiner Zerfallsprodukte eingeatmet und verursacht dadurch eine Strahlenbelastung der Lunge. Es ist bekannt, dass die radioaktive Strahlung, die in der Lunge beim Zerfall von Radon auftritt, zum Lungenkrebsrisiko beiträgt. Mehrere tausend Lungenkrebstodesfälle gehen nach Schätzungen alleine in Deutschland auf das Edelgas Radon zurück. Im Freien beträgt die Radon-Konzentration zwischen 5 und 20 Becquerel pro Kubikmeter (Bq/m3). In bundesdeutschen Wohnungen dagegen beträgt der Mittelwert laut einer im Jahre 1985 durchgeführten Studie etwa 40 Bq/m3. Vielerorts wurden stark erhöhte Werte (mehr als 1000 Bq/m3) festgestellt. Die Strahlenschutzkommission der Bundesregierung empfiehlt Gegenmaßnahmen ab einem Jahresdurchschnittwert von 250 Bq/m3. Die amerikanische Umweltbehörde hält dagegen einen Richtwert von 150 Bq/m3 für erforderlich. In Schweden wurde der Richtwert für die maximale Radon-Konzentration der Raumluft auf 75 Bq/m3 festgesetzt.

Kein Haus gleicht dem anderen, deshalb können selbst bei eng beieinanderstehenden Häusern gleicher Bauart völlig verschiedene Radonwerte gemessen werden. Das haben bundesdeutsche, schwedische und amerikanische Untersuchungen gezeigt. Es gibt viele Methoden, radonbelastete Häuser zu sanieren. Manche kann man in Eigenhilfe selber durchführen, bei anderen sollten unbedingt Baufirmen hinzugezogen werden.

## Einfache Sanierung für Heimwerker:

Abdichten und Versiegeln:

- Undichtigkeiten im Keller und Mauerwerk
- Öffnungen an Rohrdurchführungen und Verbindungen zwischen Kellerboden und Wand (Boden/wand/Fuge)
- Spalten und Durchlässe an Bodenabläufen
- Risse in Bodenfußböden oder in den Betonwänden des Kellers

Die Versiegelung an diesen kritischen Stellen sollte äußert sorgfältig vorgenommen werden. Zuerst ist eine Behandlung des zu versiegelnden Bereiches notwendig. Deshalb werden zur Abdichtung dauerelastische Materialien verwendet wie Gummi- oder Kunststoffe. Übergangsstellen von Kellerboden zur Kellerwand können mit Polyurethan-Folien versiegelt und mit einer Betonkappe abgedichtet werden. Risse und Öffnungen für Rohrdurchführungen sollten erst erweitert werden, um das vollständige Ausfüllen mit gasdichten, nicht schrumpfenden Materialien zu erleichtern. Bei porösem Mauerwerk werden wasserdichte Farben oder andere gasdichte Beschichtungen angewendet. Immer ist eine sorgfältig präparierte Oberfläche Voraussetzung damit keine radongase mehr durchdringen können. Da sich immer wieder neue Risse bilden können, z.B. Setzrisse, sollte eine regelmäßige Kontrolle durchgeführt werden. In vielen älteren Häusern ist im Keller nur ein gestampfter Boden. Das Radon kann ungehindert durch Spalten in diesem Boden in den Keller gelangen und von dort weiter in das Haus einströmen, nach oben gelangen in die Wohnräume. Hier muss im Falle einer zu hohen Konzentration an Radongasen ein neuer abdichtender Kellerboden eingezogen werden. Eine wichtige Rolle für die Höhe der Radonkonzentration im Haus spielen die Druckverhältnisse. Der Unterschied zwischen dem Außendruck und dem Luftdruck im Hausinneren ist entscheidend für die Menge des einströmenden Radongases. Deshalb ist es wichtig, dass ein Unterdruck im Haus vermieden wird. Je höher der Unterdruck im Haus ist, um so mehr Radongas kann ins Hausinnere gelangen. Eine natürliche Verteilung der Luft und des Druckes im Haus ist ganz normal. Es gibt aber auch einige zusätzliche Dinge zu beachten: Verbrauch und Abzug der Luft durch Öfen, Wäschetrockner, Waschmaschinen. Ventilatoren, die einen Saugeffekt im Haus erzeugen, geöffnete Fenster an der Abwindseite sind zu vermeiden.

Die Ventilationsrate sagt aus, welche Luftmenge innerhalb einer Stunde gegen Frischluft ausgetauscht wird. Deshalb können Sie durch Öffnen der Fenster im Keller, durch eine sogenannte Querlüftung, die Ventilationsrate verändern. Im Winter würde diese Methode die Heizkosten allerdings sehr erhöhen, deshalb sollte der Keller zum Wohnbereich hin gut abgedichtet werden. Ein Ventilator kann die gewünschte Ventilationsrate natürlich besser aufrechterhalten als Querlüften im Winter, evtl. das ganze Jahr über.

Der Ventilator muss einen leichten Überdruck im Keller erzeugen und die radonbelastete Luft aus dem Keller hinausblasen.

Die Hauptbelastung durch Radongas erfolgt in der Regel durch den Keller. Natürlich kann auch Radongas durch verwendete Baumaterialien in Wohnräume gelangen. Sollte dies der Fall sein, kann hier am besten mit häufigem und starkem Lüften das Radongas aus der Wohnung entfernt werden. Es gibt verschiedene Radonmessverfahren. Ich verwende in der Regel die nachstehend aufgeführten. Wenn ein Keller mindestens 12 Stunden geschlossen gehalten wurde, kann eine Metalldose mit einer Aktivkohlefüllung dort platziert werden. Nach ca. 24 Stunden wird der Deckel wieder aufgesetzt und verschlossen. In einem Labor wird die Belastung an Radon genau ermittelt und die Werte zugesandt. Diese Messwerte gebe ich dann an meine Kunden weiter, und wir legen fest, welche Gegenmaßnahmen am sinnvollsten durchgeführt werden. Eine erneute Messung kann mit (hoffentlich) niedrigeren Werten belegen, dass die Maßnahmen zur Senkung der Radonkonzentration erfolgreich waren. Meine persönliche Erfahrung hat immer wieder gezeigt, dass es sehr sinnvoll ist, bei einer Bauplatzuntersuchung, die Radonmessung direkt mit vorzunehmen. Denn dann können Sie bei zu hohen Werten sofort Gegenmaßnahmen mit in die Bauweise des Hauses einplanen. Wenn Sie weitere Fragen haben, so werde ich Sie gerne dazu beraten oder weiterhelfen.

## Wasser - ohne es geht nichts

Unser Körper besteht zu mindestens 70 Prozent aus Wasser. Wir sind davon abhängig, dass unsere verschiedenen Körpersysteme durchgespült und gereinigt werden. Jede lebende Zelle benötigt Wasser, so wie sie Nährstoffe und Sauerstoff benötigt. Wasser wirkt als Lösungsmittel im Körper, und je reiner es ist (frei von Weichmachern, zu vielen Mineralien oder Giftstoffen), um so mehr körperliche Abfall- und Giftstoffe kann es abtransportieren. Um so mehr Nährstoffe kann es den Körperzellen zuführen. In Gestein gibt es keine Enzyme. Unsere Mineralversorgung sollte aus lebendiger Nahrung kommen - Gemüse, Früchten, Getreide, Fleisch. Tiertrainer geben ihren Tieren möglichst reines Wasser. Menschen verdienen die gleiche Behandlung. Deshalb sollte unser Trinkwasser so sauber und rein wie möglich sein. Wenn Sie sich nicht sicher sind, ob Ihr Wasser wirklich in Ordnung ist, kann ich Ihnen einen Grundtest anbieten. Dazu benötige ich etwa einen halben Liter Wasser. Mittels eines Wasserlabors kann ich dann bei mir die wichtigsten Grundwerte austesten. Wenn wir die Konzentration von Wasserinhaltsstoffen kennen, kann eine Abschätzung ihres Einflusses auf die belebte Natur nachvollzogen werden. Ein gutes Bild von der Wasserqualität gewinnen wir aus dem Wert der wasserwerte, dem pH Wert und den 4 Indikatoren Nitrat, Ammonium, Nitrit und Phosphat. Zusätzlich werde ich bei jedem Test mit dem Bio-Tensor feststellen, ob das Wasser links- oder rechtsdrehende Schwingungen hat. Die Skala zeigt den Wert 10 bei sehr guter Wasserqualität, eine 1 weist auf ein schlechtes (belastetes) Wasser hin.

## Nitrat

Ist ein Wasser sauerstoffarm oder sauerstoffreich? Wichtige Verbindungen des Stickstoffes sind Ammoniak, Nitrit und Nitrat. Diese drei Substanzen sind wesentliche Stationen im sogenannten Stickstoffkreislauf, der in der Natur durch mikrobiologische Prozesse durchlaufen wird. Je nachdem, welche Bedingungen im jeweiligen Milieu vorliegen, ist ein Wasser dann sauerstoffarm oder sauerstoffreich. Stickstoffoxide gelangen auf vielen Wegen in die Umwelt. 70% der Oxidation des in der Atmosphäre vorhandenen Stickstoffs findet durch die Natur selbst statt. Elektrische Entladungen, Blitze bewirken die Oxidation. Aber auch durch unsere Technik wie Verbrennungsanlagen, Autos und Flugzeuge findet Oxidation statt. Durch Regen wird ein großer Teil ausgewaschen und bildet auf der Erdoberfläche lösliche Nitrite und Nitrate. Nitrite haben einen sehr positiven Einfluss auf das Pflanzenwachstum. Der eingesetzte Kunstdünger ist mineralische Düngung auf Nitrat-Basis. Durch Auswaschung der Böden gelangt es so wieder in unsere Gewässer und unser Trinkwasser. Aufgrund der hohen Nitratbelastung der Umwelt werden auch hohe Nitratgehalte im Trinkwasser gemessen. Nitratarme Wasser enthalten in der Regel weniger als 10mg/L Nitrat. Eine direkte giftige Wirkung geht von ihm nicht aus. Es wird relativ schnell vom Körper ausgeschieden. Die Gefahr besteht jedoch (besonders bei Säuglingen), durch die mikrobiologische Umwandlung zum Nitrit im menschlichen Körper. Nitrit kann den Sauerstofftransport im Blut hemmen, wie man es von Neugeborenen und Säuglingen her kennt. Man hat jedoch in

Versuchen festgestellt, dass es zu Bildungen von N-Nitroso-Verbindungen (Nitrosamine) kommen kann und diese führten in Tierversuchen zu Krebs und Veränderungen der Erbsubstanz. Das Gefährdungspotential für die Gesundheit ist nur in Ansätzen bekannt.

## Richtlinien, Grenzwerte und Empfehlungen

| | |
|---|---|
| Trinkwasserverordnung (TVO): | max. 50 mg/L |
| EG- Trinkwasserrichtlinie: | max. 50 mg/L |
| Richtwert: | 25 mg/L |
| Mineral- und Tafelwasserverordnung: | max. 50 mg/L |
| Geeignet für Säuglingsnahrung: | max. 10 mg/L |
| Fischgewässer: | max. 20 mg/L |

## *Ammonium-Ion*

Ammonium gehört zu den wichtigsten Indikatoren für die Verschmutzung eines Gewässers. Bei den im Trink- und Flusswasser üblichen pH-Werten liegt Ammoniak ($NH_3$) ausschließlich als Ammonium-Ion ($NH_4^+$) vor. Ammonium-Ionen entstehen bei der Zersetzung stickstoffhaltiger Substanzen durch Mikroorganismen unter sauerstoffarmen Bedingungen. Eine direkte giftige Wirkung von Ammonium-Ionen ist im Gegensatz zu Ammoniak nicht bekannt. Da jedoch auch durch die mikrobiologische Zersetzung von Abfallstoffen und Fäkalien Ammonium-Ionen entstehen können, ist bei einem positiven Befund stets mit einer sehr ernst zu nehmenden Verschmutzung des Wassers zu rechnen.

## Richtlinien, Grenzwerte und Empfehlungen

| | |
|---|---|
| Trinkwasserverordnung (TVO): | max. 0,5 mg/L |
| EG-Trinkwasserrichtlinie: | max. 0,5 mg/l |
| Richtwert: | max. 0,05 mg/L |
| Fischwasser: | max. 0,5 mg/L |
| Badewasser (DIN 19643): | max. 0,1 mg/L |

## *Nitrit*

Nitrit ist eine Vorstufe des Nitrats, von dem es sich durch ein Sauerstoffatom unterscheidet. Die Oxidation durch den Luftsauerstoffes reicht aus, um Nitrit in Nitrat zu oxidieren, also 1 Sauerstoffatom zuzufügen. In unbelasteten Gewässern liegen die Nitritgehalte in der Regel um 0,01mg/L. Liegen die Werte höher, so besteht ein Hinweis auf eine mögliche Fäkalienverunreinigung (Jauche, Kot) des Wassers vor. Oder von der Zersetzung von organischen Abfallprodukten, verzinkte Rohrleitungen durch gleichzeitige Auflösung des Zinks. Diese Weise erzeugt jedoch in der Regel geringe Nitritkonzentrationen. Zur Konservierung von Fleisch und Wurstwaren wird oft nitrithaltiges Pökelsalz eingesetzt. Der Verzehr von Fleisch- und Wurstwaren sowie von übermäßig gedüngtem Gemüse (nitrathaltig, Nitritbildung nach Verzehr), dürfte die größten Nitritbelastungen des menschlichen Organismus darstellen. Nitrit ist als gesundheitsgefährdend einzustufen. Bei extrem hohen Belastungen kann bei Säuglingen die in manchen Fällen zum Tode führende Blausucht auftreten. Eine Hemmung des Sauerstofftransportes im Blut mit der Folge von innerer Erstickung. Der Blausäurevergiftung sehr ähnlich. Eine weitere Gefahr besteht durch die sogenannten Nitrosamine aus Nitrit und die sogenannten Nitrosamine aus Nitrit und Eiweißbestandteilen. Diese zeigen in Tierversuchen krebserzeugende Wirkung und verändern die Erbsubstanz. Dieser Test sollte so schnell wie möglich nach der Wasserentnahme durchgeführt werden.

### Richtlinien, Grenzwerte und Empfehlungen

| | |
|---|---|
| Trinkwasserverordnung (TVO): | max. 0,1 mg/L |
| EG-Trinkwasserrichtlinie: | max. 0,1 mg/L |
| Mineral- und Tafelwasserverordnung: | max. 0,1 mg/L |
| Geeignet für Säuglingsnahrung: | max. 0,02 mg/L |
| Fischgewässer: | max. 0,03 mg/L |

## *Phosphat*

Phosphor ist ein sehr reaktives Element und kommt daher in der Natur nicht elementar, sondern nur in Form verschiedener organischer und anorganischer Verbindungen vor. Im natürlichen, unbelasteten Grund- und Gebirgswasser liegt Phosphat hauptsächlich als löslicher Bestandteil der natürlichen, phosphathaltigen Mineralien Apatit und Phosphorit und damit als ortho-Phosphat vor. Es liegt meist unter 0,1 mg/L vor und somit auch im Trinkwasser.

Den Einfluss der Phosphorgehalte auf Grund-, Oberflächen- und Trinkwasser, haben die vielfältigen phosphorhaltigen Produkte die wir im Haushalt und in der Industrie verwenden, das dann mit dem Wasser wieder zurück in den Wasserkreislauf der Natur kommt. Laut einem Bericht von 1978 der Gesellschaft Deutscher Chemiker werden in der Bundesrepublik ca. 146.000 Tonnen pro Jahr verbraucht. Ca. 53 % dieses konsumierten Phosphates ist als natürlicher Bestandteil in Nahrungsmitteln enthalten. Der Rest stammt aus Wasch-, Reinigungs- und Spülmitteln. Der größte Teil dieses Phosphors (ca.60%), wird über die kommunale Kanalisation den Kläranlagen zugeführt, dort in eine schwerlösliche Form überführt und abfiltriert. Dieser Klärschlamm kann dann einem „Phosphatrecycling", d.h. einer Umarbeitung in Düngemittel zugeführt oder in Klärschlammdeponien gelagert werden. Da Phosphor in seinen verschiedenen Bindungsformen ein unverzichtbarer Bestandteil nahezu sämtlicher Organismen und Pflanzen ist, gelten phosphatreiche Substanzen als bewährte Düngestoffe (z.B. Gülle oder Kunstdünger). Durch den von Kunstdünger übermäßigen Gebrauch, können sehr hohe Phosphatkonzentrationen im Boden entstehen. Das Auswaschen durch Regenwasser kann dann zu erhöhten Phosphatgehalten im Grund- und Oberflächenwasser führen. Um die Gesamtphosphatbelastung möglichst gering zu halten wurde schon immer gefordert, phosphatfreie Waschmittel zu verwenden, ebenso Enthärter und Weichmacher zu reduzieren. Diese Substanzen (Natriumpolyphosphate) enthärten das Wasser, indem sie mit Calcium lösliche Verbindungen bilden. Natriumpolyphosphate werden sowohl im Warmwasserbereich des Haushaltes wie auch zunehmend zur Trinkwassernachbehandlung eingesetzt. Defekte oder ungenügend gewartete Anlagen können zur erhöhten Phosphatbelastung des Trinkwassers führen.

Phosphor hat keine bisher nachgewiesene gesundheitsbeeinträchtigende Eigenschaft. Aufgrund der wachstumsfördernden Wirkung auf Pflanzen, kann jedoch ein erhöhter Phosphorgehalt zur sogenannten Eutrophierung von Gewässern führen. Durch Fäulnisprozesse, kommt es zu einer Sauerstoffverarmung in Gewässern. Die Folge ist ein „Umkippen“ der Gewässer, die Fische sterben dann. Deshalb sind eine mäßige Anwendung und eine sorgfältige Überwachung so wichtig. Ein erhöhter Phosphatgehalt im Trinkwasser ist weiterhin neben Ammonium und Nitrit ein wichtiger Hinweis auf die mögliche Verschmutzung des Wassers mit Fäkalien.

## Richtlinien und Grenzwerte

| | PO 3- 4 | 25 mg/L P O |
|---|---|---|
| Trinkwasserrichtlinie: | max. 6,95 | max. 5,2 |
| Richtwert: | 0,56 | 0,42 |
| Trinkwasser-Aufbereitungs-VO: (Entwurf vom Januar 1985) | max. 4,7 | max. 3,5 |

## *pH- Wert*

Der pH-Wert ist für die Beurteilung des Wassers ebenfalls sehr wichtig. Die Skala der möglichen pH-Werte reicht von pH 0 (extrem sauer, z.B. Salzsäure) bis pH 14 (extrem basisch, z.B. Natronlauge). Diese Extremwerte werden im normal verunreinigtem Wasser jedoch nicht erreicht. In der Mitte der pH-Skala, liegt der sogenannte Neutralpunkt mit einem pH-Wert von 7. Idealerweise sollte der pH-Wert von sauberem Wasser in der Nähe von pH 7 liegen, geringe Abweichungen sind jedoch üblich und gesundheitlich unbedenklich. Wasser hat u.a., die Eigenschaft, Kohlendioxid aus der Luft aufzunehmen und zu lösen. Dabei entsteht im Wasser Kohlensäure. Sie kann eine Absenkung des pH-Wertes bis auf pH 5,5-6 bewirken, Ansäuerung des Wassers genannt. Saures Wasser in diesem Sinne ist somit in jedem mit Kohlendioxid versetzten Mineralwasser zu finden. Ein zu geringer ph-Wert im Trinkwasser (z.B. ph 4-5) kann zu erhöhter Korrosion in metallischen Trinkwasserleitungen führen. Ist der pH-Wert 7 und größer (im basischen Bereich), so gibt es u.a. Hinweise auf ein zu starkes Pflanzenwachstum in Ökosystemen. Oder auf das Vorhandensein von Verunreinigungen, z.B. durch Waschlaugen. Fische reagieren sehr empfindlich auf pH-Wert-Schwankungen.

## Richtlinien, Grenzwerte und Empfehlungen

| | pH min. | pH max. |
|---|---|---|
| Trinkwasserverordnung (TVO): | 6,5 | 9,5 |
| EG-Trinkwasserrichtlinie: | 6,5 | 8,5 |
| EG-Badewasserrichtlinie: | 6,0 | 9,0 |
| Badewasser (DIN 19643): | 6,5 | 7,8 |

## *Gesamthärte*

Die Härte eines Wassers (genauer ausgedrückt: die Gesamthärte) wird ganz wesentlich durch die im Wasser gelösten Calziumsalze bestimmt. Das Vorhandensein eines hohen Calziumgehaltes im Wasser entspricht einer hohen Wasserhärte, die in „Deutschen Härtegraden“ gemessen wird. Die Wasserhärte des Trinkwassers ist auch bei „sehr hartem Wasser“ kein Problem für die Gesundheit. Die Gebrauchseigenschaften des Wassers werden jedoch bedeutend durch die Härte beeinflusst. Grundsätzlich ist weiches Wasser (also calziumarmes Wasser) für Heißwassergeräte besser geeignet: Waschmaschinen, Kaffeemaschinen Dampfbügeleisen, Wasserkessel und Warmwassergeräte können durch den sich aus hartem Wasser abscheidenden Kesselstein verunreinigen und evtl. beschädigt werden. Wenn sie jedoch Wasser zum Gießen von Zierpflanzen oder zum Betreiben von Aquarien nehmen, ist eher hartes Wasser besser geeignet Die Gesamtwasserhärte wird ganz wesentlich durch die Herkunft des Wassers bestimmt. Oberflächengewässer, deren Ursprung im Regenwasser liegt, sind meist sehr weich. Wasser aus tiefen Brunnen hat oft einen relativ hohen Calziumgehalt durch die ständige Berührung mit unterirdischem Gestein und Erdschichten.

### Einstufung nach der Wasserhärte

| | |
|---|---|
| 0 - 4 d | sehr weiches Wasser |
| 4 - 8 d | weiches Wasser |
| 8 - 18 d | mittelhartes Wasser |
| 18 - 30 d | hartes Wasser |
| über 30 d | sehr hartes Wasser |

## Auswirkungen von Brillengestelle

Viele Menschen tragen fast ständig eine Brille. Sogar ca. 40% der Kleinkinder sehen die Welt durch eine Brille. Im Kopfbereich befindet sich nicht nur unser Sehfeld, sondern unser kompliziertestes und höchstentwickeltes Organ, unser Gehirn. Es besteht aus verschiedenen Schaltstellen und Schaltzentralen. Über unsere Augen nehmen wir -medizinisch gesehen- den größten Teil unserer Eindrücke wahr. Lichtempfindliche Sehzellen-Stäbchen-Zellen, Vermittler des Dämmerungssehens und Vermittler des Tages- und Farbsehens, sind im menschlichen Auge auf die normalen Umweltbedingungen angepasst. Viele Farbnuancen können wir mit unserem Seh-System nicht umsetzen, z.B. Ultraviolett oder Infrarot. Die Sinneseindrücke werden über Nervenbahnen zum Gehirn geleitet. So nehmen wir die Welt wahr. Unser Auge arbeitet wie eine Kamera, die ein Bild oder Dia „schießt" und diese Bilder aneinander reiht, so das fließende und sich bewegende Bildfolgen entstehen.

### Blinzeln Sie einmal ganz schnell mit den Augen!

So etwa nimmt unser Auge einzelne Bilder auf und setzt sie in Bewegung um, die in einer ganz bestimmten Geschwindigkeit abgespult werden und sich zu einem Ganzen verbinden. Wenn wir einen Film sehen, so können wir die einzelnen Bilder nicht mehr erkennen. Wir sehen die Gesamtbildfolge, also Bewegungen. Ebenso funktioniert unser Auge. Einer der wichtigsten Nerven im ganzen Gesichtsfeld ist der Trigeminusnerv. Dieser Trigeminusnerv verläuft im Schläfenbereich. Nun wurde festgestellt, dass Menschen, die ihre Brille reflektorisch abziehen, oftmals aufgeladene Brillengestelle haben. In klinischen Untersuchungen wurde festgestellt, dass schon geringste Schwankungen im magnetischen Haushalt über unsere Sehnerven angezeigt werden, z.B. durch ein Gefühl von Müdigkeit. Da zwischen der Außenwelt und dem Gehirn nur eine relativ dünne Abgrenzung vorhanden ist, sollten hier keine zusätzlichen Spannungen erzeugt werden. Unser Gehirn arbeitet ständig. Das Gehirn setzt sich aus verschiedenen Gehirnregionen und Hemisphären zusammen. Jede „Abteilung“, hat eine ganz bestimmte Aufgabe zu erfüllen und sichert im Zusammenwirken mit allen übrigen „Abteilungen“ die Überlebensfähigkeit des Menschen. Alle nervalen Abläufe werden vom Gehirn aus gesteuert. Einige Brillen wirken durch Brillenformen, Brillengestelle oder magnetische Aufladungen als regelrechte Antennen!

Schon ein Brillenbügel hinter dem Ohr kann als magnetische Aufladung oder Antenne wirken.

Mit neu entwickelten Geräten ist man an der Universität in Moskau heutzutage in der Lage, magnetische Felder - die über 1.000 mal feiner sind als das natürliche Magnetfeld - zu messen. Sind beide Bügel der Brille magnetisch aufgeladen, so konnte ich in Versuchen feststellen, dass Spannungen von 1.000 - 2.000 nT auf ca. 5cm vorhanden waren; Spannungen, die feinste, elektrische Vorgänge in

der Gehirntätigkeit ohne weiteres beeinflussen. Die Folgen davon sind oft nervliche und hormonelle Fehlfunktionen. Falls magnetische Aufladungen vorhanden sind, begrenzen sich diese allerdings nicht nur auf die Brillenbügel, sondern können im ganzen Brillengestell vorhanden sein. Die Folgen hiervon können sein:
Druck im Kopf oder reflektorisches Abnehmen der Brille., d.h. unbewusstes, reflexhaftes Immer-Wieder-Abnehmen der Brille, Kopfschmerzen, Migräne und Augenprobleme. Ebenfalls entscheidend für Ihr Wohlbefinden ist die Tatsache, ob Ihre Brillengläser aus Glas oder Kunststoff gearbeitet sind. Bei Kunststoff kann Vorsicht geboten sein in Bezug auf seine Oberflächenspannung. Sollten hier starke Oberflächenspannungen vorhanden sein, kann nicht nur Ihr Auge von der Brillen-Innenseite her sehr stark irritiert werden, sondern sich die kleinen Kapillargefäße, die für die Durchblutung des Auges verantwortlich sind. Mehr oder minder stark können Sie in ihrem Querschnitt verändert werden. Ich habe mit meinem Messgerät zur Messung des Erdmagnetfeldes und einer speziellen Halterung, die Möglichkeit, bei Feineinstellung eine Brille auszumessen. Einmal das vorhandene Erdmagnetfeld, sowie tatsächliche Veränderungen des Magnetfeldes mit einer Brille. Die Werte können per Computergraphik ausgedruckt und ausgewertet werden.

Ich untersuchte einmal den Fall einer Frau, die seit ihrem 16. Lebensjahr eine Brille trug, diese jedoch ständig unbewusst abzog und es als störend empfand, wenn sie diese über einen längeren Zeitpunkt tragen musste. Zwar mit verschiedenen Glasstärken, trug sie dennoch immer dasselbe Brillengestell. Nach etwa 10 Jahren bekam sie regelmäßig abends und nachts, sowie beim Autofahren heftige Kopfschmerzen. Sie führte sie jedoch nicht auf ihre Brille oder ihr Brillengestell zurück. Ich nahm dann die Brille und habe sie ausgemessen. Es stellte sich eine relativ hohe Belastung durch das Brillengestell heraus. Daraufhin wurde beim Optiker ein neues Brillengestell ausgesucht. Ich habe es dann dort direkt ausgemessen. Sie können sich vorstellen, dass erst einmal sehr komisch geschaut wurde und dann gefragt wurde, was hier gemacht wird. Wir fanden ein gutes Brillengestell, es wurden dieselben Gläser verwendet, und seit diesem Zeitpunkt wurden keine unangenehmen Begleiterscheinungen mehr registriert.

In einem anderen Fall habe ich bei einem Mann über das Brillengestell eine Spannung von über 800 nT gemessen. Eine Spannung, die um ein Vielfaches zu hoch ist. Aufgrund dieser Ausmessung hat er sich zum Kauf eines anderen Brillengestelles entschieden. Er hat sich mit seinem Optiker besprochen und mir mehrere Brillengestelle zugeschickt, die ich dann ausgemessen und ihm die besten vorgeschlagen habe anhand der gemessenen Werte. Auch hier verschwanden die unangenehmen Begleiterscheinungen.

Ich habe viele Kunden, die mir seit Jahren erst einmal die Brillengestelle zum Ausmessen zuschicken und sich dann erst für die richtige und schönste Brille entscheiden.

Als grober Richtwert sollte folgendes gelten:
Falls zwischen Bügel und Kopfhaut ein Abstand von 2-3 cm vorhanden ist, sollte eine Magnetspannung von über 1000 nT nicht überschritten werden. Sollten sich hier bereits Abweichungen von 100 nT ergeben, ist dies bereits zuviel. Rechnet man diesen Wert nämlich hoch, beispielsweise bei einer Messstreckenlänge von ca. 5cm, ergibt sich eine Differenz von 2.000 nT auf 1 Meter. Dies ist bereits sehr bedenklich, weil insbesondere die Hirnregionen sehr empfindlich darauf reagieren. Auch bei den unterschiedlichsten Betrachtungsweisen, sollte man erkennen, dass alle Schwächungen des Körpers, nicht nur die betroffene Region beeinflussen, sondern reflektorisch den gesamten Körper in Mitleidenschaft ziehen können und daher vermieden werden sollten.

## Die Reaktionen der einzelnen Menschen

Ich stelle immer wieder fest, wie unterschiedlich die Menschen mit diesem alten Wissen umgehen. Es reicht von totaler Ablehnung bis hin zu Wissen um diese Zusammenhänge und zum Versuch, damit so vernünftig wie möglich zu leben. Zumeist hat man eine Erfahrung gemacht und sieht vieles anders als vorher, beschäftigt sich damit und lernt, vieles mehr zu erkennen. Bis es irgendwann ein Teil vom eigenen Leben geworden ist. Mir ging es dann so, dass ich am Anfang allen Leuten dieses Wissen weitergeben wollte und erst meine Erfahrungen machen musste. Dass ich nur denjenigen helfen kann, die von sich aus auch eine Hilfe haben wollten. Das mag sich jetzt ganz logisch und normal anhören, aber ich habe immer wieder auch von anderen Kursteilnehmern im Gespräch erfahren, dass sie ähnliche wie ich auch diese Schritte lernen mussten!

Wir sind heute in der Lage, mit einigen technischen Verfahren festzustellen, dass Veränderungen vorhanden sind. Aber die gewünschte Formel ist noch nicht gefunden worden. Bei Wasser haben wir die Formel H2O. Bei Erdstrahlen und vielen anderen vorhandenen und technisch noch nicht greifbaren Phänomenen fehlen uns diese Formeln noch. Viele Frauen und Männer haben versucht, immer mehr Licht ins angebliche Dunkel der Rutengängerei und in bekannte Lebenssituationen zu bringen, die wir als Parapsychologische Effekte kennen. In all das Wissen des Schamanismus, Geistheilen und was es alles für reelle

Dinge gibt. Für mich sind sie real, denn ich habe immer mehr Einblicke und Erfahrungen gesammelt und erlebt. Wir können heute über einer Stelle, an der sich eine Erdstrahlenbelastung befindet, mit vielen Messverfahren Veränderungen feststellen. Dies wird gemessen:
Leitfähigkeit des Bodens, Veränderungen im Elektrischen- und Elektromagnetischen Milieu des Bodens, Erdmagnetfeldmessungen, Infrarotmessungen, Wärmeaustauschmessungen, veränderte Werte im UKW- und UHF-Bereich, Mikrowellenstrahlung, Beeinflussung der Photonenabgabe (nach DR. A. Popp), abgebremste Neutronenstrahlung. Hierdurch lassen sich einige Veränderungen erklären wie Entstehung freier Radikale, Spinveränderungen und so weiter. Am Menschen kann die Veränderung der Aura gemessen werden, Hautwiderstandsmessungen, Veränderungen von Atmung, Muskelspannung, Gehirntätigkeit, Herzveränderung, Temperaturschwankungen, ph- Wertveränderungen und viele Messungen mehr. In den 50er Jahren entdeckte Wüst, welche Frequenzen verschiedene Erdstrahlenarten haben, und die Liste ließe sich noch lange fortsetzen.

Als ich mit meinem neuen Beruf damals anfing, hat sich die Presse bald überrannt, immer wieder einen neuen Zeitungsbericht nach einem Interview mit mir zu bringen. Denn es war ja etwas, was nicht zu fassen war und gute Auflagen brachte. Heute überlegen sie es sich viel länger, ob sie etwas darüber schreiben sollen. Aber die Presse beeinflusst das Verhalten der Menschen heutzutage immer mehr. Mein „Stimmungsbarometer" zu diesem Thema sind die Vorträge, die ich nun seit 1984 regelmäßig einmal pro Woche halte. Hier kann ich immer wieder in ganz Deutschland sehen, wie und wo in einer Gegend zu diesem Thema gestanden wird. Ebenso erfuhr ich es in vielen Jahren auf den Messen, die mir immer die herrschende Meinung aufzeigten. Manchmal kann ich mich nur wundern, wie sehr wir modernen Menschen uns von dem Wissen unserer Vorfahren entfernt haben, und wie wenig wir einfach gewisse Grunderfahrungen heute noch beachten. Ich kann uns nur zugute halten, dass wir auch unsere Erfahrungen machen müssen, aber vieles könnten wir einfacher haben. Manche Häuser oder Messehallen z.B. sind nicht für Menschen gemacht, sondern hier soll alles funktionieren. Das tut es auch, bis auf die Menschen. Denn eine Halle ohne natürliches Licht ist für uns nur für bestimmte Zeit geeignet. Räume, in denen wir uns nicht wohlfühlen, werden auch geschäftlich nicht den gewünschten Erfolg fördern. Deshalb könnten viele Geschäfte einen weitaus besseren finanziellen Erfolg erwirtschaften, wenn einfache Lebensregeln eingehalten werden. Ich war als Kind oftmals in einer schwierigen Situation, denn ich habe vieles gesehen und gespürt, was die „Erwachsenen" nicht verstanden haben und habe später angefangen, nicht mehr darüber zu erzählen. Heute weiß ich durch meinen Lebensweg, dass ich zu meinen Erfahrungen in meinen früheren Lebensabschnitten als Wesen noch einen sehr guten Bezug habe. Ich kann viele dieser Erfahrungen wieder in diesem Leben einsetzen, auch wenn ich sehr vorsichtig damit umgehe. Für mich begrenzt sich Rutengehen nicht nur auf das Auffinden von

Erdstrahlen oder die richtigen Gegenmaßnahmen zur Harmonisierung einzusetzen. Für mich persönlich ist dies nur ein ganz kleiner Teil vom wirklichen Leben.

## Geistwesen

Als ich meine Ausbildung im Schamanismus vor langer Zeit bekam, hätte ich nicht gedacht, dass in meinem jetzigen Beruf dafür Platz vorhanden ist. Denn für die meisten Menschen ist Rutengehen ein fest abgegrenzter Bereich, wenn auch nicht unbedingt selber nachvollziehbar. Aber wir haben alle so unsere „Vorstellung“, was es ist, oder was nicht.

In den vielen Häusern, in die mich mein Beruf bisher führte, war nicht immer die beste Energie spürbar. Einige Male war trotz Umlenken der Erdstrahlenbelastung um das Bett herum, nach Ausschalten der Elektrobelastung, Sanierung der Bettmaterialien und anderen Harmonisierungsbemühungen, noch eine Fremdenergie zu spüren. Hier ist dann zu prüfen, ob es schwarze Energieströme gibt! Wenn auch diese nicht vorhanden waren, untersuchte ich anfangs immer noch, ob Funkwellen durch Sender strahlten.

Steht dieses Haus auf einer Negativstelle, einem alten Versammlungsort oder einer alten Kultstätte, sind hier noch Geistwesen früherer hier lebender Menschen gefangen und gehalten. Geister wie der Volksmund sagt. Liegt ein Fluch auf der Stelle oder den Bewohnern?

Sollte dies der Fall sein, muss eine richtige Reinigung und Heilung vorgenommen werden. Dies sollte jemand machen, der es versteht und genügend Erfahrung damit hat. Denn es ist nicht immer leicht und ungefährlich. Nicht immer möchten die Bewohner auch wirklich etwas ändern. Deshalb möchte ich jetzt einmal ein Beispiel dafür geben.

## *Nein - Ich will es nicht!*

Am Chiemsee wurde ich von einer jungen Frau beauftragt, eine Schlafplatzuntersuchung vorzunehmen. Ich kam zum vereinbarten Termin. Meistens wollen die Leute bei den Messungen dabei sein und ich habe mich inzwischen daran gewöhnt, auch so meine Messungen durchzuführen. Es macht mir inzwischen sogar sehr viel Spaß. Hier wurden mir das Schlafzimmer und das Kinderzimmer gezeigt, und ich wurde alleine gelassen. War zwar etwas ungewöhnlich, aber es war mir recht, da hier eine sehr ungewöhnliche Schwingung zu spüren war.

Ich schaute also zuerst nach den Feng-shui-Regeln, was ich hier feststellen konnte und an Verbesserungen vorschlagen wollte. Da hörte ich auf einmal eine Stimme in meinem Kopf: nimm dir ein Bonbon aus der Schachtel. Zuerst dachte ich, ich hatte an diesem Tag vielleicht viel Lust auf etwas Süßes, und da ich auf dem Nachtkasten ein große Süßigkeitenschachtel stehen gesehen hatte, ob da nicht Gelüste in mir hochgestiegen sind? Aber warum sollte ich mir in einem fremden Schlafzimmer einfach etwas nehmen?

Ich vergaß es wieder, baute meinen Computer auf und machte mich daran, eine Erdmagnetfeldmessung vom Bett durchzuführen. Diesmal kam die Stimme sehr laut und drängend. Ich schaute mich um und da ich niemanden sah, machte ich die Augen zu und fühlte nach, ob ich mit einem Geistwesen im Raum zusammen war. Es war etwas vorhanden, was mich rief. Ich machte meine Erdmagnetfeldmessungen und „schottete" mich ab. Die Stimme wurde immer drängender und hörte auf, als es keinen Erfolg damit hatte. Mit dem Geomagnetometer ergaben sich starke Schwankungen und die Computergrafik zeigte eine starke Erdmagnetfeldanomalie an dem Bett an. Als ich es beim Computer speichern wollte, gab es mehrere Defekte. Das ließ mich aufhorchen und vorsichtig werden. Ich war jetzt hellwach!

Das war bisher immer mein Alarmzeichen gewesen. Am Anfang hatte ich in einigen Häusern merkwürdige Erlebnisse gehabt. Die Messgeräte, gerade der Computer, spielten verrückt. Außerhalb des Raumes oder des Hauses ging er wieder ganz normal. Zuerst hatte ich es vom Hersteller überprüfen lassen, aber dann verstand ich es.

Neuer Versuch. Mitten im Ausdruck brach es ab. Eine starke Energie war zu spüren im Raum. Ein erneuter Ausdruck – und ich war gelinde gesagt, sehr erstaunt!
Vor ungefähr einem halben Jahr hatte ich mir vorgenommen, bei dem Computerausdruck einige Veränderungen neu einprogrammieren zu lassen. Der Hersteller war nicht so begeistert, und es wäre teuer geworden.

Nun hatte ich auf einmal einen Ausdruck, so wie ich es mir vorgestellt hatte, obwohl am Gerät selber keinerlei Veränderungen vorgenommen worden sind. Jetzt hatte ich genau die Graphik, die ich mir vorgestellt hatte. Ich nahm Kontakt auf und später setzte ich meine Messungen weiter fort. Ich zeichnete Wasserader, Gesteinbruch und die Kreuzungspunkte im Zimmer ein mit Schulkreide. Nachdem ich beide Räume ausgemessen hatte, wusste, welche Möglichkeiten hier zur Veränderung vorgenommen werden konnten, ging ich hinunter. Ich klopfte an der Tür und sah die Frau hinter ihrem Schreibtisch im Büro sitzen. Statt mit hochzugehen und es sich vor Ort anzusehen, sollte ich es von der Zeichnung her erklären. Ich fing an und erklärte es ihr, kam zur Wasserader und sah mich plötzlich einer Frau gegenüber, die außer „Rand und Band" war. Sie war wütend, wollte nichts weiter wissen, und ich erfuhr folgendes:
Ich war der 3. oder 4. Rutengänger, und überhaupt taugt das ja alles sowieso nichts. Denn jeder bringt was anderes heraus, und sie glaubt nicht mehr daran. So in diesem Stil bekam ich ihren Frust ab.

Ich hörte ihr zu und wollte dann später erklären, dass in der Wohnung sehr belastende Energien sind, die auf Dauer wieder in Ordnung gebracht werden können und sollten, was es war und was gemacht werden kann. Jedes mal unterbrach sie mich wieder und später fragte ich dann geistig nach, ob sie überhaupt bereit sei. Es kam immer wieder nur: Nein - Ich will nicht.

## Dies war für mich ein Zeichen, nicht weiterzumachen.

Ich war im Büro eines Beerdigungsinstitutes, die Wohn- und Schlafräume befanden sich darüber. Diese Situation war mit entscheidend. Es existierten hier aber noch andere Energien. Geistwesen lebten ebenfalls in diesem Haus. Nur wenn der Mensch nicht möchte - zwingen kann man niemanden.

Ich brauchte nicht weiter zu erklären, bekam mein Geld und wurde zwar sanft, aber doch hinausgeschmissen. Also setzte ich mich ins Auto und fuhr erst einmal weg, um mit mir wieder völlig ins Reine zu kommen. Später habe ich dann nochmals nachgefühlt und einen Brief geschrieben. Ich wollte verschiedenes erklären und nahm an, dass sie später das Ganze ruhiger angehen werde. Als ich ihn geschrieben hatte, auch das mit dem Computer, fragte ich nochmals nach, ob ich ihn abschicken solle. Aber auch hier kam ein ganz eindeutiges Nein heraus. So habe ich es dann gelassen. Mein neues Computerbild bekam ich nochmals ausgedruckt, und nachdem ich den Brief dann nicht abgeschickt hatte, war bei der nächsten Messung am selben Tag dann wieder die alte, gewohnte Graphik vorhanden.

## Ich sah meinen ersten Geist als Erwachsener

Ein Haus sollte gekauft werden, weil der Besitzer gerne in einem eigenen Haus leben wollte. Es sollte gute Büroräume haben, beruflich nutzbare Zimmer, schön, preiswert, großes Grundstück, gute Anbindung und so weiter. Wie man sich halt seinen Traum verwirklichen möchte. Das gefundene Haus war dann wirklich preiswert. Im Haus- und Wohnbereich keine Wasserader, Gesteinbruch oder Verwerfung. Die elektrischen und elektromagnetischen Werte waren ebenfalls sehr gut und mit ein paar Veränderungen hinzubekommen. Es war ein altes Haus und mit vielen Reparaturen und Verbesserungen in ein schönes Haus zu verwandeln. Zwei alte und sehr große Pappeln standen auf dem Gelände. In einem der Bäume war der Blitz eingeschlagen und sprengte von oben bis unten die Rinde ab. Deshalb hatte der Vorbesitzer die Äste abgesägt, und es standen nur noch die Stämme da. Unter diesem Baum liefen zwei Wasseradern aus dem Grundstück zusammen und trafen sich genau dort, wo der Blitz einschlug. Für die Gesamtenergie des Hauses und des Grundstückes war dies ein wichtiger Faktor gewesen. Das Herzstück (Energiezentrum) des Geländes und das im Haus wurden ausgemessen, mittels eines Harmoniesteines aufgeweckt und später ausgeglichen. Der Umbau des Hauses kam aber immer wieder ins Stocken aus völlig unerklärlichen Gründen. Handwerker kamen nicht, obwohl es vereinbart war, und es geschahen viele unerklärliche Dinge. Die Bewohner fühlten sich nach einem halben

Jahr immer verzweifelter. Als ich eines Nachmittags im Haus im Badezimmer war, war ich in dem Raum mit der meisten Belastung. Hier geschah seit ca. einem halben Jahr nichts mehr. Alle Versuche, es wieder hinzubekommen schlugen fehl. Es sah dort aus wie in einer Ruine. Das kleine Badfenster war vorhanden und sollte später vergrößert werden. Als ich so im Bad stand, sah ich auf einmal einen riesengroßen Kopf mit kleinen Armen und Beinen von außen auf die Fensterbank nach innen kommen. Zuerst dachte ich, dass jemand sich einen Scherz mit mir erlaubte, aber ich merkte sehr schnell, dass dies kein Scherz war. Dafür war die Energie auf einmal viel zu stark verändert. Dies hätte niemand so schnell und abrupt machen können. Nun wusste ich, wer das Wesen hier im Haus war, und warum so vieles passierte. Es wurde sanft, aber bestimmt angesprochen und später ging es. Ich habe noch einige „Reinigungen" durchgeführt. Das Haus konnte umgebaut werden, und es fühlte sich später sehr gut an. Nach weiteren Veränderungen und Reinigungen, Ritualen wurde es ein ganz besonderes Haus, in dem viele Menschen zusammenkamen und dort u.a. Seminare mitmachten.

Dies waren zwei Bespiele aus meinem Leben und meiner Arbeit. Ich könnte natürlich noch mehrere aufführen. Sollten Sie unter Situationen leben, die Sie nicht mehr in den Griff bekommen, lassen Sie sich das einmal durch Ihr Gemüt ziehen. Wenn Sie Fragen haben oder einen Termin mit mir vereinbaren möchten, schreiben oder rufen Sie einfach an. Alles Weitere wird sich ergeben.

# Elektrosmog

Die biologische Grundschwingung des Menschen beträgt zwischen 7 - 20 Hz, Mittelwert etwa 10 Hz. Eine Veränderung in einen höheren Bereich dieser Grundschwingung, bedeutet Stress. Sofern der menschliche Organismus ständig, vor allem während der Regenerationsphase (Schlafen), einer andersartigen Schwingung und eines höheren Wertes als der körpereigenen Grundelektrizität ausgesetzt ist, wird eine völlige Entspannung, Erholung und Regenerierung verhindert.

## *Elektrosmog-Quellen und ihre Wirkung*

Wie hoch sollten das elektrische und elektromagnetische Feld im Haus sein:

Im Wohnbereich sollten 50 Volt/Meter (V/m) und 80 Nano-Tesla (nT) bei der Hausversorgung durch 50-Hertz-Wechselstrom die Obergrenze im Raum sein. Bei Schlafplätzen und anderen Orten, an denen man sich längere Zeit aufhält, sollte der Grenzwert im Bereich von 10 Volt/Meter für das elektrische und 10 Nano-Tesla für das magnetische Wechselfeld nicht überschritten werden.

## Schlafphasen im Laufe einer Nacht

beim Einschlafen um ca. $0^{00}$ und Aufwachen um ca. $8^{00}$ Uhr

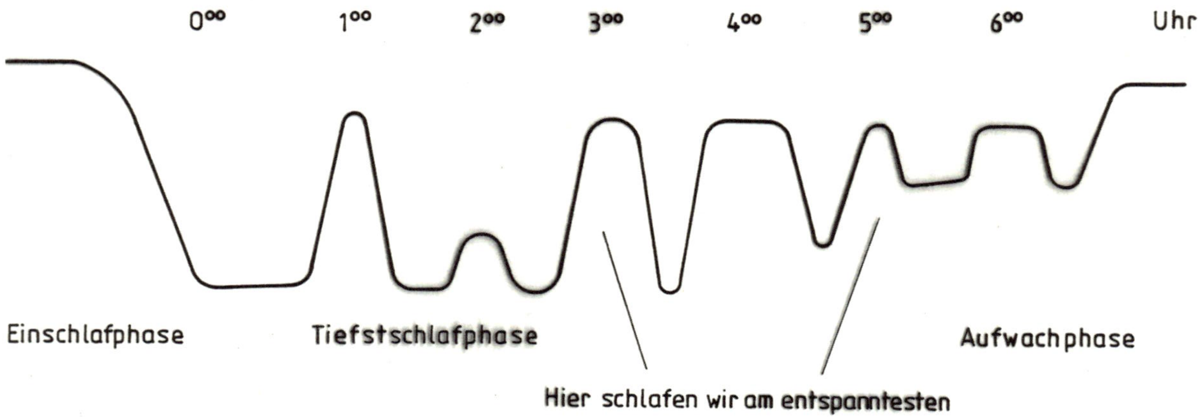

## Elektrosmog-Quellen und ihre Wirkung:

### Heizdecke verursacht:

Schlafstörungen, Kopfschmerzen, Herzfunktionsstörungen, Überreizung des Nervensystems, erhöhtes Risiko für Schwangere und Ungeborene. Verringerung der Strahlung durch: Heizdecke nur zum Bettanwärmen benutzen, dann Stecker ziehen. Wer sehr sensibel ist, sollte sie nach dem Bettanwärmen herausnehmen. Evtl. kann das veränderte Erdmagnetfeld durch die Metallteile darin gespürt werden.

### Radiowecker verursacht:

Schlafstörungen, Kopfschmerzen, Herzrhythmusstörungen, erhöhtes Gehirntumorrisiko, morgendliche Kopfschmerzen, bei verschiedenen Metallteilen im Zahnbereich Belastung durch Spannungen im Mundbereich und über nervliche Reizung verschiedener betroffener Organe im Körper; sind große Metallteile im Bett, wie Federkernmatratzen, kann die Abstrahlung durch Antennenfunktion verstärkt werden und abgestrahlt werden.

Verringerung der Strahlung durch: Abstand von 1 Meter einhalten. Batteriewecker verwenden. Radiowecker auf Batteriebetrieb umstellen. Die meisten Geräte können mit einer Blockbatterie betrieben werden. Funkwecker verwenden. Hier ist kaum eine Belastung zu messen.

### Elektrisch verstellbare Lattenroste und Wasserbetten verursachen :

Störung des Erdmagnetfeldes und damit je nach Stärke eine Nervenbelastung; bei sensiblen und kranken Men-

schen kann ein Eingriff in die Tiefschlafphase erfolgen und damit Schlafstörungen verursachen, erhöhte Nervenbelastung, Vegetative Dystonie, Verkrampfungen im Rücken- und Nackenbereich.
Verringerung der Strahlung durch: Rost ohne Elektromotor. Elektromotor mit eingebautem Netzfreischalter um die Elektrobelastung zumindest zu reduzieren. Wasserbetten aufheizen und beim Schlafen Stecker ziehen oder mit Zeitschaltuhr begrenzen. Hier ist wichtig, dass die Kabel richtig eingesteckt sind, da sonst wieder eine Aufladung erfolgt. Richtige Phasen nutzen, sonst verschiedene Polarisierung.

## Fernsehgeräte verursachen:

Überreizung des Nervensystems, Sehbeschwerden, Kopfschmerzen usw.
Verringerung der Strahlung durch: Abstand von mindestens 2 m einhalten. Wenn es im Schlafzimmer steht, sollte es bei Nichtgebrauch stromlos geschaltet sein durch Stecker ziehen oder Unterbrecherstecker mit Kippschalter. Bitte beachten, dass Geräte auch nach hinten abstrahlen, deshalb Mindestabstand (auch durch Mauern) von 2 m zu einer Bettstelle.

## Babyphon verursacht:

Höheres Risiko an Krebs, Leukämie bzw. Gehirntumor zu erkranken, Schlafstörungen, Schwächung des Immunsystems, Sehstörungen, Lebensgefahr für Babys!
Verringerung der Strahlung durch: Abstand von mind. 2 m zum Baby einhalten. Benutzung einschränken.

## Halogenlampen verursachen:

Höheres Risiko an Leukämie und Gehirntumor zu erkranken, Schwächung des Immunsystems, Sehstörungen.
Verringerung der Strahlung durch: Abstand von mind. 1m einhalten, besonders bei Halogenlampen neben dem Bett.

## Energiesparlampen können verursachen:

Gehirnfunktionsstörungen, grauer Star, Sehstörungen, Kopfschmerzen, Verhaltens- und Stoffwechselstörungen, nervöse Beschwerden.
Verringerung der Strahlung durch: Abstand von mind. 2m zur Lampe einhalten.

## Leuchtstofflampen verursachen:

Erhöhtes Gehirntumorrisiko, Kopfschmerzen, Sehstörungen, Konzentrationsschwierigkeiten, ständige Müdigkeit und Mattigkeit, Haare schwingen im Rhythmus mit.
Verringerung der Strahlung durch: Mindestabstand von 1 bis 1,5 m einhalten. Umstellung auf 12 Volt Gleichstrom und Tageslichtröhren einsetzen.

## Mit Nachtstrom betriebene Boiler und Heizungen verursachen:

Angst, Depressionen, morgendlichen Kopfschmerz, Schlaf- und Herzrhythmusstörungen.

Verringerung der Strahlung durch: 1,5 bis 2 Meter Abstand einhalten, auch zur Stromleitung.

## Hochspannungs-, Mittelspannungs-, Niederspannungsleitungen und Stromleitungen auf dem Dach verursachen:

Überreizung des Nervensystems, Schlafstörungen, Kopfschmerzen, erhöhtes Risiko für Schwangere und Ungeborene, höheres Risiko von Krebs und Leukämie, Schwächung des Immunsystems, Sehstörungen, Herzrhythmusstörungen, Depressionen, epileptische Anfälle

Verringerung der Strahlung: Ob ein gesundheitliches Risiko besteht und welche Schutzmaßnahmen möglich sind, ergibt eine Messung vor Ort. Empfehlungen sind: Abstand zu Hochspannungsleitungen sollte 300m betragen, bei Bahnstromleitungen mind. 150 bis 200m, Dachstromleitungen sollten in verdrellte Kabel umgeändert werden, wenn möglich Erdkabelanschluss.

## Computer, elektrische Schreibmaschine, Faxgeräte und Kopierer können verursachen:

Sehstörungen und Beschwerden, Magenschwierigkeiten, Kopfschmerzen und Konzentrationsschwierigkeiten, Migräne, Trigeminusnerv im Gesicht kann überreizt werden,

Unterleibskrebs, erhöhtes Risiko für Schwangere und Ungeborene, Depressionen, Allergien und Hormonstörungen
Verringerung der Strahlung durch: Größtmöglichen Abstand einhalten, öfters kurze Pausen einhalten und sich entspannen, strahlungsarme Bürotechnik bevorzugen, nachträglich strahlenarme Verbesserungen nachrüsten, Tragen von Schutz-, Kraft- und Heilsteinen am Körper um die Abwehrkräfte zu stärken. Schwarze Box verwenden.

## Mobiltelefon, Walkie-talkie, schnurlose Telefone verursachen:

Grauen Star, Gehirnfunktionsstörungen, Sehstörungen, Kopfschmerzen, Verhaltens- und Stoffwechselstörungen, Sprachstörungen und Nervenüberreizung.
Verringerung der Strahlung durch: Nur für kurze Gespräche benutzen, bei größtmöglichem Abstand zur Antenne. Wenn Sie ein Telefon im Schlafzimmer haben wollen, sollte es ein Telefon sein, das nur den normalen TAE-Anschluss hat. Sobald es mit einem zusätzlichen Stecker in einer Steckdose betrieben wird, ist ein hohes Feld vorhanden. Dann so weit wie möglich vom Bett entfernt aufstellen. Muss die Lade-/Empfangs- und Sendestation wirklich am Bett stehen? Reicht nicht vielleicht einfach nur das Telefon über Nacht neben dem Bett? Sie können es Tagsüber wieder aufladen lassen oder eine andere Batterie einsetzen. Tragen von Schutz- Kraft- und Heilsteinen am Körper. Taychonisierte Filze verwenden.

**Mikrowellenherde verursachen:**

Erhöhtes Risiko für Schwangere und Ungeborene, Gehirnfunktionsstörungen, höheres Krebsrisiko, Schwächung des Immunsystems, Sehstörungen, Grauer Star.

Verringerung der Strahlung durch: Mindestens 2 m Abstand zum eingeschaltetem Gerät einhalten. Öfter mit Mikrowellenlecksuchgerät die Dichtungen überprüfen. Überlegen, wie oft es wirklich benutzt werden soll.

## 230 Volt / 50 Hz / Wechselstrom

Ich habe hier nicht die Möglichkeit, die Lehre von Magnetismus und Elektrizität genau zu erklären. Dazu sollten Sie sich einschlägige Werke und physikalische Bücher besorgen und lesen. Ich möchte hier einen leicht verständlichen Einblick für Laien geben.

### Elektrisches Feld

Es gibt positive und negative elektrische Ladungen. Dies lässt sich messen und nachvollziehen, denn die aufgeladenen Gegenstände üben aufeinander Kräfte aus. Positive und negative Ladungen ziehen sich einander an, während gleichnamige Ladungen sich einander abstoßen. Je nachdem ob sie schwächer oder stärker sind, können sie eine große Vielfalt von Ladungszuständen ermöglichen. Ladungen erkennt man an einem Mangel oder Überfluss an geladenen Elementarteilchen. Sie werden Elektronen genannt. Sie sind in jedem Atom vorhanden und haben dort sehr wichtige Aufgaben zu erfüllen. Die Elektronen haben

ein Bestreben zum Ausgleichen. Sind zu viele Elektronen eines negativ geladenen Körpers vorhanden, so werden sie sich zu einem Körper mit einem Elektronenmangel hinbewegen. Diese Bewegung und Verhalten kennen und nennen wir elektrischen Strom.
Wenn zwischen Gegenständen ein Elektronengefälle vorhanden ist, nennt man es eine Spannung. Man kann die Bewegungsenergie messen, z.B. ist 1 Volt die Spannung, für die die beschriebene Energie, 1 Joule pro einer Ladungsmenge von 1 Cuolombe beträgt.
Zwischen einem aufgeladenen Körper und jedem Punkt seiner Umgebung herrscht eine Spannung vor. Entweder eine Steigerung oder ein Gefälle für Elektronen. Allgemein wird gesagt, ein elektrisches Feld umgibt den geladenen Körper. Hier kann man dann noch die Feldrichtung ausrechnen. Die ihr zugeordnete Spannungsänderung pro Längeneinheit wird die „Feldstärke" genannt. Sie wird in Volt pro Meter (vM) angegeben.
Wenn die Feldstärke im Ablauf einer bestimmten Zeit überall gleich bleibt, wird es ein Gleichfeld genannt. Ist es nicht so, wird es „Wechselfeld" genannt. Unser hauselektrischer Strom hat ein Wechselfeld und kann deshalb in der Stärke mit Vm gemessen werden. Liegt ein Mensch auf seinem Bett, sollte nicht mehr als 10 bis max. 30 vM an der Hautoberfläche gemessen werden.

## Magnetisches Feld

Ein anderes Feld ist das Magnetfeld. Ein Hufeisenmagnet hat es um sich. Mit Hilfe von Magnetismus kann elektrischer Strom erzeugt werden, indem ein elektrischer Leiter durch ein Magnetfeld hindurch bewegt wird. Auf dieser Basis beruht die Stromerzeugung durch Dynamos und Generatoren.

## Elektromagnetische Schwingungen

Wenn ein elektrisches und ein magnetisches Wechselfeld zeitlich miteinander im Rhythmus schwingen, entstehen Elektromagnetische Schwingungen. Mit Lichtgeschwindigkeit breiten sich diese Schwingungen im Raum aus. Wie alle magnetischen und elektrischen Felder.
Bezeichnet werden sie durch ihre Frequenz = f, Zahl der Schwingungen pro Sekunde. Eine Schwingung pro Sekunde ist 1 Hertz. Je nach ihrer Wellenlänge haben elektromagnetische Schwingungen verschiedene Erscheinungsformen. Wir beschäftigen uns hier besonders mit den niederen Frequenzen, den sogenannten 50 Hertz, wie sie in unseren Stromleitungsnetzen vorhanden sind. In diesem Bereich sind die elektrischen und elektromagnetischen Wechselfelder deutlich voneinander getrennt messbar. Elektrische Felder werden in V/m und elektromagnetische Felder in nT gemessen.

## Elektrisches Wechselfeld

Wir haben 380 Volt und daraus dann 230 Volt mit unserem zweipoligen Wechselstromnetz. Bei jedem Anschluss ist ein geerdeter Schutzleiter vorgesehen, erkennbar an seiner grüngelben Isolierung. Durch die anliegende rhythmisch- schwankende Spannung lädt sich der Phasenleiter 50 mal in der Sekunde abwechselnd positiv und negativ auf. Dadurch strahlt er ein elektrisches Wechselfeld aus, unabhängig davon, ob gerade Strom entnommen wird oder nicht. Die Schutzerde strahlt bei richtiger Funktion der Anlage nicht. Von einem Kabel aus kann bis zu einem Abstand von etwa 60cm ein elektrisches Feld und ein elektromagnetisches Feld bis zu einem Abstand von etwa 2m gemessen werden. Die Feldstärke nimmt umgekehrt proportional zum Abstand vom strahlenden Leiter ab. Je weiter ich vom Kabel oder Elektrogerät entfernt bin, um so geringer wird die Belastung. In Wohnungen gemessene magnetische Wechselfelder können leicht bei 500 bis 1.000 Nano-Telsa liegen. Da magnetische Wechselfelder fast überall durchdringen, ist in allen Gegenden, in denen die Häuser und Wohnungen dicht beieinander sind, ein bestimmtes Feld immer vorhanden. Dieses Grundfeld ist ein gewisser magnetischer Brumm von etwa 20 bis 50 nT.

Diese Grundstrahlung ist in Dörfern, in denen die Häuser weit voneinander standen, kaum bis schwach messbar. In Städten oder Großstädten kann es immer höher werden. Hier muss die Menschheit anfangen sich umzustellen und sich anzupassen. Denn diese Grundbelastung ist relativ neu, und wir müssen uns umstellen oder krank werden und sterben. Hier kann jeder Einzelne mit seiner inneren Einstellung sehr viel für sich erreichen. Oft Entspannungsübungen machen, um einfach wieder für sich selber „runterzukommen“ und sich zu entspannen, ist eine Möglichkeit. Eine weitere Empfehlung wäre: Prüfen Sie, ob ihr Schlafplatz in der Nähe von großen Eisenteilen platziert werden soll bzw. dort steht. Heizkörper der Zentralheizung oder Nachtspeicheröfen, oder direkt an eisenarmierten Betonwänden steht. Abstand so weit wie möglich von elektrifizierten Bahnlinien, da hier ein 16 2/3-Hertz-Rhythmus vorhanden ist.

## Schädlichkeit der Störfelder

**Die uralte Lehre der Naturheilkunde besagt:**

**Alle Krankheiten kommen letztlich von einer Schwächung der Vitalität und des Immunsystems des Körpers. Diese wiederum durch die Umgebung und naturwidrige Lebensweise.**

In vielen Versuchen von „Laien“ und Wissenschaftlern kam heraus, dass technische elektrische Felder einen Stress erzeugen, den sogenannten Elektrostress. Mit Messgeräten ist man heutzutage in der Lage, Vorgänge am und im Körper des Menschen zu messen, von denen vor Jahren noch geträumt wurde. Die Vorgänge während menschlichen Denkens können immer mehr nachvollzogen werden. Jedes Organ und alle Körperteile des Menschen können von ihrer Beschaffenheit her und ihrer Frequenz sowie ihrem Spannungsvorgang her immer besser gemessen werden. Jede einzelne lebende Zelle im Körper ist ein kleines Wunderwerk. Je mehr Forschung betrieben wird, umso besser versteht man die Vorgänge im Verborgenen. Der Körper hat zwischen 0,1 bis 80 Millionstel Volt. Diese Zahl sollte man sich mal vorstellen!

## Harmlose Autos?

Wohl ein eigenes Buch könnte ich schreiben, wenn über die Belastungen, die von fahrenden Autos entstehen, geschrieben werden soll. Ich selber bin zu diesem Thema gekommen, da ich inzwischen verschiedene Autos gefahren habe. So fahre ich im Jahr etwa 60.000 Kilometer und mehr durch meinen Beruf bedingt. Privat fahre ich fast alle Strecken mit meinem Rad. Da ich zu den bestellten Ausmessungsterminen oder zu Beratungsterminen in der Regel verschiedene Messgeräte oder Materialien zum Austesten usw. dabeihaben muss, fahre ich schon seit vielen Jahren einen Lieferwagen, um so den nötigen Stauraum zu haben. Als ich meinen ersten Lieferwagen kaufte, fing ich an, mich mit diesem Thema zu beschäftigen. Welches Modell, da möchte ich jetzt nicht näher darauf eingehen. Denn ich glaube nicht, dass die einzelnen Autofirmen sehr erfreut sind, wenn ich hier die inzwischen gemessenen Werte im Buch veröffentlichen würde, die ich inzwischen an vielen Modellen in LkW oder Personenkraftwagen erfahren habe. Manchmal können sich einem da schon die Haare sträuben, bei den Auswirkungen und Werte die da in den einzelnen Autos anzutreffen sind. Und nicht nur die Haare!

Früher bin ich sehr viel Motorrad und PKW gefahren. Als ich dann den ersten Lieferwagen hatte, war der Motor direkt unter dem Sitz angebracht. Ich wunderte mich in der ersten Zeit, warum ich oftmals so ein „Schwimmen“ vor den Augen hatte. Mir kam es oft so vor wenn ich den

Motor des Wagens angestellt hatte, als wenn sich in mir alles drehen würde und irgendwann kam ich mir innerlich richtig schief gestellt vor. Manchmal, wenn ich lange gefahren bin, merkte ich dann wie alles ganz stark in mir vibrierte. Ich hatte nicht mehr meinen eigenen Rhythmus, sondern den des Wagens annehmen müssen. So habe ich dann mit meinen Messgeräten angefangen, verschiedene Messungen vorzunehmen. Denn in der gängigen Literatur war ich bisher nicht auf Belastungen durch Autos gestoßen. Später habe ich mich dann mal kundig gemacht, wie die Autohersteller mit diesem Thema umgehen. Siehe da, bekannt war das Thema bei der Autoindustrie sehr wohl, wurde auch beachtet, aber in der sogen. breite Öffentlichkeit wurde fast nichts darüber weitergegeben.

Stell dir doch nur als Laie einmal vor, was da alles passieren muss, damit ein Auto fährt. Du hast in der Regel einen Schlüssel, den du umdrehst und damit mittels Strom den Motor in Gang setzt. Alles muss gesteuert und geregelt werden, damit du fahren kannst. Machst du Licht an, arbeitet die Lichtmaschine, auch sie erzeugt einfach ausgedrückt wiederum Strom.

Du hast einen großen "Block" vor dir, der viele Vibrationen, verschiedenste Felder und Spannungen erzeugt. Wenn du fährst, wirst du gegen die Luft und damit gegen den Widerstand anfahren. Luft besteht ganz vereinfacht ausgedrückt aus Ionen. Ionen sind positiv oder negativ geladene Luftteilchen. (Ich versuche es hier für einen Laien verständlich zu machen). Du bist also immer verschiedenen Strömungen ausgesetzt. Das alles zusammen ist das „Spannungsfeld", das dein Auto erzeugt, wenn du mit ihm fährst, dich also von A nach B bewegst.

Meine eigene Erfahrung bisher, manche Autos sind sehr belastend und manche sind wesendlich besser auf diese Phänomene abgestimmt. In manchen habe ich Werte gemessen, die um ein Vielfaches über dem lagen, was selbst ein gesunder Menschenverstand als viel zu hoch und belastend einschätzen würde.

So auch bei meinem ersten Lieferwagen, bei dem ich dann auch verstand, warum ich so reagiert hatte. Dieses Fahrzeug habe ich dann auch relativ schnell wieder umgetauscht. Seit dieser Zeit habe den Erwerb eines jeden neues Autos auch davon abhängig gemacht, was ich hier empfunden habe und messen konnte. Ich bin ja nicht umsonst als Energiearbeiter tätig und trainiere mich immer mehr, auf solche Hinweise meines Körpers zu achten und sie einzusetzen.

Meine persönliche Konsequenz daraus, ich habe vorne im Auto meinen persönlichen Ojo liegen. Manchmal ist ebenfalls eine schwarze Box mit dabei.

Ich werde auch immer wieder von Kunden gefragt, ob ich ein Navigationssystem im Auto eingebaut habe, besser den Weg zu finden. Dann sage ich ganz ehrlich immer: Nein, ich bin Rutengänger und finde alles!

Ich bin bisher in einigen Fahrzeugen gefahren die mit einem Navigator ausgestattet waren. Ja bei manchen ist es sehr einfach und bequem. Du erfährst genau, wo du dich einordnen sollst und wo und wie du fahren sollst. Doch auch hier sind Belastungen durch verschiedenste Felder vorhanden. GPS und seine Felder die zwischen den Satelliten hin und hergeschickt werden erzeugt eine Belastung und das Gerät selber.

Meine persönliche Einstellung mag vielleicht altmodische sein und passt in diese moderne Welt nicht mehr so gut hinein. Doch ich bin nicht gegen Technik oder Fortschritt. Ganz im Gegenteil. Ich selber möchte jedoch in diesem Leben lernen, all das was in mir alles steckt und hochgeholt werden kann auch zu erfahren. Für mich ist es wesentlich spannender zu erfahren, was ich in mir alles trainieren kann. Wenn ich zum Beispiel zu einem Termin fahren möchte, so stelle ich mir innerlich vor, dass ich dort ankomme. Egal wo es auch sein mag. Ich schaue vielleicht mal in die Straßenkarten hinein, um die Strecke vor meinem innerem Auge zu haben. In dem Ort lasse ich mich dann einfach von meinem Gefühl leiten und komme meist genau dort an, wo ich hinwill. Oder ich frage halt noch einmal nach. Das geht sehr gut so.

Einmal kam mir die Idee, wenn diese Informationen eh schon in der „Luft" sind, warum soll ich mich dann nicht an sie „einklinken" und sie mit benutzen. Wie das geht, ganz einfach. Lass dir einfach von deinem innerem Gefühl eine genauen Impuls geben und folge diesem dann. Statt es auf einer echten Karte vor dir zu sehen, kannst du entweder in deinem Innerem ein Bild davon erscheinen lassen und es sehen oder du lässt dich einfach von deinem Impuls leiten: nach links.... nach rechts..... gerade aus.... Es klappte viel besser als ich dachte und ich habe es lange einfach zum Spaß gemacht bis es für mich den Reiz verlor. Der Mensch ist zu vielem in der Lage, wenn er/sie es möchte. Wir haben halt sehr viel mehr Sinne und Fähigkeiten als meist auch nur geahnt wird.

Und was für Erfahrungen hast du bisher mit diesem Thema gemacht?

## Die Organuhr

Jedes Organ hat seine eigene Schwingung, und wie wir alle wissen, seine Aufgabe im Körper oder um den Körper herum, wie unser größtes Organ, die Haut. Jedes Organ arbeitet und steht jedoch in Verbindung mit den anderen Teilen des Körpers. Keines ist nur für sich alleine. Jedes Organ hat seine Hoch- und Tiefphase während eines Rhythmus von 24 Stunden, also eines Tages- und Nachtverlaufes. Während etwa eines Zeitraumes von 2 Stunden haben sie ihre Maximalzeit. In diesen 2 Stunden entgiften sie sich, ruhen sich aus und entspannen sich wieder, um wieder voll arbeiten zu können. Dies hat einen sehr starken Einfluss auf unser Leben, viele Menschen wissen nicht, wie stark dieser Einfluss auf unser Leben ist! Wenn

Sie zum Beispiel auf einer Party sind und abends viel (jeder hat da so seine eigene Grenze) Alkohol trinken, wird die Leber dies wieder mal ausbaden müssen. Denn zwischen 01.00 bis 03.00 Uhr hat die Leber ihre Maximalzeit. Eigentlich würde sie jetzt gerne entgiften, sich entspannen und erholen, um dann ausgeruht wieder ihre Arbeit ausführen zu können. In einem solchen Fall von Alkoholkonsum kann sie dies nur unzureichend machen, denn sie hat zu arbeiten. Nun wird sie nicht gleich krank oder macht schlapp, wenn dies mal passiert. Sollte sie jedoch in ihrer Ruhephase oft oder ständig gestört werden, wird sich dies auf jeden Fall bemerkbar machen. Das kann genauso gut der Fall sein, wenn sie spät am Abend noch schweres oder fettiges Essen zu sich nehmen. Viele Menschen schlafen während dieser Zeit und die Leber kann dann den Körper besser entgiften und zum Aufwachen hin optimal ausgleichen.

Zwischen 03.00 bis 05.00 Uhr hat die Lunge ihre Maximalzeit. Dies ist auch die Zeit, bei der während eines „normalen Schlafzyklus“ der Mensch seine tiefste Schlafphase (Tiefschlafphase) hat. Wenn die Lunge auf „Sparflamme ist“ und sich erholt, ist der Körper am verletzlichsten und hilfslosesten. Das ist auch die Zeit, die bei Nachtarbeiten am schwersten fällt, in der die meisten Unfälle passieren. Denn wenn die Lunge nicht mit 100 % arbeitet, wird der Körper auch nicht mit 100 % Sauerstoff versorgt. Im Gegensatz zum Nachtarbeiter benötigt der schlafende Mensch dies aber auch nicht.

Ich werde anschließend die Hochphasen auflisten. Ich habe dies aus einem einfachen Grunde an dieser Stelle mit aufgeführt. Viele meiner Kunden sagen mir immer wieder, dass sie zu bestimmten Zeiten aufwachen und dann nicht wieder einschlafen können oder meist erst viel später wieder einschlafen. Da ich kein Arzt oder Heilpraktiker bin, darf ich keine Diagnosen oder Ratschläge in dieser Hinsicht geben. Aber Sie selber können sich be obachten. Sollten tatsächlich zu bestimmten Zeiten immer wiederkehrende gleiche Symptome auftreten, so wäre es ratsam, einen Arzt oder Heilpraktiker daraufhin anzusprechen. Ein guter und gewissenhafter Mann oder Frau im Gesundheitswesen wird dies nicht als Humbug abwehren, sondern dies in die Diagnose mit einfließen lassen. Sie können sich über die Ärztekammer jederzeit Informationen geben lassen. Ein Arzt mit einer Zusatzausbildung im Naturheilwesen wird vielleicht mehr Verständnis dafür haben.

## Maximalzeituhr oder Hochphase der Organe:

12.00 h Herz
14.00 h Dünndarm
16.00 h Blase
18.00 h Nieren
20.00 h Kreislauf/Sexus
22.00 h Dreifach Erwärmer
24.00 h Gallenblase
02.00 h Leber
04.00 h Lunge
06.00 h Dickdarm
08.00 h Magen
10.00 h Milz/Pankreas

Doch nun wieder zurück zum jetzigen Thema: Schädlichkeit der Störfelder.

Dort habe ich geschrieben, dass der Körper zwischen 0,1 bis 80 Millionstel Volt an eigener Elektrizität besitzt. Die Forschung der letzten Jahre hat immer mehr gezeigt, dass alle Lebensvorgänge an elektrische Ladung oder Abläufen von Spannungsdifferenzen gebunden ist. In jeder Zelle ist eine Plus- und eine Minusspannung festzustellen, zum Beispiel an der Zellmembran oder die Abläufe um den Zellkern herum. Deshalb ist bei einem lebenden Menschen und noch eine zeitlang nach dessen Tod eine Gleichspannung im Mikrovoltbereich zu messen. Deshalb musste die Medizin sich ja letztlich entscheiden, wann ein Mensch wirklich tot ist. Im lebenden Zustand kann der Körper elektromagnetische Felder aufnehmen, sie weiterleiten und sich durch sie aufladen. Sie kennen das Beispiel, wenn Sie eine Autotür anfassen und eine „gewischt" bekommen. Deshalb ist die große Frage für alle, ab welcher Frequenz, Feldstärke und Einwirkungsdauer sind diese elektromagnetischen Felder für den Menschen schädlich. Wenn Richt- und Grenzwerte aufgestellt werden, so hat dies auf viele Bereiche des Lebens Einfluss. Für die Industrie zum Herstellen von Geräten bis hin zu juristischen Gesichtspunkten. Ich frage mich immer wieder, warum ist dann dieser Wert nicht auf der ganzen Welt einheitlich. Warum sind Werte in einigen Ländern höher oder wesentlich niedriger. Leider können hier nicht wirklich unabhängige Interessen verfolgt werden. Dazu sind die wirtschaftlichen Zusammenhänge zu sehr aufeinander abgestimmt. Ich habe einmal eine Schulung mitgemacht und werde immer wieder an einen Satz denken, den ich dort gehört habe. Aus vielen Beobachtungen und wissenschaftlichen Versuchen sind Einflüsse durch elektrische Wechselfelder bekannt. Nur wird dies heutzutage noch als Außenseiterwissen abgestempelt. Ist ja auch kein Wunder, denn würde es akzeptiert werden, müssten viele Normen revidiert werden und die Industrie schnellstmöglichst Abhilfe schaffen. Erstens ist Abwehren immer besser, so lange es geht, und zweitens könnten enorme Schadensersatzansprüche gestellt werden. Man könnte fast ein eigenes Buch schreiben über die vielen Versuche und Berichte, die inzwischen zu diesem Thema erstellt worden sind. Während einige sagen, dass keine Belastungen oder Krankheiten entstehen können, haben andere wiederum das Gegenteil herausgefunden. Deshalb ist es wichtig, von wem und in welchem Interesse wurde es in Auftrag gegeben. Wurde das Versuchsleitersymptom beachtet?

## Hier einige Beispiele:

Seegal setzte Affen in drei Perioden von je 21 Tagen, elektrischen und magnetischen Feldern von 60 Hz aus. Es wurden signifikante neurochemische Effekte festgestellt.

Ross berichtet von markanten differierenden Effekten, die von Stimulierung bis zur Unterdrückung der Zellteilung reichen.

Graham schaffte mit Laborexperimenten saubere Doppelblindversuche und konnte somit die Feldwirkung am

Menschen testen, mit Verlangsamung der Pulsschlagzahl und Veränderungen in den Potentialen bei hirnphysiologischen Messungen. Weniger beständig waren verminderte Genauigkeit bei den zu erbringenden Leistungen und Verlangsamung der Reaktionszeit.

Easly stellte in Experimenten mit Pavianen signifikante Veränderungen fest. Geringere Leistungsfähigkeit, Verhaltensveränderungen, eine Art Stress - Antwort auf die Feldbelastungen.

Lyel befasste sich mit den Wirkungen von Magnetfeldern auf Kalzium-Ionen. Wechselfelder beeinflussen Kalzium-abhängige Funktionen bei normalen und leukämischen Lymphozyten.

Goldhaber führte Erhebungen durch bei Frauen, die mehr oder weniger als 20 Stunden vor einer EDV-Anlage arbeiteten. Frauen die länger arbeiteten hatten doppelt so viele Missgeburten während der Schwangerschaft.

Tribaukat führte mit Magnetfeldern, wie sie von Bildschirmgeräten erzeugt werden, an Mäusen Versuche durch, mit dem Ergebnis von Missbildungen bei den Nachkommen.

Varga führte Versuche mit dem Ausbrüten von Küken unter 50 Hz-Wechselspannung durch. Unter einem elektrischen Feld wurden nur 72 % ausgebrütet. Die Hälfte der Küken starb nach 5-10 Tagen. 1/3 hatte sichtbar, degenerierte Extremitäten. Die restlichen überlebenden Küken konnten mit ihrem durchschnittlichen Körpergewicht nicht das Gewicht der unbehandelten Tiere erreichen.

Altmann und Warnke von der Universität Saarbrücken erhärteten die früher von Wellenstein (Uni Freiburg) gemachten Erfahrungen mit Bienenvölkern. Große Unruhe, Spreizen der Flügel und abrupte Bewegungen. Erhöhte Aggressivität auch gegen Bienen vom selben Volk. Keine Einlagerung von Honig mehr, Verkittung des Flugloches und Eingehen der Völker durch Sauerstoffmangel.

Presman arbeitete über die Signalfunktion niederfrequenter, elektromagnetischer Wellen im Tier und Mensch. Mit dem Ergebnis, dass die Gewebezellen von Tieren darauf eingerichtet sind, elektromagnetische Wellen, die auf sie einwirken, auch wenn sie noch so schwach sind, als Signale aufzufassen und auf sie entsprechend zu reagieren.

## Wie sieht es in unseren Schlafzimmern aus?

In den meisten Fällen wird vereinfacht ausgedrückt, in Elektrizitätswerken Strom erzeugt und mit Überlandleitungen weitergeleitet, zu Transformatorenanlagen und dann über Erdanschluss oder mittels Leitungen über den Dachanschluss, mittels einem dicken Kabel zum Hauptanschluss in das Haus geleitet, hier unterteilt und über verschiedene Sicherungskreise abgedeckt. Von diesen aus sind verschiedene Sicherungs- oder Stromkreise verlegt und angeschlossen. Ein Kabel führt zur Abzweigdose in ein Zimmer. Von hier aus wird der Strom über verschiedene Leitungen zu den Steckdosen oder Lampen geführt. Wer heute ein neues Haus oder eine Wohnung bezieht, hat die Bettstelle schon eingeplant. An der Wand, an der das Bett steht, sind jeweils die beiden Steckdosen so angebracht, dass ein 2 x 2 m Bett hingestellt werden kann. Eine ausreichende Stromversorgung ist sichergestellt. Für Nachttischlampen, Radio, Radiowecker, elektrische Heizdecke, elektrisch betriebene Motoren in Lattenroste, Massagebetten, Zusatzsteckdosen, Fernsehgeräte, damit Wasserbetten geheizt werden können und allerlei andere wichtige Dinge. Wir schlafen mit dem Kopf zur Wandseite hin, also dort, wo die Belastung aus der Wand abstrahlt. Das Thema heißt Antennen im Bett, und schon haben wir eine schöne Zusatzbelastung. Ist eine Küche mit elektrischen Geräten wie E-Herd oder Kühlschrank hinter der Wand? Oder läuft ein Fernsehgerät während der Schlafphase, läuft ein Boiler mit einer Pumpe?

Ich mache es seit Jahren so, dass ich die Personen im Schlafzimmer bitte, sich auf ihr Bett zu legen und teste mit meinem Messgerät Kombitest die tatsächlich vorhandene elektrische Belastung an der Haut des oder der Liegenden aus. Mit der Antenne am Hals, Bauch oder Fuß, ist sofort über das Messgerät der tatsächliche Wert abzulesen.

10 bis max. 30 V/m sollten es sein. Selten, dass ich diese Werte ablesen kann. Fast immer sind sie wesentlich höher. Was ich immer zum Nachdenken gebe, ist, dass die Person sich nur kurze Zeit im Bett aufhält und angezogen ist für den Tag. Meist hat man nachts weniger an und liegt wesendlich länger auf dem Bett, sodass die Belastung dann wesentlich stärker werden kann.

Mit einer anderen, aufsteckbaren Topfspule kann ich dann das elektromagnetische Feld auf und über dem Bett sowie im Zimmer messen. Auch hier sollten 10 bis max. 30 nT vorhanden sein. In vielen Schlafzimmern ist der Messwert wesentlich höher und kann leicht mehrere hundert nT betragen.

## Gegenmaßnahmen

Natürlich ist es einfach für mich zu sagen: Dann schalten Sie halt nachts beim Schlafen Ihre Sicherung für das Schlafzimmer aus!

Als ich das erste Mal davon erfuhr, habe ich die Sicherung vom Schlafzimmer ausgeschaltet. Das war schon ein milde ausgedrückt eigenartiges Gefühl gewesen. Kam ich mir komisch vor! Alle anderen hatten Strom im Schlafzimmer, nur wir nicht. Was es heißt, keinen Strom zu haben, merkte ich dann, als ich aufwachte in der Nacht und zur Toilette ging. Es ging ja kein Licht an, denn der Flur war mit an den Schaltkreis vom Schlafzimmer gekoppelt. Also haben wir am anderen Abend eine Kerze angemacht. Es war schön und romantisch. Aber auf Dauer, war es keine Lösung gewesen. Im Dunkeln zum Klo zu wandern, verursachte manchmal ganz schönen Lärm, denn ich stiess bestimmt mal wieder irgendwo an. Also habe ich eine Taschenlampe neben das Bett gestellt. Das war toll, es war wieder einfacher geworden.

Wir spürten schnell, dass wir besser schliefen und uns auch so allgemein wesentlich besser und ausgeruhter fühlten. Als wir damals anderen Menschen von diesen Erfahrungen berichteten, wurden wir schief und seitlich und manchmal mit großen Augen angesehen. Ich konnte oft sehen, dass der Kopf leicht wackelte und im Kopf die Frage entstand: was macht er denn jetzt schon wieder ?

Während meiner „Erfahrungs- und Lernphase" war das Wissen zum Thema Elektrosmog noch ziemlich unbekannt und total umstritten. Wer daran glaubte, war meist „nicht richtig dicht im Kopf" wie ich es in meinem Heimatland Hessen gelernt und gehört hatte. Aber ich habe am eigenen Leib gespürt, dass es besser geworden war ohne Strom. War es nur eine Einbildung? Nein, denn ich habe verschiedene Tests gemacht und immer wieder erlebt, wie es war, wenn der Strom im Schlafzimmer wirklich aus war.

### Netzfreischalter oder Feldschaltautomat

Später erfuhr ich dann, dass es Netzfreischalter gibt. Ich kaufte mir so ein Gerät und ließ es im Sicherungskasten an die Sicherung für das Schlafzimmer anschließen. War das eine tolle Sache. Ich konnte Licht und Strom anmachen, wann immer ich es wollte. Wenn ich es ausschaltete, wurde kurz darauf das ganze Schlafzimmer stromfrei geschaltet. Nicht mehr notwendig im Dunkeln durch den Flur zu laufen. Oder mit Kerze und Taschenlampe herumlaufen.

Seit 1984 bin ich jetzt hauptberuflich als Rutengänger tätig. Ich berate zum Thema Elektrosmog und verkaufe auch Systeme zur Wohnraumharmonisierung. Deshalb möchte ich hier zu den einzelnen Möglichkeiten eine kleine Übersicht geben.

Es gibt immer zwei Phasen zu beachten:

Soll ein Haus/Wohnung erst gebaut werden oder umgebaut werden?
Soll in einen bewohntem Schlafzimmer nachträglich eine Harmonisierung durchgeführt werden?

Steht das Schlafzimmer noch in der Planungs- oder Erbauungsphase, so kann folgendes gemacht werden :

Zumindest für das oder die Schlafzimmer sollten abgeschirmte Leitungen verwendet werden.
Es gibt weiterhin Installationszubehör mit NF-Abschirmung.
Zusätzlich sollte zu den abgeschirmten Kabeln für das Schlafzimmer dann ein Feldschaltautomat eingebaut werden, damit während der Schlafphase keine weitere Belastung mehr auftreten kann.

Soll im bewohntem Schlafzimmer eine Harmonisierung vorgenommen werden, so wäre dieser Rat optimal :
Entweder mit der Hand die Sicherung ausschalten oder Einbau eines Bio-Feldschaltautomaten NEFA 16 plus oder eines Bio-Feldschaltautomaten NEFA 16 plus 2 P. Diese Geräte können entweder an die Sicherung des Schlafzimmers in den Sicherungskasten eingebaut werden oder an die Wand neben die Abzweigdose. Sie sind so tief wie eine normale Sicherung und passen dort problemlos hinein (Breite beachten). Oder sie werden an der Abzweigdose im jeweiligen Schlafzimmer angeschlossen. Auch hier ist kein großer Aufwand notwendig. Mittels 2 Dübeln und Schrauben wird die Schiene an der Wand befestigt, der Feldschaltautomat eingeklinkt und die richtigen Kabel von der Abzweigdose mit dem Feldschaltautomaten verbunden und eingeführt. Dann wird der Schutzdeckel aufgesetzt, und fertig ist es.

Jedem Gerät ist eine Kontrollleuchte beigegeben. Diese können Sie in eine Steckdose im Schlafzimmer einstecken. Wenn Sie einen Stromabnehmer eingeschaltet haben, z.B. die Nachttischlampe, so leuchtet die Kontrolllampe. Schalten Sie diese aus, so schaltet der Bio-Feldschaltautomat nach wenigen Sekunden das Schlafzimmer wieder stromfrei. Das Kontrolllämpchen geht aus, und Sie wissen, dass es jetzt ausgeschaltet ist. Wenn es jedoch noch weiterleuchtet, ist noch ein Verbraucher im Stromkreis vorhanden. Vielleicht haben Sie vergessen, ein Gerät auszuschalten. So können Sie dies immer wunderbar überprüfen.

Ich habe und vertreibe zusätzlich zu diesen Geräten auch den Nefa 16/1-Funkfernschalter mit 1 Funkkanal sowie den Funkfernschalter mit 4 Kanälen. Mit dem 1 und 4 Kanalfunkfernschalter können Sie beliebige Stromkreise (Schlaf- und Kinderzimmer u.a.), sowie beliebige Verbraucher (Beleuchtung, Alarmanlagen, Notrufsysteme u.v.m.), „auf Kommando“ ein- und ausschalten. Sie sind die ideale Lösung für alle Fälle, in denen automatische Feldfreischalter nicht verwendet werden können. Durch einfachen Knopfdruck werden die Störfelder (50 Hz) nach Belieben ausgeschaltet.

Haben Sie im Schlafzimmer noch Geräte, die als Dauerverbraucher einen Biofeldschaltautomaten nicht ausschalten lassen, so können Sie einfach einen Zwischenstecker mit Schalter einsetzen. Nehmen wir einmal an, Sie haben ein Fernsehgerät im Schlafzimmer stehen. Sie stecken den

Zwischenstecker mit Schalter in die Steckdose. In den Zwischenstecker stecken Sie den Stecker von Ihrem Fernsehgerät. Wollen Sie nun fernsehen, bewegen Sie den Schalter einfach auf an/ein. Schon können Sie fernsehen. Möchten Sie das Gerät ausschalten, bewegen Sie den Schalter einfach auf aus und Ihr Fernsehgerät ist ausgeschaltet. Statt am Fernsehgerät Ein- und Auszuschalten, machen Sie dies nun einfach mit dem Schalter am Zwischenstecker. Alleine aus Stromeinspargründen ist dies ein sehr wichtiger Aspekt. Ich höre immer wieder von Kunden, wenn ich mein Gerät ausgeschaltet habe, ist es doch auch aus. Das war früher einmal so. Vielleicht erinnern Sie sich noch an die alten Radios. Sie wurden eingeschaltet, und dann dauerte es eine Zeit, bis sie einen Laut hörten. Erst nach einigen Sekunden Stromfluss waren die Röhren betriebsbereit. Heute möchten die Kunden, dass nach dem Einschalten so schnell wie möglich ein Bild zu sehen und der Ton zu hören ist. Deshalb ist man bei den meisten Geräten heutzutage dazu übergegangen, sie so zu bauen, dass sie sich in einem bestimmten Zeitraum Strom ziehen, um betriebsbereit zu sein.

Würden Sie jetzt in diesem Fall einen Bio-Feldschaltautomaten Nefa 16 plus 2P in Ihren Schaltkreis einbauen lassen, so würde immer dann, wenn sich das Fernsehgerät wieder Strom zieht, das ganze Schlafzimmer wieder unter Strom stehen. Oder je nach Gerät könnte der Bio-Feldschaltautomat den Strom erst gar nicht ausschalten. Deshalb gibt es die Kontrollleuchte und den Zwischenstecker mit Schalter.

Dimmer ohne Druckschalter sind ebenfalls Dauerverbraucher und müssen in diesem Fall, wenn Sie einen Bio-Feldschaltautomaten einbauen lassen wollen, ausgetauscht werden in einen Dimmer mit Druckschalter.
Es kann vorkommen, dass Sie im Stromnetz nichtohmsche Verbraucher haben oder betätigen wollen. In diesem Fall kann ein Grundlastwiderstand GLW eingebaut werden.

Ich gebe Ihnen ein Beispiel:
Sie haben einen Bio-Feldschaltautomaten eingebaut und wollen im Schlafzimmer Ihren Staubsauger anmachen und wundern sich vielleicht, dass es nicht geht.

Vielleicht haben Sie einen Staubsauger der einen anderen Einschaltimpuls hat als der Bio-Feldschaltautomat. Sie haben 2 Möglichkeiten. Sie gehen hin und schalten mit dem Lichtschalter das Licht an. Es ist wieder Strom da und Ihr Staubsauger funktioniert wieder ganz normal. Oder Sie lassen einen Grundlastwiderstand (GWL) einbauen. Dann können sie einfach Ihren Staubsauger einschalten und er funktioniert sofort. Vielleicht hört es sich im ersten Moment kompliziert an, aber wenn Sie es erst einmal verstanden haben, ist es nachvollziehbar, logisch und einfach.

## Abschirmtechnik/Abschirmfarbe

Gehen wir von folgendem Beispiel aus:

Wir haben eine Messung mit Ihnen auf dem Bett durchgeführt und einen Wert ermittelt, der wesentlich höher als 10 bis max. 30 Vm war. Wir haben die Sicherung ausgeschaltet, aber die Werte liegen immer noch weit darüber.

Schalten wir die Sicherung aus, haben wir die Werte, die nach Einbau eines Bio-Feldschalten vorhanden sind. Kommt von einem Nachbarzimmer immer noch eine zu hohe Belastung herein, so empfehle ich in diesem Fall, die Strombelastung im Nachbarzimmer auszuschalten, wenn es geht (es steht z.B. hinter der Wand eine Küche oder ein Fernsehgerät).

Mit der Abschirmfarbe können Sie die Wand streichen und erden. Über die Abschirmfarbe können Sie entweder wieder eine Tapete aufziehen oder einfach mit einer Farbe wie gewünscht darüber streichen. Je nach Untergrund kann verschiedene Abschirmfarbe verwendet werden. Diese isoliert dann ebenfalls.

## Abschirmvlies

Das Abschirmvlies ist ein elektrisch leitfähiges Faservlies zur Abschirmung niederfrequenter elektrischer Wechselfelder und Ableitung statischer Ladungen. Es ist geeignet für eine Dachstuhlabschirmung, wenn Sie von hier einer ständigen Belastung ausgesetzt sind, oder alukaschierte Glasfaserwolle verwendet haben. In diesem Fall kann diese wie eine große Antenne wirken. Ich konnte dies oft in Häusern messen. Das Abschirmvlies ist ebenfalls für eine großflächige Abschirmung unter Betten oder Tagesliegen und als Teppichbodenunterlage zu verwenden, wenn Belastungen vorhanden sind. Sie sollten ebenfalls mit einem Erdungsset verbunden werden.

### HF-Abschirmnetz

Das HF-Abschirmnetz ist ein feinsilberbeschichtetes Nylonnetzwerk zur großflächigen Abschirmung hochfrequenter, elektromagnetischer Wellen. Eine Erdung ist notwendig, wenn statische Ladungen abgeleitet werden sollen oder bei niederfrequenten Feldern.

### HF-Moskitonetz

Diese sind fertig konfektionierte Moskitonetze in verschiedenen Größen. Nicht billig, aber sehr gut. Die Schirmdämmung liegt bei 10 dB-16 dB.

Wenn Sie weitere Fragen hierzu haben und vor einem Hausbau/Umzug oder einer Renovierung stehen oder einfach nur wissen wollen, wie die Situation im jetzigen vorhandenen Schlafzimmer aussieht, so kann ich Ihnen im Rahmen einer Untersuchung vor Ort gerne hierzu eine Beratung geben.

*Die besten und einfachsten Möglichkeiten, die ich kenne, sind jedoch schwarze Boxen.*

## Arbeitsplatzbelastungen

Ich habe die bisherigen Beispiele überwiegend auf ein Schlafzimmer bezogen. Natürlich ist der Schlafplatz die Stelle, an der wir uns am längsten und entspanntesten aufhalten und unsere Kräfte wieder auftanken müssen.

Wir sind jedoch heutzutage ebenfalls am Tage vielen anderen Belastungen ausgesetzt. Die wenigsten von uns arbeiten entspannt in der freien Natur, sondern die meisten von uns haben einen festen Arbeitsplatz in einem Gebäude. Das kann für den Vertreter oder Reisenden das Fahrzeug sein. Auch hier entstehen verschiedene Felder, während der Motor läuft und das Auto fährt. Oder sei es eine Graphikerin, früher wurde viel mit der Hand gezeichnet, heute werden Computer benutzt. Oder die Frau, die im Haushalt ihre Arbeit zu machen hat, Waschmaschine bedienen, Geschirrspülautomat oder am E-Herd Essen zubereiten. Sie wissen selber, wie viele Geräte heute in einer Küche verwendet und mit Strom betrieben werden. Oder Sie sitzen in einem Büro und hatten früher einmal eine mechanische Schreibmaschine. Heutzutage müssen Sie lernen, mit den verschiedensten elektrischen Geräten umzugehen: Elektrische Schreibmaschinen, Computer und Drucker, Faxgerät, E-Rechenmaschinen, Kopierer, Telefonanlagen. Je nach Typ von Mensch sind Sie vielleicht in der Lage, mit diesen ganzen Belastungen fertig zu werden. Die Frage ist nur, wie gut und wie lange können Sie diese Belastungen aushalten?

Wenn Sie sich einmal mit den Menschentypen auseinandersetzen, die in der Physiognomie bekannt sind, so werden Sie sehen, dass wir in drei Typen eingeteilt werden können:

### Der Ernährungstyp

Er oder Sie erfährt die Welt hauptsächlich über Aufnehmen, essen aber auch über die Haut und alles was körperlich ist. Der Körper und alles was über den Körper zu erleben ist, ist das Erfahrungsfeld. Wenn es zugelassen und gelebt wird. Ansonsten zeigt der Körper, dass mit ihm nicht zu spaßen ist. Wenn seine ständigen Impulse und Zeichen übergangen werden. Der Körper beim Ernährungstyp ist sehr sensibel. Wenn diese Sensibilität jedoch nicht verstanden wird, kann es leicht zu Überfettung kommen. Auch hier möchte uns die Natur die Möglichkeit geben, uns wahrzunehmen und Erfahrungen anderer Art zu machen.

### Der Bewegungstyp

Hier stehen Bewegung und aktives Umsetzen von Körperimpulsen und Bedürfnissen im Vordergrund.

### Der Empfindungstyp

Hier haben wir es mit sehr sensiblen, empfindungsfähigen Menschen zu tun. Sehr wahrnehmend.

Natürlich kann ich hier in diesem Buch nur versuchen, dieses Wissen anzureißen und versuchen, Ihnen die wichtigsten Zusammenhänge zu vermitteln. Dies sind unsere

Hauptanteile. Es gibt Menschen, die diesen Typ sehr stark leben, aber auch andere, die sogenannte Mischtypen sind, und noch einen zweiten Aspekt mitleben, zum Beispiel der Ernährungs-/Bewegungstyp. Wenn Sie z.B. ein Empfindungstyp sind, werden Sie Dinge wahrnehmen oder von ihnen belastet, die ein Bewegungstyp nicht nachvollziehen kann. Deshalb kann es sein, dass Sie sich an einem Computer schon lange unwohl fühlen und Probleme haben, wo der andere nichts spürt.

Die Wahrnehmungs- und Empfindungsschwelle von Männern und Frauen ist zudem auch noch unterschiedlich - auch wenn es immer heißt, Männer haben keine Monatsschwankungen und „Tage" wie Frauen. Ich kann nur jedem Mann raten, sich über einen längeren Zeitraum einmal ehrlich zu beobachten und wir werden unabhängig von unserem Biorhythmus feststellen, dass wir auch unsere „Tage" haben. Natürlich auf andere Weise, denn wir haben einen anderen Körper und andere Körperabläufe. Vom allgemeinen Wissen her ist vieles bekannt. Es ist halt immer die Frage, wie es auch im Arbeitsleben umgesetzt wird. Was ist erlaubt, was sind Sie bereit umzusetzen, und was müssen Sie leisten. Nicht jeder von uns kann sich seinen Arbeitsplatz so gestalten, wie er/sie es gerne hätte. Vieles weiß man vielleicht auch nicht.

Seit Jahren mache ich Arbeitsplatzmessungen und habe da schon vieles erlebt. Vielleicht kann ich ihnen hiermit eine Anregung geben um dies noch etwas besser zu verstehen oder besser noch, etwas zu ändern!

## Nur abends

Eine Buchhalterin trat mit dem Wunsch an mich heran, ihren Arbeitsplatz zu untersuchen. Sie erzählte mir, dass sie alleine in einem Büro arbeitet, sich hier jedoch nicht wohlfühlt und immer mehr Probleme bekam. Sie hatte schon einmal nachgefragt, wie eine Arbeitsplatzuntersuchung aufgenommen werden würde. Daraufhin hat sie nichts mehr verlauten lassen. Ob ich auch abends nach Dienstschluss mit in das Gebäude fahren würde, um das Büro auszumessen, fragte sie mich dann und erzählte mir von ihrem Problem mit der Firmenleitung und den Kollegen/innen. Ich habe zugesagt und zum vereinbarten Zeitpunkt trafen wir uns. Ich habe das Büro ausgemessen. Die Frau saß mit ihrem Stuhl vor dem Schreibtisch in einer sehr starken Wasserader. Wenn sie sich herumdrehte, um an den Geräten zu sitzen, war sie ebenfalls wieder darin. Ein Kreuzungspunkt war vorhanden, der abladend war, also ihr auf Dauer immer die Energie abzog. Der Eingangstür gegenüber befand sich ein Fenster, wodurch die Raumenergie nicht im Zimmer bleiben konnte. Computer, Drucker und alle anderen Geräte erzeugten einen sehr starken Elektrosmog, dem sie auch wieder ständig ausgesetzt war. Der Stuhl, auf dem sie saß, hatte fahrbare, fünfrädrige Füße und sehr viel Metall und wirkte somit wie eine Antenne und verstärkte die negativen Einflüsse nochmals. Nachdem wir alles ausgemessen hatten, haben wir folgende Veränderungen vorgenommen:

Auf die Fensterbank haben wir 2 Pedras Perideidas (Gebärende Steine) gelegt, um die Grundenergie wieder zu normalisieren und die Gesamtraumenergie zu harmonisieren. Der Schreibtisch konnte umgestellt werden, was wir nicht direkt an diesem Abend machen konnten, aber sie ließ es dann in den nächsten Tagen umstellen. So war sie außerhalb der Wasserader. Wir testeten für sie aus, welcher Schutz-, Kraft- und Heilstein der richtige war. Diesen trug sie dann bei sich am Körper oder legte ihn vor sich auf den Schreibtisch. Zu einem sehr stark abstrahlendem Gerät testeten wir dann noch einen ebensolchen Stein aus. Es wurde eine große schwarze Box auf den Schreibtisch gestellt. Ich sagte ihr dann noch, wie sie die Steine entladen und reinigen sollte. Später haben wir uns dann unterhalten und sie konnte mir erfreut berichten, dass sie jetzt im Büro viel leichter und problemloser arbeiten konnte. Sie fühle sich jetzt wohl dort. Dasselbe war übrigens auch im Schlafzimmer zu spüren, denn hier hatten wir auch wieder ein „gutes Schlafzimmer“ geschaffen.

### Vor dem Firmenumzug

Einmal bekam ich den Auftrag, für eine Versicherungsgesellschaft das neue Bürohaus auszumessen. Hier legten wir dann zusammen fest, wo bestimmte Bereiche der Verwaltung am besten untergebracht sind nach den Feng-shui-Regeln und den vorhandenen Raummöglichkeiten. Die normalen Leuchtstoffröhren sollten gegen Tageslichtröhren ausgetauscht und statt der Normalfrequenz mit 12 Volt Gleichstrom betrieben werden. Einige weitere Verbesserungen konnten umgesetzt werden. Dies alles konnte geschehen, da der Chef der deutschen Vertretung diesem Wissen offen gegenüberstand, eigene

Erfahrungen gemacht hatte und wusste, dass es für seine neue Arbeitsstätte nur von Vorteil sein kann, wenn die Mitarbeiter die besten Voraussetzungen haben.

### Praxisausmessung

Ich erinnere mich noch daran, für einen Rechtsanwalt die Büroräume ausgemessen zu haben. Er hatte es seinen Angestellten erzählt, dass er dies machen lassen werde und einige waren sehr interessiert daran, andere wieder sehr reserviert bis skeptisch.

Einem Arzt habe ich die Schlafplätze untersucht und dann später die neuen Praxisräume. Er kannte dieses Wissen aus seinem Heimatland, und für ihn war es selbstverständlich, so etwas zu machen.

Einer Heilpraktikerin untersuchte ich die Behandlungsräume, denn sie arbeitete mit feinstofflichen Behandlungsmethoden. Danach hatte sie ein leichteres und noch besseres Arbeiten. Sie lernte drauf hin, mit einem Bio-Tensor zu praktizieren und heute ist der Biotensor ein fester Bestanteil ihrer Diagnose.

Erst vor Kurzem habe ich einer Frau in Köln die neuen Praxisräume in einem Neubau ausgetestet. Der Makler wusste nicht so recht, wie er sich dem Ganzen gegenüber verhalten sollte. Die Räume waren der Form sehr harmonisch, sogar ungewöhnlich gut geeignet. Leider befand sich fast direkt über dem Haus eine Starkstrom- Überlandleitung mit gewaltigen Belastungen. Ich habe ihr gezeigt, wie hier mit einigen Hilfsmaßnahmen ein harmonisches Feld hätte erzeugt werden können. Sie hat sich dann aber doch dagegen entschieden. Kurze Zeit darauf war ich dann wieder in Köln und habe eine neue Praxis ausgemessen. Diese hat sie mit einem „guten Gefühl“ dann auch ausgebaut und ihre Praxis eröffnet.

In einer großen und bekannten Stadt im Süden unseres schönes Landes habe ich einem sehr großen Steuerbüro den Auftrag bekommen, seine Arbeitsräume auszutesten. Da der Chef aber nicht nur sein eigenes Zimmer ausgemessen haben wollte sondern alle Büroräume mit ausgemessen werden sollten, habe ich erfahren, dass manche der Frauen und Männer dort sehr offen dafür waren. Für andere war es mehr oder weniger ein „aushalten“, da der Chef es so wollte. Da zu den Räumen noch das Büro von einem Rechtsanwalt gehörte, habe ich auch hier meine Arbeit getan. Nichts gegen oder für Rechtsanwälte, ich habe Frauen und Männer in diesem Beruf erlebt, die über ihren beruflichen Horizont hinaussehen konnten und menschlich und neugierig geblieben sind. Dieser Mann jedoch war sehr skeptisch und wusste nicht so recht, was er mit mir anfangen sollte und wollte. Mein Beruf war für ihn wohl eher nicht so seriös! Als ich dann aber weiterhin freundlich, doch bestimmend meine Arbeit machte und ihn mit einbezogen hatte, merkte ich beim Hinausgehen, wie er mir mit einem ganz anderen Blick nachgeschaut hat. Obwohl er es nicht so gerne zugeben wollte oder konnte, hatte er aber selber bei verschiedenen Versuchen „nicht zu verleugnete Unterschiede“ erfahren.

Bei ein paar Zimmern war es mit leichtem Verstellen der Schreibtische wieder getan und ein besseres Arbeitsfeld entstanden. In einem Zimmer habe ich dann gezeigt, wie die Einrichtung völlig anders umgestellt werden sollte da hier an diesem Arbeitsplatz eine sehr starke Belastung an Erdstrahlen und Elektrobelastungen vorhanden war. Dies war auch das Zimmer, in dem eine Mitarbeiterin sehr krank geworden war und keiner der anderen Mitarbeiter wollte wieder hinein. Sie hatten sich hier nicht wohl gefühlt. Bei den Mitarbeiter/innen, die dann noch an diesem Nachmittag da waren, habe ich den Unterschied gezeigt, wie es bisher war am Computer zu arbeiten. Nachdem wir dann die jeweilige Schwarze Box, die benötigt wurde, ausgetestet hatten, merkten sie sehr schnell den Unterschied. Natürlich konnten es einige nicht so nach Außen zeigen oder zugeben. Auf Anordnung vom Chef kam dann an jeden Arbeitsplatz eine schwarze Box und es gab doch insgesamt dann ein besseres Arbeitsklima. Manchmal lässt sich halt mit einfachen Mitteln eine große Wirkung erzielen!

## Die elektrostatische Umwelt des Menschen

Die elektrostatische Umwelt des Menschen reicht von Entladungen in der freien Natur wie bei Gewitter bis hin zum Hautkribbeln, verursacht durch Hochspannungsanlagen oder elektrostatische Aufladungen in Wohn-, Schlaf-, Betriebs- und Aufenthaltsräumen. Die statische Elektrizität ist meist mit unmittelbaren Gefahren und Störungen für den Menschen verbunden, wenn diese einen bestimmten Grenzwert überschritten haben, wie zum Beispiel bei Feuer, Staubablagerungen, Explosionen und Blitzschlägen. Ferner kann es zu Problemen im menschlichen Körper kommen, verursacht durch Schocks und Ausgleichs- und Verschiebungsströme, deren Reizströme sich in der Größenordnung des Stroms im Herzen befinden. Durch häufige „Schläge" kann es zu Beeinträchtigungen, Fehlhandlungen und in manchen Fällen zu Unfällen kommen. Es gibt natürlich auch viele Anwendungen, in denen die statische Elektrizität bewusst eingesetzt wird, zum Beispiel beim Lackieren, bei der Luft- und Gasreinigung und bei der Genübertragung. Die statische Aufladung des Menschen ist abhängig von mehreren Faktoren: von den ihn umgebenden Grenzflächen, also vom Material des Fußbodens und der Wände, lackierter Möbeloberflächen, elektrischen Einrichtungen.
von der Beschaffenheit und Art seiner Kleidung und Schuhe.

Wenn man den Atomen oder Molekülen eines Stoffes ein oder mehrere Elektronen aus ihrer äußeren Bahn durch die größere Anziehungskraft eines vorbeischleichenden

Atoms oder Moleküls eines fremden Stoffes entreißt, entsteht an der Grenzfläche zwischen diesen beiden sich berührenden Stoffen ein besonderer Zustand, nämlich eine elektrische Doppelschicht, zum Beispiel zwischen Schuhsohle und Teppichboden. Bei solchen Doppelschichten wird derjenige Stoff positiv aufgeladen, der die größere Dielektrizitätskonstante hat. Negativ aufgeladen wird dagegen derjenige, der die kleinere hat. Zwischen den aus ihrer Bahn gerissenen, negative Ladung tragenden Elektronen und den zurückgelassenen, positiv geladenen Atomkernen besteht eine Spannung, ein elektrisches Potential. Entsteht solch ein Potential zwischen Schuhsohle und Teppich, dann hat es für den betroffenen Menschen beim Berühren eines Wasserhahns einen unangenehmen Ausgleichsstrom zur Folge. Den Wirkungsbereich eines solchen Potentials nennt man elektrisches Feld. Wenn in einem solchen Feld durch ein Medium frei bewegliche elektrische Ladungsträger verschoben werden, nennt man es Ladungsverschiebung. Innerhalb des Körpers können sogenannte Verschiebungsströme entstehen, z.B. unter Hochspannungsleitungen. Diese Art von Ladungstrennung heißt deshalb Polarisation. Bei vagabundierenden Elektronen wie zum Beispiel in Metallen, nennt man es Influenz. Was man dagegen tun kann:
Aus Sicherheitsgründen sollte man statische Aufladungen meiden, auch wenn sie nur sehr kurze Zeit auf uns einwirken, besonders bei Menschen mit labilem Kreislauf. Um diesen Aufladungen und ihren möglichen Folgen vorzubeugen, sollte man den Ladungsabfluss durch Verwendung von Naturstoffen begünstigen. Das kann sein durch

leitfähige Schuhe, das Verlegen leitfähiger Fußböden und durch ausreichende Luftfeuchte in Wohn- und Arbeitsräumen. Wenn ca. 50% relative Feuchte vorhanden ist, wird die Leitfähigkeit der Luft erhöht, z.B. durch ein Luftionengerät, Korkboden, Holzboden usw..

## Mit Kerze am Computer

Gegensätze ziehen sich an. Das ist uns allen bekannt. Für mich ist es immer wieder verblüffend, wie die Natur, Gott oder wie man es auch immer nennen möchte, das Leben so regelt, wie es jetzt eben stattfindet. Zum einen werden immer mehr technische Geräte entwickelt, um Belastungen zu messen, und neue Möglichkeiten hergestellt, um wieder einen Ausgleich zu schaffen.

Die andere Bestrebung führt dahin, altes Wissen und Materialien aus natürlichem Ursprung auszuprobieren, inwieweit diese in die neuen technischen Belastungen mit einzusetzen sind. Ich bin immer wieder „draußen bei den Leuten" und erlebe, was so alles unternommen, ausprobiert wird und vieles, was sich bewährt hat, weiterhin benutzt wird. Kastanien in der Hosentasche tragen, hilft bei Rheuma und Gicht. Sie liegen aber auch manchmal unter Betten. Einmal habe ich ein Bett untersucht. Hier hatte der Besitzer den ganzen Boden mit Kastanien ausgelegt. Das hat eine Zeitlang geholfen, dann ließ die Wirkung nach. Einige schwören darauf, das sie sich mit Kastanien in der Hosentasche bei Strombelastungen so geschützt damit wohler fühlten.

Einen Hornkamm auf das Fernsehgerät legen. Früher habe ich darüber gelächelt, aber später selber festgestellt in meinen vielen Versuchen, dass sich hier etwas verändert hatte. Es war nicht nur ein Placeboeffekt gewesen. Nur hilft dieser nicht überall und bei jedem. Aber es ist einen Versuch wert. Eine Kerze auf das Fernsehgerät stellen, fand ich lustig, als ich es das erste Mal sah. Habe aber dann später Auramessungen mit dieser Anordnung gemacht und festgestellt, dass hier ein wesentlich ausgeglicheneres Bioenergetisches Feld (Aura) vorhanden war.

Verschiedenste Steine verwenden. Das kann sehr hilfreich und sehr unterstützend sein, aber auch nur ein guter Verkaufstrick sein. Heute schwören alle Steinhändler auf Messen, dass ein Rosaquarz (Volksmund sagt Rosenquarz) bei Strombelastungen das Beste sei.

Der oder die richtigen Steine können uns sehr viel helfen und darin unterstützen, wesentlich besser mit solchen Belastungen fertig zu werden. Ich persönlich habe mir in meinem Büro nach vielen Versuchen folgendes eingerichtet: Eine schwarze Box steht auf jedem Schreibtisch. Neben allen elektrischen Geräten sind jeweils abgestimmte Schutz-, Kraft- und Heilsteine. Wenn ich am Computer oder an der elektrischen Schreibmaschine sitze, habe ich eine Kerze neben mir brennen. Gebärende Steine (Pedra Parideira) sind dabei. Zum persönlichen Wohlfühlen mache ich mir meist noch einen schönen Duft an mit verschiedenen Aromen und lasse eine passende schöne Musik mal leise im Hintergrund oder auch mal lauter abspielen, wenn ich dazu Lust habe. Grundsätzlich habe ich jedoch im Büro auf den Schreibtischen immer eine schwarze Box stehen. Hiermit ist die Elektrobelastung auf jeden Fall neutralisiert. Nachdem ich die Schwarze Box soweit entwickelt hatte, dass sie optimal eingesetzt werden kann, habe ich an meinem Computer eine solche stehen. Und wie können Sie sich ihren Arbeitsplatz gestalten?

## Schwarze Box

So heißt meine Möglichkeit, sich bei Computern, elektrischen Schreibmaschinen, Fernsehgeräte und anderen elektrischen Geräten zu schützen. In einem schwarzen, kleinen Kunststoffkästchen sind verschiedene Bestandteile zusammengefasst, die unsere Aura unterstützen und ausgleichen, wenn wir zum Beispiel vor einem Computer sitzen. Mittels Pendel, Bio-Tensor oder Armtest können Sie ganz leicht die Wirkung feststellen. Entweder zwischen Bildschirm und Ihnen auf die rechte Seite legen, wenn der Rechner dort steht, oder auf die linke Seite wenn der Rechner hier steht. Beim Fernseher entweder auf das Gerät legen, oder noch besser ist es, die Schwarze Box unten vor dem Bildschirm hinzustellen. Ich habe diese Geräte selber entwickelt und in jahrelanger Arbeit versucht immer mehr über diese Vorgänge zu lernen und zu verstehen. Mit vielen Versuchsanordnungen habe ich immer mehr gemerkt, dass es einfacher werden muss. Also bin ich diesen Weg gegangen und habe dann später eine ganz einfache und leicht zu handhabende Möglichkeit entwickelt: Die Schwarze Box. Sie gibt es in zwei Größen. Die kleine und die große schwarze Box.

## Für den Tagesbereich

Für einen normalen Schreibtisch mit einem Computer und Telefon und eventuell andere Geräte braucht diese nur einfach auf den Schreibtisch gelegt werden. Schon nach kurzer Zeit kann gemerkt oder ausgetestet werden, das in einem Bereich bis zu 1,5 - 2 Meter wieder Kraft und Ausgeglichenheit vorhanden ist.

Sollten mehr Geräte oder noch andere Computer usw. in der Nähe stehen, empfiehlt es sich, die große schwarze Box hinzulegen.

## Für Nachts

Da wir beim schlafen in einem völlig anderem Körperzustand sind, sollte folgender Hinweis beachtet werden:
Im einem Bett sollte entweder zwei kleine schwarze Boxen gelegt oder eine große schwarze Box. Wenn sie zwei kleine schwarze Boxen unter das Bett auf den Boden legen, so sollte die untere im Fußbereich mit dem Pfeil zum Kopf ausgerichtet liegen. Im Kopfbereich sollte die zweite schwarze Box mit dem Pfeil zum Fußende platziert werden. Also eine im Fuß- und eine im Kopfbereich und beide so das die Pfeile aufeinander ausgerichtet sind.
In einem Doppelbett müssten so in dieser Richtung dann 4 schwarze Boxen liegen.

Dies haben viele meiner Kunden so gemacht. Tagsüber haben sie dann bei offenen Betten die untere schwarze Box herausgenommen und tagsüber vor ihren Fernseher oder am Schreibtisch platziert.

Es ist auch möglich, in einem Bett eine große schwarze Box in die Mitte (unter das Bett wieder) zu legen. Mit dem Pfeil zum Kopfende hin. Bei einem Doppelbett sollten dementsprechend dann zwei große schwarze Boxen unter dem Bett liegen.

Die schwarze Box kann bei allen Elektrogeräten angewandt werden, die in einem normalen Haushalt oder Büro verwendet werden. Ich habe selbst in Betrieben mit hohen Elektrobelastungen sie schon erfolgreich eingesetzt.

Bei einem Fernsehgerät gibt es die Faustregel:

Die Größe des Bildschirmes bei einem schwarz/weiß Gerät mal 5 berechnen und so weit entfernt sitzen. Also bei einem kleinem 50. Bild x 5= 2,5 Meter.
Sitzen sie wirklich so weit weg?

Bei einem Farbfernsehgerät die Größe des Bildschirmes mal 7 berechnen. Also wieder ein kleines 50. Bild x 7 = 3,5 Meter.
Sitzen Sie wirklich so weit entfernt?

In dem einen oder anderen Wohnzimmer, die ich bei meinen Kunden ausgemessen habe, hatte wir je nach Bildgröße auch den entsprechenden Abstand. Die meisten lagen jedoch weit darunter und saßen wesendlich näher. Das lässt sich leicht und schnell austesten, ob sie davon belastet waren oder nicht. Wenn sie belastet waren, haben wir eine schwarze Box vor den Fernseher gelegt und den Test wiederholt. Meist waren meine Kunden sprachlos, wie schnell das geht und wie viel Kraft wieder zur Verfügung stand.

Die schwarzen Boxen bestehen aus vier Bestandteilen, die immer miteinander kombiniert werden um die entsprechende Wirkung zu erzielen. Sie sind leicht zu handhaben. Wie schon auf dem Gerät mit aufgedruckt ist, einfach mit dem Pfeil zur Störquelle hin ausrichten oder hinlegen.

Wenn sie mit einem technischen Messgerät vorher und nachher eine Messung vornehmen, so werden sie feststellen, das fast die gleichen Werte vorhanden sind. Auf dieser Ebene wirkt es nicht. Machen sie jedoch einen Test über die Kinesiologie oder einen Muskeltest, so können sie nach einigen Sekunden einen deutlichen Unterschied feststellen. Es arbeitet nach einem ganz einfachen Prinzip: Je mehr an Belastung vom Strom vorhanden ist, um so mehr wird es umgewandelt und zur Verfügung gestellt, „zieht" Strom uns unsre Lebensenergie ab, so wandelt es die Schwarze Box hier um und gibt es uns dementsprechend als Unterstützung zurück.

Außerdem haben sie noch einen ganz großen Vorteil. Während viele Geräte wie Netzfreischalter, Feldschaltautomaten und andere elektrische Geräte zwar messtechnisch die Hauselektrizität verändert und ausschalten, so sind bei diesen Verfahren immer noch die Gefahr durch außerhalb einstrahlende Belastungen möglich. Ein Fernseher in der Nachbarwohnung, Küchengeräte. Einstrahlungen durch Frequenzen der Rundfunk-, Fernseh-, Militär-, Polizei-, Feuerwehr-, Amateurfunker-, Handy-, GPS- und alle sonstigen abstrahlenden Sender und Empfangssysteme sind vorhanden. Nur weil sie in ihrem Haus oder in ihrem Zimmer es nicht sehen können, heißt das noch lange nicht, das es auch nicht vorhanden ist. Sie sind meist unsichtbar vorhanden und können inzwischen meist einfach ohne viel Aufwand gemessen werden.

Hier haben wir nun den großen Vorteil bei der Schwarzen Box. Sie (die Schwarze Box) arbeitet, wirkt nicht nur dem Energie-abziehenden Effekt des Hausstromes im Sinne von umwandeln und Energie harmonisieren und wieder bereitstellen entgegen, sondern schafft dies für alle Elektrobelastungen. Je mehr Energie normalerweise abgezogen wird, um so mehr wird umgewandelt und wieder zur Verfügung gestellt. Es kann kein „zuviel oder falsch“ geben.

## Schwarze Box

### *Ihre Hilfe bei Elektrosmog*

- leicht zu handhaben
- einfach nur mit Pfeil in die Richtung der Störquelle legen
- bis zu 2 Meter belastungsfrei im Tagesbereich
- Nachts zwei kleine schwarze Boxen unter das Bett oder 1 große schwarze Box
- Hilfe bei fast allen Elektrogeräten im Haushalt und Büro wie Computer, Fernseher, Telefonanlagen, Kopierer, E-Herd, Fax, Radio ................
- Preiswert

# Schutz- Kraft- und Heilsteine

Wenn ich Vortragstage habe, referiere ich an einem Tag zuerst zum Thema:
Der richtige Umgang mit Schutz-, Kraft- und Heilsteine.
Dieser Vortrag dauert meist ca. 2 Stunden.
Um 20.00 Uhr kommt dann der zweite Vortrag zum Thema:
Krank durch Erdstrahlen/Wasseradern, Elektrosmog und der falschen Bettstelle?
Gerade der erste Vortrag ist ein so interessantes und vielschichtiges Thema, dass ich hier in diesem Buch nur eine Einführung geben kann. Ich bin auch dabei mein nächstes Buch zu schreiben mit dem Titel: Der richtige Umgang mit Schutz-, Kraft- und Heilsteinen!

Ich möchte Ihnen aber kurz und leichtverständlich das Wichtigste zu diesem alten, überlieferten Wissen mitteilen. Zuerst einmal gibt es wirklich drei verschiedene Wirkungen, die Steine auf uns ausüben können. Am besten ist natürlich, wenn der oder die Steine alle drei Eigenschaften in sich vereinen. Deshalb gibt es in alter Überlieferung auf der ganzen Welt :

Schutzsteine

Kraftsteine

Heilsteine

## Folgendes gilt es im alten Wissen zu beachten:

- Finde einen oder mehrere Steine, die zu dir passen!
- Wenn eine Steinart gefunden wurde, welcher davon passt zu Dir?
- Wo genau soll er am Körper getragen werden?
- Wo genau soll ein Stein in einem Raum platziert werden?
- Wie muss er behandelt werden?
- Wie soll er entladen, gereinigt und erneuert oder aufgeladen werden?
- Was soll mit ihm/ihnen geschehen, wenn sie nicht mehr verwendet werden?

Viel Wissen ist heute noch in mündlichen Überlieferungen von Generation zu Generation weitergegeben worden und von wissenden Menschen gelernt und ausprobiert worden. Oftmals waren es Medizinfrauen oder Medizinmänner, Schamanen oder mit göttlichen Kräften befähigte Männer und Frauen. In unserer Kultur wurde eine lange Zeit versucht, dieses Wissen offiziell zu vernichten durch die Verdammung, Verfolgung und Vernichtung von Menschen, die diese Fähigkeiten hatten, oder denen man diese zugeschrieben hatte (zum Beispiel Hexen). In kirchlichen Institutionen wie Klöstern wurde dieses Wissen aber nicht verdammt, sondern oftmals im Stillen weitergegeben und danach gelebt. Es gibt hierzu einfach zu viele bekannte Fälle, als dieses Wissen nur als Aberglauben abzuschreiben.

## Wie wirken Steine auf uns?

Ich werde immer wieder gefragt, wie können Steine denn eine Wirkung auf uns haben? Nun, die eine Denkrichtung geht dahin, dass Steine tote und leblose Wesen, sprich Steine sind. Ich persönlich stehe zu der anderen Denkweise. Für mich sind Steine ebenfalls Lebewesen, auf eine andere Weise lebendig als ich als Mensch. Aber wir können miteinander kommunizieren und sprechen. Steine haben eine ganz andere Lebensweise und Lebenszeit. Aber ihr Körper besteht aus verschiedenen Bestandteilen, sie geben mehr oder weniger Radioaktivität ab, reflektieren Farben, und deshalb sind sie für uns einfarbig oder bunt anzusehen. Sie haben ein Energiefeld. Steine haben oft eine sehr lange Entwicklungs- und Entstehungs-Geschichte hinter sich. Wenn Sie in der Lage sind mit ihnen zu reden, so werden Sie staunen, was sie alles zu sagen haben. Wenn ich einen Stein-Tageskurs machte, so machen wir mit bestimmten Steinen eine Reise/Meditation und lernen, mit ihnen zu reden oder zu fühlen, auf ihre Art zu sehen. Je nachdem, wie Sie als Mensch Ihre Umwelt am meisten wahrnehmen.

Ich habe einmal auf Kreta bei einer besonderen Felsengruppe eine meiner Schamanischen Reisen gemacht. Ich bin dort nach einiger Zeit aus meinem Körper heraus und durch ein Zeittor mit den Steinen zurückgegangen, um all das zu erleben, was mir die ursprüngliche Steingruppe zu zeigen hatte, was sie in ihrer Lebenszeit erlebt hat. Es war eine sehr beeindruckende Reise gewesen. Ich habe dann den Auftrag bekommen, einer Frau diese Stelle zu zeigen und ihr auch zu zeigen, was an diesem Ort an Kraft vorhanden ist und wie sie die Reise für sich antreten kann. Sie ist Graphikerin und hat diese Erfahrungen später in einem Bild festgehalten, das bei mir im Haus im Eingangsbereich hängt und eine faszinierende Kraft ausstrahlt. Wenn man sich darauf einlässt und einen Sinn dafür hat, ist es sehr stark zu spüren.

Nicht weit von mir entfernt von dem kleinen Dorf, in dem ich hier zur Zeit im Westerwald lebe, gibt es eine sehr starke Steingruppe. Diese ist den Einheimischen hier bekannt. Sie hat aber auch eine sehr große Bedeutung für diese Gegend. Auch hier habe ich selber und auch mit anderen tiefe und weite Reisen in die Vergangenheit und das umgebende Land gemacht. Vieles von diesem Wissen wird heute als Schamanisches Wissen behandelt. Es wäre ein eigenes Buch wert, über dieses Wissen zu schreiben. In der Geomantie wird einiges davon behandelt. Früher wurde zum Beispiel vor dem Hausbau der spätere Bauplatz ausgemessen und das „Herzstück" bestimmt. Hier wurde dann festgelegt, zu welcher Mond- oder Sonnenphase der Hausbau begonnen wurde, welcher oder welche Harmonie- oder Grundsteine dort eingebettet werden müssen. Diese haben die Aufgabe, immer eine Harmonie der dort befindlichen Lebewesen zu erreichen oder neu zu schaffen. Daraus ist im laufe der Zeit bei immer weiterer Vernichtung des alten Wissens das geworden, was wir heute als Grundsteinlegung kennen.

Soweit zu äußeren Einflüssen von Steinen auf unser Wohlbefinden. Heute ist es oftmals so, dass wir ein Buch aufschlagen und nachlesen können, welcher Stein bei welchen Problemen hilft. Dies ist auch sehr schön, aber es kann nur ein Hinweis sein!
Wenn Sie es genau oder richtig machen wollen, sollten Sie die obengenannten Hinweise unbedingt beachten. Es ist nun einmal nicht egal, welchen Stein Sie aus einer Steingruppe tragen. Er sollte von seiner ganzen Schwingung her zu Ihnen passen. Es ist auch nicht egal, wo sie ihn am Körper tragen, denn auch hier gibt es genügend Stellen, an denen er mehr Belastung ist und schaden kann. Richtig platziert kann er dagegen sehr viel helfen und Sie in Ihrem ganzen Wesen unterstützen. Nachfolgend möchte ich Ihnen zwei sehr wichtige Heil-, Schutz- und Kraftsteine vorstellen, die alle drei Eigenschaften zusammen in sich vereinigen.

## Pedra Parideira

So nennen die Portugiesen einen für sie sehr wichtigen und heiligen Stein. Auf deutsch übersetzt, heißt das „gebärender Stein". Auf einem Berg in Portugal befindet sich die einzige Stelle auf der die Pedra Parideira geboren werden. Seit über 4000 Jahren ist dieser Stein bekannt und wird als heiliger Stein verwendet. Vor langer Zeit (wohl Jahrmillionen) war der jetzige Berg noch in der Erdkruste verschmolzen und ist dann stetig nach oben gestiegen. Heute ist er ein Teil einer großen Bergkuppe. Wenn es dort sehr kalt oder sehr heiß ist, sprengen sie die Granitumhüllung ab und werden so „geboren". Als der

Berg immer weiter nach oben stieg und erkaltete, bildeten sich aus der flüssigen Lava und den früheren Gasen, sich im Umgebungsgestein kleinere oder größere Höhlen. In denen sich im Laufe der Zeit bestimmte Mineralien sammelten und zu diesen Steinen verfestigten. Sie sind meist linsenförmig und haben verschiedene Größen. Manchmal ist ein Knacksen und Klirren zu hören, wenn sie herauskommen. Das einhüllende Urgestein ist ein ca. 300 Millionen Jahre alter Granit, der durch Druck und Hitze der Erdkrustenbewegung umgewandelt wurde. Die Einheimischen hüten diesen Stein wie einen Schatz, und es gibt kein Haus in der Umgebung, das nicht wenigsten einen Stein als Glücksbringer oder Talisman auf dem Fensterbrett liegen hat. Sie bringen Glück, eine Entkrampfung des Unterleibs, Fruchtbarkeit und schützen vor bösen Geistern. Durch starke Absorption der Glimmerkristalle filtern die Gebärenden Steine Gifte durch feinstofflichen Austausch aus dem Körper und wirken extrem reinigend. Dies auch bei Stoffwechselstörungen. Sie sind gut bei Stress, Schlaflosigkeit und so weiter. Seit Jahren empfehle ich diese Steine für alle Leute, die Probleme mit der Umgebungselektrizität haben. Z.B. in einem Beutel am Körper getragen, kann bei vielen Geräten mit elektrischen Strahlenbelastung wie zum Beispiel Computern wieder am Arbeitsplatz weitergearbeitet werden, wo dies früher ohne die Steine nicht mehr möglich war. Wichtig ist aber auch hier wieder, die richtigen Steine herauszutesten und zu sehen, ob sie links oder rechts platziert werden sollten. In der Regel werden immer zwei Steine ausgetestet, die von der Schwingung her zusammenpassen und sich gegenseitig ergänzen.

## Ojenit

Ojo (Ocho ausgesprochen) ist spanisch das Auge. Deshalb werden diese Steine auch Augensteine genannt und sind sehr starke Schutz-, Kraft- und Heilsteine. Früher haben alleine Zigeuner in Spanien und mauretanische Bewohner die Stelle gekannt, wo diese zu finden waren. Sie wurden aber nicht jedem gegeben, sondern waren immer nur für bestimmte Menschen vorgesehen. Wenn feststand, dass dieser Mann oder diese Frau einen Ojo haben sollte, wurde ihm etwas über deren Geschichte und Wirkung erzählt. Ich möchte hierzu erklären, dass dieser Stein besonders beim bösen Blick verwendet wurde. Wir aufgeklärten und modernen Menschen haben hierfür meist kein Verständnis mehr, um was es sich eigentlich bei dem als „Bösen Blick" bezeichneten Phänomen handelt. In afrikanischen und orientalischen Ländern leben und begegnen die Bewohner diesem Phänomen ganz anders. Ich möchte einmal leichtverständlich versuchen, es zu erklären:
Das Auge ist der Zugang zu unserer Seele und unserem inneren Wesen. Meist sehen wir anderen nicht mehr in die Augen, denn dann müsste ich mich öffnen und dem anderen einen Blick in mein Inneres gestatten. Ich stelle immer wieder fest, wenn ich andere Menschen anschaue, dass viele schauen und anschauen oder in die Augen schauen können oder wollen. Ein ganz großer Teil unserer unbewussten Wahrnehmungen wird über Augen energe-

tisch aufgenommen und weitergeleitet. Ich habe im Kapitel über die Aura schon geschrieben, dass wir alle ein Energiefeld um uns herum haben, mit dem wir unsere Umwelt auf verschiedenste Art wahrnehmen. Stellen Sie sich vor, Sie haben einen Tag, an dem Sie nicht ausgeglichen und harmonisch sind. Vielleicht sind Sie wütend oder verärgert. All das, was in Ihnen und ihren Gefühlen abläuft, ist auch durch die Aura weit von Ihnen entfernt wahrzunehmen. Das ist mit ein Grund, warum wir uns bei manchen Menschen nicht wohlfühlen oder das Gefühl haben, hier wird uns Kraft entzogen. In sogenannten Schwarzmagischen Ritualen kann gelernt werden, wie ein anderer Menschauch über große Entfernungen hinweg beeinflusst werden kann. Gerade durch Voodoo ist dies in Afrika weit verbreitet. Kein Wunder also, wenn Mann/Frau gerne ein Gegenmittel hätte. Der Ojo ist hier ein starker Schutz. Wie ich mit vielen Menschen bisher ausgetestet habe, wird mit dem richtigen Stein das Energiefeld sehr stark gereinigt und geschützt. Die Aura wird gestärkt und ausgeglichen. Die Ojos haben eine sehr warme und weiche Energie, die uns schützend einhüllt. Deshalb ist es auch ein Stein, der auf lange Sicht am Körper getragen werden kann. Er entgiftet den Körper und beseitigt emotionale Blockaden und hilft bei verschiedenen Formen der Sucht, Widerstand zu leisten, gegen böse Geister und bösen Blick, Depressionen, Schlaflosigkeit, Magnesiummangel und er ist gut für Kraft und Konzentration. Ich messe für Interessierte gerne aus, welcher oder welche Steine die richtigen sind und was weiter zu beachten, ist. Näheres dazu gerne auf Anfrage.

## Ein Seminarhotel

In vielen Seminarhäusern habe ich entweder an Seminaren teilgenommen, oder hier in meiner Arbeit als Rutengänger die Energien ausgemessen, wie im Buch vorher schon beschrieben. Ein besonderes Seminarzentrum habe ich in der Gegend vom Chiemsee in Bayern kennen gelernt. Hier habe ich auch meine ersten Ballonfahrten erlebt. Jede neue Fahrt dort in der schönen Landschaft und den Bergen und der weiten Sicht nach Niederbayern hin ist einfach wieder schön gewesen. Für mich als Rutengänger sind einfach die landschaftlichen Strukturen faszinierend, von oben gesehen, unsere Städte, Dörfer und Straßen. Von oben aus gesehen kann das geübte Auge viele Aufschlüsse, über die dort vorhandene Schwingung und Energie erkennen. Es ist fühlbar und sichtbar, wo Orte „krank" sind. Am Wachstum von Bäumen, Pflanzen auf Wiesen ist zu sehen, welche energetischen Strukturen vorliegen. Für Rutengänger eine neue Erfahrung. Vielleicht biete ich einmal ein spezielles Seminar hierfür an, wenn es Interessierte gibt, mit anschließender Ballonfahrt, um dies zu überprüfen und von oben zu sehen und zu erforschen.

Nachdem ich in diesem Seminarhotel damals das energetische „Herz" ausgemessen hatte und die Seminarräume mit diesen Energien verbunden und in einen Energiefluss gebracht habe, wurde es später neu geplant und weitere Seminarräume dazugebaut. "Zufälligerweise" war ich in der Umbauphase wieder dort. Aus einem energetischem

„Herz" haben sich 2 miteinander verbundene Stellen erschaffen. Eine Stelle lässt die Energie aus der Erde fließen und verbindet sich mit der zweiten Stelle, die Energie von oben aufnimmt, sodass hier ein wunderschöner, harmonischer und reinigender Kreislauf entstanden ist. Dieser Energiekreislauf ist reinigend und ausgleichend zugleich. An dieser besonderen Stelle ist, einige Meter entfernt, auch noch ein Zusammenfluss von zwei Lebenslinien der Erde. Dadurch wird das ganze Gebiet mit der Kraft und dem Leben der gesamten Erde verbunden, also ein ganz besonderer Ort. Mit einem besonderen Ritual kann dies alles erschlossen und belebt werden. Der Besitzer hat dies in seine Planung mit hineingenommen und einen besonderen Ort geschaffen. Hier stehen jetzt 4 Seminarräume zur Verfügung. Er hatte jedem der Räume einen Stein zugeordnet:

## Rubin - Diamant - Turmalin - Aventurin

Wir haben dann beschlossen, dass ich die passenden Steine suche und austeste. Bei Händlern und in Beständen habe ich die richtigen Steine dann gefunden. Zuhause habe ich sie gereinigt, aufgeladen und so geholfen und unterstützt, dass sie für ihre neue Aufgaben erwachen. Jeder der Steine hat eine ganz besondere Ausstrahlung, die für sensible Menschen fühl- und spürbar ist. In jedem Seminarraum habe ich das jeweilige Energieherz festgestellt und diese später mit den Hauptstellen verbunden. Jeder Raum hat seine spezielle Stelle, von der aus der jeweilige Stein seine beste Ausstrahlung hat, seine Arbeit am besten ausführen kann. Jeder der vier Steine lebt mit dem Seminarraum eine ganz besondere und eigene Atmosphäre. Jeder Raum ist sehr liebevoll ausgestattet mit natürlichen Materialien und von sich aus schon sehr schön. Jetzt werden sie ganz besondere und lebende Räume. Ich nehme mir einfach mal das Recht heraus, dies zu behaupten. Denn ich habe in den letzten Jahre zusammengerechnet etwa 3 Monate dort gelebt und selber Ausbildungen mitgemacht, und für mich ist es immer wieder wie ein „nach Hause kommen".

### Der Diamantraum

An diesem Raum möchte ich ein kurzes Beispiel über die erstaunliche Wirkung aufzeigen, wenn ein Raum anfängt zu „leben". Als ich die Diamanten aussuchte, konnte ich zwei herausfinden, aber nicht genau sagen, welcher nun genau der richtige ist. Dachte so bei mir, wenn ich im Raum bin, werde ich es wohl erfahren. Wie sich herausstellte, wollten beide Rohdiamanten dort leben. An einer ganz besonderen Stelle gegenüber der Eingangstür ist ihr Platz. Wenn sie die Tür öffnen und den Seminarraum betreten, spüren sie ein aufgehen ihrer linken Seite. Sie steht für die sensible, aufnehmende, sich öffnende, fühlende, Yin, weibliche Seite in uns. Wenn Sie den Raum wieder verlassen, wird die rechte Seite in uns ausgeglichen. Das Männliche in uns, Energie fließen lassen, Aktivität, im Lebensfluss sein, Yang.

Der Diamant fördert:
Verbindung zum höheren Selbst, zur inneren Führung, zur allumfassenden Liebe, er öffnet den Menschen, regt

den Energiefluss an, verbindet 1. und 7. Chakra miteinander, lässt dich mit der vorhandenen aber meist nicht für Menschen richtig nutzbaren kosmischen oder göttlichen Energien in Verbindung treten, spült und reinigt den Menschen auf energetischer Ebene durch um ihn offener und klarer zu machen. Nur so kann ich als Mensch auch höchste und feinste Energien fließen lassen und gezielt damit arbeiten. Beispiele sind die heiligen Menschen in der christlichen Religion oder die „Erleuchteten" in asiatischen Religionen. Ein zufriedener und glücklicher Mensch wird im Körper auch harmonische Energien fließen lassen. Wenn irgendwo wieder Energie sich staut oder blockiert, wird sich das auch auf sein Wohlbefinden und seine Zufriedenheit auswirken. Ein Diamant verstärkt wie ein Bergkristall alles tausendfach.

So ist in jedem Seminarraum eine ganz besondere und eigene Schwingung vorhanden, die den Seminarleitern hilft und ihre Arbeit mit Menschen unterstützend beeinflusst.

## Das Zwischenglied

Haben Sie sich schon einmal überlegt, dass eine Halskette aus Metall den Energiekreislauf stören kann? Wahrscheinlich nicht, denn heute weiß man nicht mehr viel von diesem Wissen. Bei einem meiner Vorträge demonstriere ich mit einer Versuchsperson mittels Armtest, welche schwächende Wirkung eine Kette aus Gold, Silber und anderen Metallen. Früher wurden in eine solche Kette entweder Menschenhaare oder Stränge aus Schafwolle mit eingearbeitet. Da diese aber nicht auf Dauer haltbar sind, und dieses Wissen der Zusammenhänge heute nicht mehr anerkannt wird oder meist ganz einfach verlorengegangen ist, werden heute Ketten als „Ganzes" verkauft und getragen. Dabei ist es sehr einfach, hier mittels eines Zwischengliedes diese fatale Wirkung wieder auszugleichen. Dieses Zwischenglied kann über mich bezogen werden und wird ganz einfach in die vorhandene Kette eingehängt oder eingesetzt. Mit der Öse, die Sie eh öffnen um die Kette aufzumachen, wird der eine Teil eingehängt und mit der neuen Öse können Sie ihre Kette wieder schließen. Das Zwischenglied besteht aus 3 Teilen. Zwischen den beiden Kettengliedern ist ein spezielles Kunststoffteil eingesetzt. Wenn Sie das Zwischenglied eingesetzt haben, ist ihre Kette optisch immer noch schön, verlieren werden Sie sie auch nicht, aber die Energie des Körpers kann wieder frei fließen und zirkulieren. Gerade im Schulter- Nackenbereich kann es sonst auf Dauer zu Verspannungen oder den Folgen lange bestehender Verspannungen kommen, denn neben der Wirbelsäule ziehen ja auch die beiden

Hauptnervenbahnen des Körpers entlang. Wenn diese im Hals- und Nackenbereich gestört sind, hat es einfach eine Auswirkung. Ich selber trage meine Goldkette nur noch mit einem Zwischenglied, da ich den Unterschied sehr stark spüre.

## Einige Erfahrungsberichte von meinen Kunden

### Bauplatzmessung auf Kreta

Ein früherer Freund von mir kaufte sich in Griechenland auf der schönen Insel Kreta ein Grundstück. Direkt dem alten Minoischen Tempel gegenüber. Von seinem großen Gelände aus konnte man wunderbar in ein großes Tal blicken, und in der Ferne ist der Berg zu sehen, in der Zeus aufgezogen wurde. Die Höhle war zu erkennen, und auf einer Bergkuppe waren die Überreste des alten Minoischen Tempels zu sehen. Eine wirklich wunderschöne Landschaft. Die Landschaft und die starke Energie waren fast greifbar überall zu spüren. Es sollte auf dem Gelände ein Haus mit einer großen Terrasse gebaut werden. Ich habe in Ruhe das Gelände untersucht, aber außer den Kreuzungspunkten keine weiteren Erdstrahlen gefunden. Sodann habe ich gemessen, wo das „Herzstück“ des Geländes und das des Hauses ist. Hier hatte es auch noch ein starkes negatives Gegenstück gegeben. Also wurde diese Stelle ebenfalls mit aufgezeigt. Ich habe noch einige Vorschläge gemacht, was zu beachten wäre. Später habe ich wieder mit ihm gesprochen, und er erzählte mir, dass er total zufrieden ist und sich einfach wohlfühlt. Er hat das Haus so nach und nach entstehen lassen. Ich habe ihm damals eine besondere Stelle gezeigt und er spürt immer wieder, wie außergewöhnlich seine Meditationen dort sind.

## Fam. Sch. aus Bonn von 1989

Bei Fam. Sch. wurde eine sehr starke Wasserader in einem Gesteinsbruch verlaufend gefunden: zusätzlich noch 2 Kreuzungspunkte im Bereich der Bettstätte. Lattenroste waren aus Metall, Matratzen enthielten Federkerne aus Metall und eine sehr hohe Elektrobelastung wurde an den beiden im Bett liegenden Menschen gemessen.
An Veränderungen wurde folgendes durchgeführt:
Die Betten wurden umgestellt, neue Naturmatratzen ohne Metall wurden von mir auf ihre Verträglichkeit hin ausgemessen und über mich bestellt. Ein Bio-Feldschaltautomat eingebaut.
An Verbesserungen haben sich ergeben:
Frau Sch.: Ohrgeräusche sind verschwunden, Unterleibsprobleme haben sich gebessert und keine Herzrhythmusstörungen mehr in der Nacht.
Herr Sch.: Kein nervöser Harndrang mehr und alle drei, Eltern und 10. jähriger Sohn im eigenem Zimmer können seitdem besser durchschlafen. Sie haben diese Verbesserungen auf meine Empfehlung hin ihrem Arzt gemeldet.

## Herr R. aus Gießen von 1987

Sehr geehrter Herr Ohlheiser,

Ende Januar hatten Sie bei mir eine Wohnungsuntersuchung vorgenommen und u.a. festgestellt, dass eine Wasserader mit 4100 RE quer über die Unterseite meines Bettes verlief und sich ein Kreuzungspunkt in Höhe des Kopfkissens befand. Ich kaufte daraufhin bei Ihnen eine Schutzmatte und einen Netzfreischalter, den ich 3 Wochen später installierte. Inzwischen konnte ich an mir folgende Veränderungen feststellen:

1. Ich hatte seit Jahren morgens Durchfall, den ich nicht behandelte, da er mich nicht weiter störte. Er trat regelmäßig an den Tagen auf, an denen ich morgens um 6 Uhr aufstand, um in den Dienst zu gehen. Ich führte den Durchfall auf berufsbedingte Nervosität zurück. Schon nach der ersten Nacht, in der ich auf der Schutzmatte schlief, war der Durchfall nicht mehr aufgetreten. Bis heute leide ich nicht mehr daran.

2. Ich war der Ansicht, einen gesunden Schlaf zu haben, da ich nachts gut schlief, morgens noch recht müde war und ungern aufstand. Ebenfalls nach der ersten Nacht auf der Schutzmatte stellte ich fest, dass ich morgens etwas leichter aufstand und nicht mehr so müde war. Die Müdigkeit hatte sich nach und nach weiter verringert. Mittlerweile kann ich sagen, dass mir das Aufstehen morgens um 6.00 Uhr leicht fällt. Gelegentlich werde ich sogar vorzeitig wach, was ich zwar nicht so gerne habe, - aber vielleicht braucht man mit 46 Jahren nicht mehr soviel Schlaf.

Ich schreibe Ihnen dieses, weil ich annehme, dass für sie solche körperlichen Auswirkungen, die ich auf die Benutzung Ihrer Schutzmatte zurückführe, von Interesse sind. (Orginalzitat)

## Verschiedene Rückmeldungen nach ca. 3 Monaten eingesandt:

Frau in Bayern:
4. Woche: allgemeine Verfassung viel ausgeglichener, Gelenkschmerzen erheblich zurückgegangen (allerdings auch behandelt) Gelenkschmerzen, Nervosität und Gereiztheit sind spürbar zurückgegangen. Rückenschmerzen sind nicht mehr vorhanden (evtl. durch Ihre neue Naturmatratze).

Frau in Hessen

Asthma, Erkältungskrankheiten, Müdigkeit, Energielosigkeit sind verschwunden.

Mann im Ruhrgebiet

Schlafstörungen haben sich wesentlich gebessert. Innere Verspannungen sind weitgehend behoben.

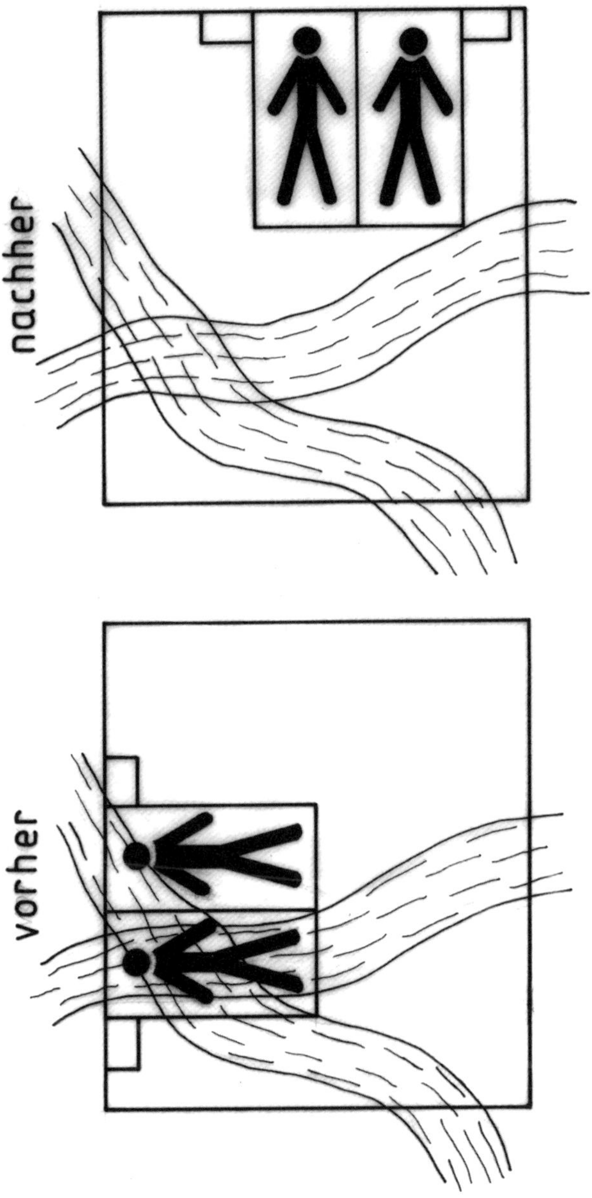
nachher
vorher

Frau in Hessen

Bei mir sind die Schlafstörungen beseitigt, besonders beim Erwachen in der Nacht, aus welchem Grund auch immer, ich schlafe wieder ein. Das war bei mir das größte Problem. Mein Sohn ist sehr viel „ruhiger" geworden und die Fingernägel werden auch nicht mehr gekaut.
Im Großen und Ganzen war es eine gelungene Sache.

Mann hat folgende Verbesserungen erfahren:
Schlafstörungen, Rückenschmerzen sind verschwunden.

Familie in Niedersachsen:
Viel besserer Schlaf, mehr Energie, allgemein besseres Wohlbefinden.
Herzlichen Dank.

Familie in Franken:
Schlafplatzsanierung mit neuen Naturmatratzen und Schutzsteinen unter dem Bett erbrachten :
Tiefer Schlaf, morgens ausgeruht, mehr Energie am Tag, kein Schwindel mehr, weniger Stiche im Körper.

Familie in Bonn
Vom Lattenrost die Metallteile entfernt, Schurwollkissen von Ihnen und spezialbandscheibengerechte Naturmatratzen mit passendem Kamelhaarunterbett. Mineralien und Schutzsteinen unters Bett und aufs Fensterbrett:
Kein nächtliches Wasserlassen mehr, ruhiger entspannter Schlaf, keine Verkrampfungen mehr an Händen und Füßen.

Sehr geehrter Herr Ohlheiser,
mit diesen Zeilen möchten wir Ihnen über das Ergebnis Ihrer Arbeit vom Januar 1990 berichten.
Die Schlafstörungen meiner Frau, die sich dadurch zeigten, dass sie versuchte sich im Schlaf aus dem Strahlungsbereich herauszubewegen, konnten erfolgreich beendet werden, indem wir unsere Betten aus diesem Bereich herausstellten. Sie stellten u.a. fest, dass ein starker Störpunkt genau im Beckenbereich unserer Tochter lag. Trotz der Behandlung bei verschiedenen Ärzten zeigte sich keine Änderung. Drei Wochen nachdem wir das Bett unserer Tochter aus dem Strahlungsbereich stellten, war sie so gut wie schmerzfrei.
Mit diesen Worten möchten wir uns nochmals für Ihre Arbeit bedanken.

Familie in Hamburg:
Entschuldigen Sie, dass ich noch nichts von mir hören ließ. Mir geht es inzwischen gut. Am ..02.93 waren sie bei uns und schon Mitte März merkte ich eine Besserung meiner nervlichen Verfassung. Ende Mai konnte ich bis heute meine Nervenmedizin absetzen. Ich mache täglich einen Spaziergang, manchmal sogar bis zu dreimal einen Spaziergang durch die Natur- das hilft mir, die „Neigung zur ...Psychose“ zu verändern. Danke noch für den Schutzstein, den finde ich prima. Auch meinem Mann geht es gut, er konnte das ganze Jahr über arbeiten.
Herzlichst .......

Mann in Paderborn:
September 95, Abschirmung mit Schutz- und Kraftsteinen. Verbesserungen des Allgemeinbefinden.

Frau in Dortmund
Bett umgestellt, Feldschaltautomat, Energiesteine im Zimmer :
Kann besser durchschlafen.

Frau im Hunsrück:
Frau konnte kein Kind bekommen. Habe ihr einen Stein ausgetestet. Am 21.8.95 rief sie bei mir an und teilte voller Freude mit, dass sie Mutter von einem lieben Sohn geworden ist.

Alleinstehende ältere Frau:
Frau zog in ein Haus ein und ließ es vorher ausmessen. Sie stellte daraufhin ihr Bett nach diesen Ergebnissen im Zimmer auf und hoffte, dass sie damit vorgesorgt hatte. Im alten Haus hatte sie auf einer sehr starken Erdstrahlenbelastung gelegen. Jahre später musste sie beruflich umziehen, und deshalb ließ sie sich die neue Schlafstätte erst von mir austesten.

Familie im Westerwald:
Sehr geehrter Herr Ohlheiser,
wie vereinbart, möchte ich Ihnen kurz schildern, wie sich meine subjektive Verfassung nach Ihren Sanierungsmaßnahmen darstellt. Meine Schlafstörungen haben sich merklich gebessert, meine Trigeminusbeschwerden leider

noch nicht. Das Interessante ist, dass nach einigen Tagen Aufenthalt im Elternhaus oder auch im Haus der Schwiegereltern, die Beschwerden gänzlich verschwinden. Das könnte auf ein psychologisches Problem hinweisen, ist es meines Erachtens aber nicht. Ich habe, um einen Vergleich zu gebrauchen, im Elternhaus das Gefühl, mich mit einem Schiff auf einer glatten Wasseroberfläche zu befinden, während in meiner Wohnung der Lattenrost im Bett durch ständigen Wellengang in Unruhe gehalten wird. (Wir hatten „nur" etwas gegen die Erdstrahlenbelastung im Bett getan, aber es waren noch Metallroste geblieben. R.O.)
Daher nehme ich an, dass diese ca. 2 Meter breite Wasserader, die in allen Teilen der Wohnung abstrahlt, u.a. auch das natürliche Magnetfeld der Erde verstärkt. Sollten Sie in nächster Zeit noch einmal hier in der Gegend zu tun haben, so kommen sie doch bitte noch einmal herein. Ich hätte noch einige Fragen an Sie, auch was den beabsichtigten Kauf eines Hauses betrifft in ein, zwei Jahren. Für die von Ihnen schon geleistete Arbeit möchte ich mich noch einmal bedanken und bin sicher, dass wir in Zukunft miteinander in Verbindung bleiben.
Mit dankbaren Grüßen ........

Wir haben dann später erst eine Bauplatzuntersuchung vorgenommen, bevor er sein Haus baute; auf zwei verschiedenen Bauplätzen, wovon ihm einer dann am besten zusagte. Er hatte sich dann mit seiner Familie das Haus dort gebaut und meine Ratschläge mit berücksichtigt. Inzwischen hatte er einen Kurs bei mir besucht und auch hier vieles dazugelernt. Heute weiß er vieles mehr und kann sich nur wundern, warum er damals mit seiner Familie in einem Haus mit solchen starken Belastungen gelebt hat.

Er und seine Frau waren Lehrer und wohnten in der Schule in den Lehrerwohnungen, die mit im Haus vorhanden waren. Wir haben dann dort auch später in „seinen Schulräumen" das Klassenzimmer ausgemessen. Da sich diese unter seiner darüber liegenden im 2 oder 3. Stock befindlichen Schlafräumen befand, waren dort natürlich auch Belastungen. Offizielle Stellen hatten aber keinen Anlass gesehen, hier etwas auf solche unwissenschaftlichen Aussagen an Veränderungen vorzunehmen. Also ließ er die Kinder in einer bestimmten Reihenfolge die Plätze tauschen. In seinem neuen Haus hat er sich dann nach und nach vieles an Mobiliar in naturbelassene Vollholzmöbel austauschen lassen. Denn er wusste jetzt, was es für einen großen Unterschied gab, zu wohnen und sich wohl zu fühlen.

Frau R. aus Rüsselsheim
geht es wesentlich besser nach der Untersuchung und Harmonisierung, wie ich telefonisch von der Tochter erfuhr.

Alleinlebende Frau in Bayern:
Laut Telefonat sagte Frau Sch., dass sie seit dem Bettumstellen keine Rückenschmerzen mehr habe. Hat mich daher weiterempfohlen.

Mann im Saarland:
Umstellen des Bettes - seither besseres Schlafen.

Mann in der Nähe von Frankfurt am Main:
Mann arbeitet bei der Lufthansa und sie sind umgezogen. In der neuen Wohnung konnte er nicht mehr schlafen, bekam Rückenschmerzen und fühlte sich unwohl. Eine sehr starke Wasserader zog sich durch das Bett, plus 1 Kreuzungspunkt im Kniebereich. Dort bekam er Schmerzen in den Knien. Mein Rat: Bett an die andere Wandseite stellen und Feldschaltautomaten einbauen. Er stellte das Bett um, und seither sind die Schmerzen in den Knien weg. Er kann wieder gut schlafen.

Zwei Frauen erlebten ähnliches:
Nachdem ich bei Frau R. und bei Frau K. in verschiedenen Städten eine Untersuchung der Schlafräume vorgenommen hatte und darauf die Bettstellen saniert wurden, meldeten sie sich zum Wünschelruten-Grundkurs an. Hier erzählten sie unabhängig voneinander, dass sie jetzt wieder schlafen können. Sie wollten selber mehr erfahren und in Zukunft die Bettstellen vorher ausmessen lernen, um sich zum Beispiel im Urlaub in einem fremden Bett wohl zu fühlen.

Fam. K. aus Hanau.
Hier habe ich im Schlafzimmer sehr viele Belastungen festgestellt. Im damaligen Esszimmer war die einzige freie Stelle gewesen. Sie haben sich dann probeweise mit den Matratzen dort hingelegt und konnten wieder schlafen.

Sie wollten das Haus vorher schon umbauen und haben deshalb erst einmal die neue Bettstelle so ausprobiert. Nach dem Umbau waren ihre zahlreichen Krankheiten immer weniger geworden und später ganz verschwunden.

Frau A. aus Idar-Oberstein
hatte schon 3 Rutengänger im Hause gehabt und einen Heilpraktiker. Ich konnte ihr 3 gute Schlafplätze zeigen. Sie legte sich dorthin und hat zuerst eine Verstärkungen ihrer Probleme erlebt. Manchmal kann es sein, dass nach einer Harmonisierung die Probleme wie zum Beispiel Schlafstörungen für eine kurze Zeit spürbar stärker werden, bevor sie davongehen. So als ob der Körper Mühe hat mit der Veränderung und in langer Zeit gelerntes festhalten will. Nachdem diese aber schnell vorbei waren, konnte sie jetzt wieder richtig tief schlafen. Dies war vorher jahrelang nicht mehr möglich gewesen.

Frau W. aus Rodgau
hatte immer Angst vor einer Einweisung in eine Klinik. Nach der Ausmessung des Schlafzimmers hat sie einen neuen erdstrahlenfreien Schlafplatz bezogen und von mir eine spezielle Naturmatratze erhalten sowie einen Ganzholzlattenrost und ein Feldschaltautomat wurde eingebaut. Jetzt kann sie wieder schlafen und fühlt sich dadurch wesentlich besser. Hat keine Angst mehr vor Einweisung.

### Krebs beim 10 Jahre alten Sohn

Krebs bei meinem Sohn im Nebenzimmer führte zur erhöhten Aufmerksamkeit auch im eigenen Schlafraum - unruhiger Schlaf sowie ein Ausweichen einer bestimmten Stelle im Bett. So schrieb mir eine Kundin. Wir haben dann die Belastungen umgelenkt und die Frau erfuhr am Anfang einen unruhigeren Schlaf, aber kein Ausweichen mehr. Dann auch einen ruhigen Schlaf und besseres Wohlbefinden.

### Frau K.

litt unter Herzbeschwerden, Abgeschlagenheit, Schlafstörungen, Nervosität und Kopfschmerzen.
Nachdem wir dort eine Umlenkung vorgenommen hatten, führte sie auf dem von mir dagelassenen Protokoll ihre Aufzeichnungen.
1. Nacht: Schlechter Schlaf, Umgewöhnung an die neue Matratze, 2. und 3. Nacht wie oben
Dann erlebte sie, wie sie immer besser schlafen konnte, und nach 3 Monaten hatten sich folgende Beschwerden gebessert:
Herzbeschwerden, Schlafstörungen und Kopfschmerzen.

### Frau K. aus Essen

stellte nach der Sanierung des Bettplatzes folgendes fest : Besserung des Schlafes, Ihre damalige Schwierigkeit war das Wiedereinschlafen während der Nacht. Wenn sie jetzt nachts einmal wach wurde, konnte sie jederzeit wieder einschlafen. Darüber war sie sehr glücklich. Bandscheibenbeschwerden und Rückenschmerzen haben sich gebessert.

Frau Z. aus Dinslaken
hatte vor der Untersuchung des Schlafzimmers immer unter unruhigem Schlaf zu leiden und schlief später keine Nacht mehr in ihrem eigenen Bett.
Nach einer Umlenkung der Erdstrahlenbelastung schlief sie jede Nacht wieder im eigenem Bett.

Frau F. aus Bonn
hatte vor der Hausuntersuchung Migräne, Arthrose in den Knien, Schwierigkeiten mit dem Rücken. Nach der Umlenkung der Erdstrahlenbelastung trat kurzfristig in der ersten Nacht eine Symptomverschlimmerung auf, die dann aber immer schwächer wurden und kurze Zeit später war sie beschwerdenfrei.

Christian war 4 Jahre alt
und konnte nicht richtig schlafen. Nach Umstellen des Bettes und dem Einbau eines Feldschaltautomaten konnte er ab der dritten Nacht endlich zum Segen für die Eltern nachts durchschlafen und sein Allgemeinzustand besserte sich merklich. Seine Mutter hatte ebenfalls Schlafstörungen und starke Rückenprobleme gehabt. Nach Ausschalten der Strombelastung mittels eines Feldschaltautomaten schrieb Sie mir dann später, nachdem alle Veränderungen durchgeführt waren, von ihren Verbesserungen:
Schlafstörungen und Rückenschmerzen sind verschwunden. Der Mann hatte die selben Beschwerden wie seine

Frau und auch er schrieb, dass seine Probleme verschwunden sind.

Frau L. aus E. hatte folgende Symptome:
Rückenschmerzen, falsche Keimbesiedelung der Scheidenflora, Schweregefühl in den Beinen, Müdigkeit, Konzentrationsschwierigkeiten, Halsentzündung, Spannungsgefühl im Bauchraum, Nackenverspannung, kein entspannter Schlaf, häufige „Aphten" im Mund. Nach einigen Wochen hatten sich folgende Beschwerden gebessert, bzw. waren nicht mehr vorhanden:
Rückenschmerzen, Spannungsgefühl im Bauchraum, Scheidenflora in Ordnung, Schweregefühl in den Beinen verschwunden, seltener tagsüber das Bedürfnis auszuruhen. Ich hatte damals auf meinem Messprotokoll stehen, ob die Menschen zur Zeit in ärztlicher Behandlung sind und ob diese Ärzte für die Aufzeichnungen und Gegenmaßnahmen aufgeschlossen sind und dies in die Behandlung mit einfließen lassen können. Ihr Gynäkologe und der behandelnde Internist hatten dafür kein Verständnis, deshalb schrieb sie mir:
Beide Ärzte sind nicht interessiert, haben aber kaum Ahnung von radiästhetischen Phänomenen.
Deshalb schrieb sie mir folgenden Brief, den ich ihnen hier mitteilen möchte. Ich finde, er sagt mehr als tausend Worte. Die Tatsache, dass unsere Wohnung von Gesteinsverwerfung und vier (!) Wasseradern unterlaufen wird, die kaum noch Raum lassen, gesunde und „gute und ausreichende" Schlafplätze zu gestalten, sowie die Bestätigung

von Nachbarn in unserem Wohnhaus mit sieben Etagen, dass über und unter uns bereits mehrere Menschen an Krebs oder Herzproblemen gestorben sind, hat zu mehreren Konsequenzen bei uns geführt:

1. Störungen in unserer körperlich-seelischen Verfassung, die unser Zusammenleben innerhalb der Familie beeinträchtigen, da wir in Erwägung zogen, aus unserer Wohnung , in der wir uns bisher - was Lage und Nachbarschaft betrifft - sehr wohlgefühlt hatten, auszuziehen. Möglicherweise haben diese seelischen Konflikte auch ihren Niederschlag in immer noch anhaltenden Nacken- und Rückenverspannungen, sowie seit einigen Wochen in anhaltenden Verdauungsstörungen gefunden.

2. Umstellung unseres Doppelbettes nach Ihrem Vorschlag. Wir stellten allerdings nach ihrem Besuch bei genauerer Untersuchung fest, dass unsere Matratzen doch einen - allerdings gut gepolsterten - Federkern enthalten. (Sie wollten es mir damals nicht glauben, dass sie Federkernmatratzen hatten, denn sie glaubten, Latexmatratzen zu haben R.O.)

Daraufhin übernachtete ich in einem Kinderzimmer auf einer von Ihnen als strahlungsfrei ausgewiesenen Zone, um längerfristig Veränderungen an meinem Körper festzustellen.

3. Wir schalteten jede Nacht die Sicherungen in den Schlafräumen aus.

4. Da die Federkernmatratzen in den Kinderbetten noch ganz neu waren, haben wir dort vorläufig nichts geändert.

Ergebnis meines mehrwöchigen Versuchs, auf einer störungsfreien Zone zu schlafen:

Eine wirklich nachweisbare Besserung stellte der Gynäkologe fest, da ich kurz vor der Bettumstellung bereits zum 2. Mal Keime zur Verbesserung der Scheidenflora einführen musste, die beim ersten Mal nicht überlebt hatten. Diesmal war nach 4 Wochen der Versuch gelungen.
Meine vor dem Versuch sehr starken morgendlichen Rückenschmerzen sind wesentlich erträglicher geworden, ich bin auch tagsüber weniger müde als vorher. Ich schlafe wesentlich entspannter und das merkwürdige Schweregefühl in den Beinen ist verschwunden.

### Keine Menstruationsprobleme mehr!

Ein Ehepaar aus B. rief mich zu einer Schlafzimmerausmessung, wobei die Initiative von der Frau ausging, die eine Menge Schwierigkeiten hatte und nicht mehr wusste, wohin sie sich noch wenden sollte. Der Gatte, leitender Angestellter bei der AOK, war dieser Angelegenheit gegenüber skeptisch eingestellt und zeigte sich vorerst sehr verschlossen. Der Frau war das Heben ihres rechten Armes im Laufe der Zeit so gut wie unmöglich geworden. Die Arbeit fiel ihr dadurch immer schwerer. Dazu kamen starke Schlafstörungen und Menstruationsprobleme. Oft setzte für längere Zeit die Periode vollständig aus und folgte dann wieder in völlig unregelmäßigen Abständen kurz hintereinander. Während der Messung vertraute mir der Mann an, nachts bis zu fünf Mal zur Toilette gehen zu müssen und schreckliche Schmerzen in den Knien zu haben. Das Bett wurde umgestellt, der Strom mittels Feldschaltautomaten reguliert. Nach einigen Wochen hörten wir wieder voneinander. Der Mann kam aus dem Staunen nicht heraus. Endlich konnte er nachts durchschlafen. Früher hatte er sich morgens matt gefühlt, weil das häufige Aufstehen ihn am tiefen Schlaf gehindert hatte. Er war ebenso sichtlich froh wie seine Frau, die wieder richtig aufblühte. Ihre Menstruation hatte sich im natürlichen Rhythmus eingependelt. Den Arm konnte sie bereits wieder senkrecht nach oben ausstrecken und wie früher belasten. Ihre neugewonnene Lebensfreude setzte sie ein, um andere über diese Strahlen aufzuklären. Viele aus ihrem großen Bekanntenkreis setzten sich mit mir in Verbindung ......

Frau P. aus Koblenz
war in einem sehr depressiven Zustand nach mehreren Schlaganfällen. Nach der Harmonisierung schrieb sie mir: Depressive Verstimmungen sind umgeschlagen in Aktivität. Kann wieder besser gehen, sprechen, alleine essen und so weiter. Herr P. hatte vorher psychovegetative Störungen und konnte schlecht schlafen. Anschließend konnte er wieder schlafen, und die nächtlichen Kopfschmerzen sind nicht mehr so häufig wie bisher, sie vergingen im Laufe der Zeit.

Familie im Schwabenland:
Jahrelang hatte ich Schlafstörungen und auch starke Depressionen, deswegen musste ich 9 Wochen in die Klinik. Auch danach musste ich ständig starke Medikamente nehmen, um überhaupt schlafen zu können. Dies wurde immer schlimmer, dann hörten wir von einem Bekannten, dass er Schlafzimmer nach Erdstrahlen absuchte. Wir ha-

ben ihn kommen lassen, und er sagte uns, was wir ändern können. Zuerst ging es mir besser, aber dann verschlechterte es sich wieder. Dann habe ich es von Herrn Ohlheiser ausmessen lassen, und wir haben eine Abschirmung der Erdstrahlen vorgenommen. Seit dieser Zeit geht es uns beiden besser, nicht nur kurzzeitig, sondern nun schon seit 3 Monaten, und wir fühlen uns wie neugeboren.

### Frau G. aus Montabaur

Eine sehr einfache Frau war Frau G. aus Montabaur, aber sehr sensibel. Sie hatte bisher nicht viel über sich und ihre Empfindungen reden können. Wenn sie davon in der Familie sprach, wurde sie immer für verrückt erklärt, denn die anderen konnten es nicht nachvollziehen und verstehen. Für sie war es wichtig, einmal mit jemanden darüber reden zu können, der sie annahm und verstand. Nachdem wir festgestellt hatten, was alles an Belastung vorhanden war, war nur die große Frage, wie sie dies alles ändern sollte. Veränderungen waren nur mit kleinen Schritten so nach und nach zu machen. Zuerst schaltete sie nachts den Strom aus. Am Anfang musste sie sehr stark gegen ihren Mann und den Sohn darum kämpfen, denn sie wurde für verrückt erklärt. Aber nachdem sie in dieses Haus eingezogen waren, wurde sie „immer weniger," und die Kräfte nahmen immer mehr ab. Sie konnte sich auf Dauer leider nur sehr schwer durchsetzen und ich konnte nur hoffen, dass sie es schafft.

### Eine Frau im Taunus

In einer kleinen Stadt lebte Frau R.. Ihr Mann war vor etwa einem Jahr an Leberkrebs gestorben. Später legte sie sich dann auf seine Bettseite, da sie es dort schöner fand. Dann bekam Sie aber auch dieselben Beschwerden, die ihr Mann am Anfang seiner Krankheitsgeschichte hatte. Deshalb bestellte sie mich damals zu einer Untersuchung des Schlafzimmers und sagte mir aber nicht, warum ich es ausmessen sollte. Ich fand eine schmale Wasserader, die in diesem Bett etwa in Brusthöhe durchlief und dort ebenfalls noch einen Kreuzungspunkt. Anschließend erzählte sie mir ihre Geschichte, und ich riet ihr einfach, sich wieder in ihr altes Bett zurückzulegen und einige Veränderungen vorzunehmen. Das tat sie dann auch, und es ging ihr von dieser Nacht an wesentlich besser.

### Schulausmessung im Siegerland

Nach einem Vortrag kam eine Frau auf mich zu und fragte nach, was es kosten würde, wenn ich ein Haus und eine Schule ausmessen würde. Zuerst haben wir dann die Schlafzimmer bei ihr zu Hause ausgemessen. Viel Wert legte sie auf das Zimmer der Tochter. Diese war seit dem Umzug immer kränker geworden. Sie hatte inzwischen mit dem Lehrer gesprochen, und er und einige seiner Kollegen und Kolleginnen waren mit dabei, als ich den Schulraum ausgemessen habe. So habe ich dann dort noch andere Klassenräume ausgemessen, und seither wurde versucht, die Kinder in einigen Räumen nicht immer am selben Platz sitzen zu lassen. Sie haben dann nach einer bestimmten Zeit immer wieder die Plätze gewechselt.

Schade, dass dies nur immer Ausnahmen sind und nicht für alle Schulen durchgeführt wird.

Ausmessungen in Bayern:
In Bayern habe ich nicht nur sehr viele Schlafzimmer ausgemessen, sondern war auch in einigen Ställen und habe diese ausgemessen. Einem Landwirt in der Nähe vom Chiemsee habe ich das Gelände erst ausgemessen, bevor er dort einen neuen Stall hat bauen lassen.

Ein anderer Landwirt hatte im Kuhstall an drei Boxen immer wieder kranke Tiere gehabt, obwohl wirklich alles ausprobiert wurde und selbst der Tierarzt mit seinem Latein am Ende war. Obwohl ich die Stellen nicht kannte, fand ich eine Wasserader, die sich unterirdisch unter dem Stall durchzog. Die Tiere standen in den betreffenden Boxen an orten mit großer Belastung und konnten nicht ausweichen. Kein Wunder, dass sie krank wurden, denn wenn sie als Strahlenflüchter hätten reagieren können, wären sie dort bestimmt nicht stehen geblieben sondern hätten diese 3 Boxen gemieden.

Ständige Scheidungen
In einem Achtfamilienhaus in Bamberg wurde ich von einer Frau bestellt und es stellte sich heraus, dass in dieser Wohnung sehr starke Belastungen vorhanden waren. Starke Wasseradern, Elektrobelastungen und eine Verwerfung. Aber dies alles war nur auf der einen Hausseite. Die Wohnungen auf der anderen Flurseite waren kaum bis überhaupt nicht belastet. Ob dies nur reiner Zufall war, dass in

diesem Haus auf dieser Seite innerhalb weniger Jahre vier frisch verheiratete Paare einzogen und sich alle nach spätestens nach einem Jahr wieder trennten?

### Seminarhäuser richtig bauen

Von verschiedenen Seminarhäusern habe ich den Auftrag bekommen, die Anlagen auszumessen und Vorschläge zur Harmonisierung aufzuzeigen.
In einem Seminarzentrum hatten ausgerechnet die Seminarleiter in einem Zimmer wohnen müssen, in dem die Raumenergie mit am schlechtesten war. Ich habe dann dort mittels magischer Zeichen über der Tür die gestaute Energie in diesem Zimmer wieder zum Fließen gebracht und mit einigen anderen Veränderungen wieder ein wunderschönes Zimmer schaffen können.
Ein großes Weingut sollte in ein großes Seminarzentrum umgebaut werden. Ich wurde damals beauftragt, die Energien dort aufzuspüren, so optimal wie möglich zum Fließen zu bringen und so harmonisch wie möglich zu gestalten. Nachdem ich dort das Herzstück des Geländes gefunden hatte, habe ich mich so durch das Gelände gemessen und mit dem Besitzer viele Änderungen einbringen können. So konnte an dem Ort eine wunderschöne Atmosphäre entstehen. Es entwickelte sich ein sehr schöner Bereich zum Entspannen und Erholen, ein anderer Bereich war für Meditationen geschaffen worden.

Dies waren einige Beispiele an Hand deren ich Ihnen aufzeigen wollte, dass es heute genauso wichtig ist, dieses alte Wissen der Menschheit nicht zu vergessen, sondern im Gegenteil in eine Planung von vorne herein mit einzubeziehen. Bei dem Großteil meiner Kunden bekomme ich nicht mit, welche Verbesserungen sich nach einer Umstellung oder Sanierung ergeben haben. Denn nicht alle teilen mir ihre Erfahrungen und Ergebnisse mit. Ich habe jedoch in all den vielen Jahren sehr viele positive Erfahrungen und Veränderungen bei vielen meiner Kunden und Auftraggebern mitbekommen, dass ich einfach weiß, wie wichtig es ist, eine Nacht in einer wirklich unbelasteten Bettstelle zu schlafen und sich dort auch zu erholen. Sei es an unserer Dauerschlafstätte zuhause, oder auch „nur" im Urlaub oder im Hotelzimmer.

### Eine junge Familie in Koblenz

In Koblenz mietete ein junges Ehepaar eine Wohnung in einem Mehrfamilienhaus. Im Schlafzimmer bekamen die beiden jedoch immer mehr Probleme. Nach einer Ausmessung und Umlenkung der Störfelder im Bettbereich, konnte eine gute Verbesserung der beiden erreicht werden.

### Dreieich-Sprendlingen

In einer großen Stadt in der Nähe von Frankfurt a. Main, hielt ich am Anfang des Jahres wieder einen Vortrag, wie ich es schon seit 1987 dort einmal im Jahr mache. Vor dem Vortrag kam ein Mann und sein Enkel auf mich zu und ich erinnerte mich wieder, dass ich ein Jahr zuvor bei ihm gewesen war. Wir hatten sein Haus ausgemessen und auf seinem Acker nach Wasser gesucht. Dieses Wasser wollte er für die Bewässerung der umliegenden Äcker

verwenden, falls dort genügend Wasser in annehmbarer Tiefe vorhanden war. Ich konnte ihm Wasser ausfindig machen und sagte ihm, wie viel dort etwa fließen würde. Jahreszeitlich natürlich schwankend, da es eine Oberflächenwasserader war. Kein Grundwasser. Ich bat ihn damals, mir Bescheid zu geben, wenn er den Brunnen in Betrieb nimmt denn ich möchte ja auch gerne wissen, was aus meinen Vorschlägen wird und wie die Dinge sich entwickeln.
Nun er kam also vorbei und sagte mir, dass er gebohrt hatte. Es kam genügend Wasser und er konnte das ganze Jahr über seine Äcker damit bewässern. Die Ausgaben dafür hatte er also sehr schnell wieder heraus. Die beiden kauften sich dann noch zwei verschiedene Ruten, die wir auf sie abstimmten und mit den Ratschlägen von mir und den beiliegenden Beschreibungen und Übungsanleitungen wollten sie dann in den nächsten Tagen nach dem Vortrag mal selber ein wenig mit den Ruten üben. Ihr Interesse war geweckt und sie wollten erste eigene Schritte versuchen.

### In der Nähe von Baden-Baden

habe ich ebenfalls schon seit vielen Jahren immer wieder einmal im Jahr meine Vorträge in einer größeren Stadt. Hier fragen mich auch über´s Jahr immer wieder Leute an, wann ich denn wieder den nächsten Vortrag habe. Denn sie wollten es an Freunde oder Bekannte weitergeben, da es ihnen selber geholfen hatte, ihre Wohnung ausmessen zu lassen und dementsprechende Veränderungen mit spürbaren Erfolgen durchzuführen. Eine Frau rief mich vor kurzem wieder an und sie hat seitdem selber sehr große Veränderungen erfahren, seit sie vor ein paar Jahren angefangen hat, in ihrer Arbeit meine Tachyonen-Filze für Handy und Telefone sowie die Schwarzen Boxen bei mir zu beziehen und weiter zu verkaufen. Sie hatte es in ihrer Wohnung schon aufgegeben und wollte nur noch ausziehen. Sie wohnte in einem Hochhaus und seit sie dort eingezogen war, ging es ihr immer schlechter. Sie wurde krank. Als Selbstständige und alleinerziehende Mutter eines Sohnes war für sie kein Spielraum zum „Krankfeiern". Also versuchte sie sich selber zu helfen, später kamen dann die üblichen Medikamente und Therapien dran. Sie bekam regelmäßig starke Migräneanfälle und wurde dann mit ihren Beschwerden einfach arbeitsunfähig. Das Verhältnis zu ihrem Sohn litt natürlich auch darunter. Als sie mich dann nach dem Vortrag in ihrer Stadt ansprach und zu sich bestellte, war ich zwei Tage später bei ihr und wusste gar nichts von ihrer Vorgeschichte. In der Wohnung stellte ich zwei verschiedene Wasseradern fest, die im Bettbereich zusammenkamen. Sie hatte zusätzlich noch einen Kreuzungspunkt im Bettbereich. Die Strombelastung war ebenfalls viel zu hoch für diese sensible Frau und wir neutralisierten die Bettstelle wieder. Anschließend setzten wir uns noch zusammen und führten noch ein langes und sehr intensives Gespräch miteinander. Das zusammen war ihr sogenanntes „Aha-Erlebnis" gewesen. Sie konnte die Wohnung wieder so in Ordnung bringen, dass sie darin mit ihrem Sohn wieder glücklich leben konnte und hatte vieles von sich verstanden. Auch hier konnte sie anfangen, Altes aufzuarbeiten und zu verändern. Natürlich muss oder möchte ich auch dazu sagen, dass sie am Ende war und den Wunsch hatte, wieder glücklich im Leben zu werden. Sie hatte während dieser Arbeit, die sie für sich selber nach unserem Gespräch an sich angefangen hat, wieder wie sie selber sagte: den Sinn meines Lebens gefunden und dadurch um die Kraft gebetet, um dort heraus zu kommen. Inzwischen hat sie einen netten zu ihr passenden Mann kennen gelernt und sie wollen in absehbarer Zeit zu ihm nach Australien umsiedeln. Für sie selber passt es so und sie ist damit glücklich.

Es ist für mich schön, so etwas zu erleben und bei all der Alltäglichkeit, die auch ich in meinem Leben erleben darf, dann doch zu sehen, dass ich in meinem Leben immer zur richtigen Zeit bei den richtigen Menschen hingeführt werde vom Leben. Hat mich gefreut, hier die richtigen Worte zu haben und durch mich vermitteln lassen zu können. Auch wenn ich selber inzwischen keiner bestimmten Religion mehr angehöre, so weis ich einfach um diese höhere Macht um uns und in uns herum. Egal wie sie auch immer genannt wird. Ich jedenfalls freue mich, dass ich ein Teil davon bin und lebe gerne jetzt und heute. Je nachdem wie Menschen an mich herantreten, kann ich mein Wissen weitergeben. Die Wahl es so oder so zu gestalten ist einfach ein Geschenk.
Verstehst du was ich damit meine?

## Vom starken Mann

Ein Mann, der mit seinem Beruf die ganze Familie versorgte, bekam nach vielen Arbeitsjahren Krebs. Natürlich passte diese Krankheit weder in sein Bild von sich selbst, noch war es gerade passend. Denn er hatte ja ein Haus gebaut und musste noch lange dafür arbeiten um es abzubezahlen. Natürlich litt auch das Familienleben unter der finanziellen und familiären Auswirkung dieser Krankheit. Er arbeite schon seit vielen Jahren am Computer. Denn dies war sein Beruf. Gesundheitliche Probleme von der Arbeit am Computer zu bekommen war etwas für Weicheier und Gutgläubige. Denn wo im technischen Wissen wurde je etwas wirklich festgestellt, das von Computern eine Gefahr ausgeht?!

Na ja, wie es das Leben so will, konnte er zum Schluss noch maximal eine halbe Stunde an den Geräten sitzen und dann streikte sein Körper. Als ich dann bei ihm war und er meinen Ausführungen folgte, merkte ich schon, das er ganz schön ungläubig war und innerlich mehrere Male schlucken musste. Aber er liess sich dann doch darauf ein, den Test mit mir zu machen. Er erfuhr die Auswirkung, die der Computer mit und ohne Schwarze Box auf ihn hatte. Zuerst wollte oder konnte er nicht glauben, was er da am eigenem Körper erlebte. Doch dann entschied er sich dazu, es einfach mal auszuprobieren und kaufte eine schwarze Box. Wir unterhielten uns dann ein paar Wochen später am Telefon miteinander. Er konnte jetzt wieder mehrere Stunden am Stück am Computer arbeiten und war immer noch fit. Kaum zu glauben aber wahr. Natürlich hatte es auch Auswirkungen auf seine innere Probleme und Ängste, die er dadurch bekommen hatte und auch hier konnte er mir erzählen, dass es sich auf alles sehr positiv ausgewirkt hatte. Das hört man doch gerne, wenn man mit einer kleinen Summe so viele positive Erlebnisse erreichen, hervorrufen kann.

**In Bitburg,**
der Stadt des bekannten Bieres, bin ich schon seit vielen Jahren regelmäßig mit meinen Vorträgen. Vor einem Jahr hatte ich dort wie immer meine Vorträge angeboten und unter anderem besuchte mich dort eine Frau. Sie war zwar sehr angetan und im Gespräch sagte ich ihr auch, was sie ändern könnte an ihrer jetzigen Situation. Doch damals war sie noch nicht soweit, tatsächlich auch etwas zu ändern. Sie brauchte noch etwas Zeit und fragte dann auch nach, wann ich wieder in Bitburg bin. Ich gab ihr dann später den neuen Termin durch. Als ich dann an diesem Tag wieder da war, kam sie auf mich zu und wir vereinbarten, am nächsten Tag ihren Schlafplatz auszumessen. Sie hatte einige Störungen dort und die Auswirkungen, die ich ihr darauf hin sagte, trafen alle zu. Sie konnte und musste es leider so bestätigen. Wir haben dann mittels eines Raumharmonisierers III-1 die vorhandenen Erdstrahlenbelastungen in ihrem Schlaf- und Wohnbereich neutralisiert und unter dem Doppelbett vier Schwarze Boxen richtig platziert. Sie testete noch ein Kopfkissen von mir aus, denn ihr bisheriges Kopfkissen hatte sie körperlich nicht vertragen. Sie hatte sich schon gewundert, das sie immer Nacken- und Schulterschmerzen be-

komme hatte, obwohl sie sehr viel Sport trieb. Mit diesen neuen Sachen wollte sie dann sehen ob sich für sie etwas verändert. Eine Woche später rief sie mich dann über mein Handy an und hatte noch eine Frage an mich. So sagte sie mir dann auch, dass sie während dieser einen Woche wieder richtig tief und fest geschlafen hat und sich inzwischen wie ein anderer Mensch fühlt. Die vielen körperlichen Probleme, die sie bisher hatte und inzwischen als einen Teil von sich angesehen hatte, verflüchtigten sich immer mehr. Da kam eine ganz neue Frau zum Vorschein. Sie war schon sehr gespannt, wie es sich weiterentwickeln würde. Bis zum nächsten Vortrag dann. Da wollten wir dann noch einmal sehen, was sich so alles ergeben hatte.

Wenn sie sich jetzt fragen, warum ich diesen Fall hier aufgeschrieben habe, so kann ich nur ganz einfach sagen: jeder Mensch hat seinen eigenen Rhythmus und seine ganz eigenen inneren Gesetze. Richten wir uns danach und achten wir darauf, können wir einfach nichts falsch machen. Ich erlebe immer wieder, dass mich die einen Frauen oder Männer direkt bestellen, andere einfach noch Zeit brauchen, um an den Punkt zu kommen. An den Punkt, an dem sie einfach nur sagen können oder wollen: ich habe jetzt so viele Erfahrungen gesammelt oder Auswirkungen erlebt die ich nicht selber verändern konnte, dass ich jetzt einmal einen anderen Weg gehen muss. Oder vielleicht den Mut haben muss, ja zu etwas Neuem zu sagen. Nur wenn sie an diesen Punkten und an ihrer eigenen inneren Bereitschaft zu einer Veränderung angekommen sind, können wir etwas miteinander machen. Ist doch eigentlich ganz klar und logisch, oder?

In der Nähe von Friedberg

in Hessen hatte ein Mann sich ein kleines Unternehmen aufgebaut. Er hatte sich sehr viel Wissen angeeignet und war zudem ein Mann, der einfach verstanden hat, all dies einfach und präzise umzusetzen. Er baute Spezialmaschinen und wenn Wissenschaftler oder Ingenieure etwas entwickeln wollten, so trafen sie sich oft bei ihm und irgendwann hatten sie dann genau das, was ihnen vorher vorgeschwebt hatte. Ich habe ihn als einen sehr wachen, freundlichen aber bestimmenden Mann kennen gelernt und wir haben seit wir uns kennen einige Male miteinander gesprochen. Ich hatte vor Jahren in der Nähe seines Heimatortes einen Vortrag gehalten und er bat mich dann, bei sich Zuhause das Schlafzimmer auszumessen. Wie sich herausstellte war einmal jemand dort gewesen und hatte nach Wasseradern und einigen anderen Dingen geschaut. Wie das halt meist so ist, es wird mit der Rute herumgespielt und es sieht für Außenstehende toll aus. Man muss es glauben oder nicht. Denn als Laie hat man keine Möglichkeit das nachzuvollziehen. Sie stellten dann ihre Betten im Zimmer um und hatten dann Beschwerden, die vorher nicht aufgetaucht waren.

Es gab im jetzigen Bettbereich eine Wasserader, Kreuzungspunkte, hohe Elektrobelastungen und durch Federkerne viele Metalle im Bett. Wir tauschten dann um in Naturmatratzen, die wir vorher von der Materialverträglichkeiten her ausgetestet hatten. Ich stellte im Zimmer einen Raumharmonisierer III-1 auf und die Strombelastung wurde mittels eines Feldschaltautomaten ausgeschaltet. Das war auch nötig, denn die Frau hatte wirklich sehr große Herzprobleme in diesem Haus bekommen und starke Kopfschmerzen. Sie hatte vorher schon sehr vieles ausprobiert um wieder gesund zu werden. Später bekam sie dann massive Probleme und es war halt immer die Angst da, es nicht mehr in den Griff zu bekommen. Der Mann verspürte in seinem rechten Oberschenkel nach dem Aufwachen immer ein starkes Zucken und konnte zusehen, wie die Muskeln sich dort ganz alleine anfingen zu bewegen. Willentlich einschalten konnte er dieses Muskelzucken nicht. Das Bein fühlte sich dann wie taub an oder schmerzte sehr stark. Er war eher müde und matt als ausgeruht und locker nach dem Aufwachen.

In den nächsten beiden Tagen der Umstellungsphase reagierte sein Bein dann völlig anders und seit dieser Zeit war das bisher gewohnte und befürchtete „Ritual" nach dem Aufwachen vorbei. Er konnte es dann zuerst gar nicht fassen und wir telefonierten dann auch miteinander. Ich fragte ihn dann einmal, ob er denn das Zucken und die Mattigkeit gerne wiederhaben wolle und da lachte er dann. Nein, das will ich ganz bestimmt nicht mehr!

Die Probleme seiner Frau verbesserten sich mit der Zeit langsam und stetig und sie merkten ja nun tatsächlich, dass eine Veränderung stattgefunden hatte. Wir machten dann nach drei Monaten den Haartest und auch hier konnte ein deutlicher Unterschied festgestellt werden. Im Laufe der Jahre war ich dann noch einige Male bei Ihnen. Einmal spürten sie, dass im Bett wieder eine Spannung vorhanden war, sich aufbaute. Ob es wohl von den Geräten herkam? Nein, es stellte sich bei den Messungen heraus, dass eine neue Sendeanlage aufgestellt und in Betrieb genommen war. Diese Veränderung war für beide körperlich spürbar, obwohl sie optisch von ihrem Schlafzimmer aus gar nicht sichtbar war. Mittels Schwarzer Boxen konnten wir auch hier wieder Harmonie herstellen. Obwohl die junge Frau im Büro zwar schon seit langer Zeit eine Schwarze Box auf dem Schreibtisch hatte, legte sie sie weg, denn es wurde ja einfach nur so gesagt und ihr Vertrauen lies nach. Ich zeigte ihr dann den Unterschied, selber wenn wir eine Schwarze Box in ihrer Nähe liegen hatten oder wenn keine da war. Jetzt hatte sie es selber verstanden und ab da war es gar keine Frage mehr, die Schwarze Box in ihrer Nähe zu belassen. Sie wollte es für sich machen und wir haben dann später miteinander gesprochen. Sie merkte den Unterschied jetzt deutlich. Wie es halt so ist, es wurde im Freundes- und Bekanntenkreis darüber gesprochen und so bekam ich die eine oder andere Empfehlung, um auch hier einmal zu schauen, was an Belastungen vorhanden ist und was man verändern könnte.

Eine Familie in der Nähe von Würzburg

bat mich vor einigen Jahren, ihre Schlafräume auszumessen. Ich stellte zwei Wasseradern mit linksdrehenden Energien fest und sehr hohen Reizeinheitenbelastungen. Im Bett des Sohnes befand sich im Kopfbereich ebenfalls noch ein Kreuzungspunkt. Die vorhandene Elektrobelastung war ebenfalls viel zu hoch und die im Bett befindliche Federkernmatratze verstärkte diese ganze Störungen noch um ein vielfaches. Alle konnten nicht richtig schlafen und fühlten sich in ihrem Haus nicht richtig wohl und zuhause. Der Sohn hatte im Kopf einen starken, großen Gehirntumor bekommen und war in medizinischer Behandlung deswegen gewesen. Irgendwann stellte man jedoch fest, dass es nicht besser wurde und mit allen Möglichkeiten schien keine Änderung herbei zu führen zu sein. In dieser Zeit wurde ich dann bestellt und fragte nach, ob bei diesen Belastungen vielleicht diese oder jene Beschwerden vorliegen könnten? Es deckte sich halt mal wieder mit dem, was tatsächlich vorhanden war. In diesem Fall wurde der Strom in den Schlafräumen reduziert, bzw. mit Feldschaltautomat und schwarze Boxen in Ordnung gebracht. Eine entsprechende vorher ausgetetste Matratze wurde beim Sohn in das Bett hineingelegt und mittels eines Raumharmonisierers die Erdstrahlenbelastungen im Haus neutralisiert. Kurze Zeit später erlebte er auf allen Bereichen wieder Verbesserungen und nach kurzer Zeit waren die Probleme im Kopf weg, inzwischen kann er wieder alles machen wie früher auch. Durch diesen Leidensweg hat er auch eine neue Einstellung zum Leben gefunden und vieles hat sich inzwischen für ihn zum Besseren verändert. Werte, die ihm früher wichtig und anstrebenswert erschienen, sind für ihn heute nicht mehr wichtig. Es ist ihm heute viel wichtiger geworden herauszufinden, warum er hier lebt und was für eine Aufgabe er in diesem Leben hat. Inzwischen bin ich seit einigen Jahren immer wieder bei ihnen und begleite sie auf dem einen oder anderen Weg. Sie haben einen landwirtschaftlichen Betrieb und nach diesen ganzen Erfahrungen in der Familie fing langsam aber sicher ein Umdenken an. Ich durfte öfters Gespräche, Beratungen oder Reinkarnationsarbeiten mit den einzelnen Familienmitgliedern durchgehen. Auch hier haben sie alle mit dem Mut, den sie hierfür aufbrachten, vieles über sich erfahren und konnten so erkennen, warum es so und nicht anders erlebt werden musste und was sie alles schon hinter sich hatten. Inzwischen hat sich ihr Leben in allen Bereichen verändert, der Familienzusammenhalt sich enorm verstärkt und das Verständnis innerhalb der Familie verändert. Der ganze Betrieb wurde auf biologischem Anbau umgestellt. Sie haben bei mir vieles gelernt und arbeiten jetzt nicht nur nach den Richtlinien oder nach dem alten Wissen, wie es sonst meist angewandt wird. Sie haben auch begriffen, dass die Felder, Äcker und Wiesen auch auf energetischer Ebene wieder „gesunden" mussten. Auch hierfür haben wir manche Stunde miteinander verbracht und heute kann man sehr wohl die Erfolge sehen, fühlen und schmecken. Haben sie am Anfang noch Erfahrungen auf dem Gelände selber machen müssen, so können sie heute vom energetischen Herz neben dem Haus aus viele dieser feinstofflichen Arbeiten durchführen.

Es ist schön und immer wieder erstaunlich, wie sich Menschen verändern. Wenn sie den Mut haben den normalen Trott oder die eingefahrenen Gewohnheiten zu akzeptieren oder zu verändern und bereit sind sich dem Leben wieder wirklich zu stellen und „weiter zu gehen".

### Eine Familie im Taubertal

Telefonisch erreichte mich die Bitte, ein Haus auszumessen und eine Woche später war ich an diesem Ort. Es war eine kleine Bäckerei mit einem angegliedertem Lebensmittelgeschäft auf einem kleinem Dorf. Als wir uns miteinander unterhielten merkte ich gleich und sie sagten es mir dann auch anschließend, dass sie selber von dem Ganzen nicht viel hielten und damit nicht viel anfangen könnten. Für sie war es nicht greifbar, nachvollziehbar und somit Hokuspokus. Ich war nur da, weil Bekannte von ihnen erzählt hatten, welche Verbesserungen sie nach meinem Besuch und den Veränderungen erlebt hatten. Was hier für Probleme vorlagen wurde zu diesem Zeitpunkt nicht besprochen, darum hatte ich vorher gebeten. Jedenfalls kam heraus, dass eine ganze Menge Belastungen in diesem Haus waren. Die Vorbesitzer waren dort ausgezogen, da viele und schwere Krankheitsfälle aufgetreten waren. In diesen Jahren, als sie dort arbeiteten und lebten. Es war halt das Geschäft und alles musste dafür herhalten. Jedenfalls verkauften die Vorbesitzer das Geschäft mit Bäckerei und Wohnhaus. Da im Zimmer eines der Kinder eine starke Belastung festzustellen war, fragte ich nach, ob der Sohn Schwierigkeiten habe. Ich zeigte den beiden Eltern, was für körperliche Probleme dort auftauchen und wie sehr es selbst sie als Erwachsene schwächt. Ich schlug zwei Möglichkeiten vor, um es wieder in Ordnung zu bekommen. Obwohl der sechs oder siebenjährige Sohn sehr stark an Krebs erkrankt war, wollten sie nichts ändern. Sie wollten und konnten es mit ihrer religiösen Weltanschauung nicht vereinbaren. Schade, dass sie nicht so stark waren wie sie erzählt hatten, denn es war ihnen anzumerken, dass sie darunter litten und Zweifel in Ihnen nagten. Als ich wieder in dieser Gegend war, habe ich bei den Leuten die mich damals dort zu dieser Familie mit der kleinen Bäckerei vermittelt hatten, denn ich sollte nochmals Steine für sie austesten. So kamen wir dann ins Gespräch und sie erzählten mir dann, dass knapp eine Woche später nachdem ich dort bei Ihren Bekannten war, der Sohn gestorben sei. Niemand hatte damit gerechnet, dass es so schnell geschah. Er hatte ja noch etwa ein Jahr vorausgesagt bekommen. Natürlich war auch ich erst einmal sehr betroffen. Aber hätte ich den Eltern damals sagen sollen, was ich in diesem Haus wahrgenommen habe? Das es „in der Luft lag". Das der Sohn „sich aufgegeben hatte und nur noch seine Ruhe wollte und keine Lust und Kraft mehr hatte zu kämpfen". Natürlich habe ich damals „nachgefragt", ob ich das alles jetzt in dieser Situation sagen soll. Aber ich habe ein klares Nein bekommen und wusste dann, dass es nicht in meinem Bereich liegt, hier etwas zu sagen, was jetzt hier nicht richtig war. Wer selber solche Fähigkeiten hat, weiß wie sehr es manchmal gegen die eigne innere Bereitschaft geht und dass das Leben aber seine ganz eigenen Gesetze hat. Ich bin ein Vermittler oder Berater. Aber ich bin keiner, der andere Menschen zu etwas zwingt. Ich habe mir nur gedacht, hoffentlich ist es für den Jungen jetzt das Richtige gewesen und er ist glücklich. Die Eltern jedoch wie mir die Bekannten erzählten sind fast zusammengebrochen. Zumal ich ja damals Andeutungen gemacht habe, die sie damals jedoch völlig ablehnten. Nur dadurch, dass sie noch eine (gesunde) Tochter konnten sie sich dem Leben weiter stellen. Ich möchte ehrlich gesagt nicht wissen, was die beiden alles für Gefühle und Schuldgefühle miterleben mussten.

### Fast alles auf einmal

Eine Familie hatte mich per Telefon bestellt. Bei der Ausmessung zeigte sich, dass im Elternschlafzimmer ein Gesteinsbruch durch das Bett ging. Die Frau im anderen Bett lag von der Brust ab mit dem ganzen Körper in diesem Störfeld, der Mann in seinem Bett ab dem Bauchbereich abwärts darin. Es ging also schräg durch das Bett hindurch. Der Gesteinsbruch hatte eine Belastung von 7300 Reizeinheiten und war sicherlich nach Regenfällen, Schneeschmelze. auch noch wasserführend. Im Moment der Ausmessung jedoch nicht. Beim Mann im Bett gab es einen Kreuzungspunkt vom Globalgitternetz im Brustbereich/Hals und im Bauchbereich einen Kreuzungspunkt vom Currynetz. Durch die in den Betten liegende Federkernmatratze konnten die Belastungen bis zu 4 Meter entfernt immer noch gemessen werden. Außerdem war das Erdmagnetfeld gestört. Ich sagte ihm einige Symptome, die hier auftreten könnten. Daraufhin sagte er mir, dass er seit ungefähr einem Jahr Krebs im Brustbereich habe. (Ist das Zufall?) Vor zwei Jahren hatten sie neu gebaut. Nach einem Jahr im Bett hatte er Krebs. Den Beruf konnte er nicht mehr vollständig ausüben. Die Familie hatte ja viele Pläne gehabt und die konnten sie jetzt nicht mehr umsetzen. Er musste sich einen neuen Job suchen, da er im alten Beruf nicht mehr arbeiten konnte. Finanzielle Sorgen blieben nicht aus. Die notwendigen Arbeiten im Haus blieben liegen wegen der Erschöpfung und das verstärkte die Störungen noch. Sie haben dann die Betten in ein anderes Zimmer gestellt und kurze Zeit später ging es ihm immer besser. Heute ist er wieder völlig gesund und munter.

### In einer großen mittelhessischen Stadt

bekam ich den Auftrag, in einem Bürohaus vor dem Einzug der Firma zuerst meine Arbeit durchzuführen. Ich sollte in diesen drei Etagen mit mehreren tausend Quadratmetern die bestmöglichsten Arbeitssituationen herausfinden. Hier hatte ein Privatmann zuvor seine ganz eigenen Erfahrungen mit diesem Thema gemacht. Nachdem er erlebt hatte, wie sehr sich diese unsichtbaren Umweltbedingungen auf Menschen auswirken können, wollte er unbedingt für sich selber und für sein Personal einen Ort mit den bestmöglichsten Geschäftsenergien schaffen. So schlecht kann es nicht gewesen sein, denn es wurde ein bundesweit agierendes Geschäft daraus.

### Der Rundfunk wollte es wissen

Selbst eine „Anstalt des öffentlichen Rechts“ möchte doch hin und wieder gerne wissen, ob sie von den Menschen mit den bestmöglichsten Motiven und Voraussetzungen regiert wird. So bekam ich die Aufgabe, in einem öffentlichem Gebäude einen bestimmten Saal auszumessen. Ein paar Änderungen hätte das ganze noch viel effektiver machen können. Nur dazu war man damals noch nicht wirklich bereit und so wurde dann auch damit verfahren.

**Öffentliche Bestätigung**

In einer großen und bekannten Stadt in Franken stand zum Schluss meines Vortrages ein Paar auf und der Mann sagte:

„Wenn Sie vor ein paar Jahren nicht bei uns gewesen wären und die Situation im Schlafzimmer wieder in Ordnung gebracht hätten, würde meine Frau jetzt hier nicht mehr neben mir sein. Sie hatte Krebs und es ging ihr wirklich sehr schlecht. Sie war schon aufgegeben."

**.......sehr geehrter Herr Ohlheiser,**

ihr Buch "Krank durch Erdstrahlen" finde ich großartig. Ich bitte um Zusendung aller Prospekte nebst Preisliste und

.........

mittelfristig möchte ich nach Spanien, Costa Blanca und fragen, ob sie auch dort tätig sind und mir beim Hauskauf dort helfen könnten? ............

Kein Problem antwortete ich ihm, ich bin verschiedentlich in Spanien und Portugal gewesen. Ich werde etwa Mitte dieses Jahres wieder in der Gegend sein. Ich werde Sie in den nächsten Tagen anrufen und dann können wir uns in Ruhe weiter darüber unterhalten.

Hallo, Herr Ohlheiser,
es sind jetzt schon 12 Wochen vergangen, seit sie uns das erste Mal besuchten. Unseren Zwillingen geht es eigentlich ganz gut. Sie sind „gut drauf", manchmal auch nicht zu bremsen. Diese „Sekundenaussetzer" haben sich erheblich verringert. Die Kinder sind munterer und aufgeweckter geworden, das fällt auch schon in der Schule positiv auf.
Deshalb möchte ich sie bitten, die Haare der Kinder auszutesten.................

......guten Tag Herr Ohlheiser,
ihr Buch habe ich schon ausgelesen. Es war sehr gut.........
....der Kasten im Schlafzimmer mit unter anderem den Steinen, ist wirklich eine Hilfe. Mein Mann konnte zwei Tage später schon besser aufstehen morgens. Er gibt es nicht so gerne zu, aber von seinen Schmerzen in der Seite höre ich auch nichts mehr.
Mit freundlichen Grüßen ..........................

...sehr geehrter Herr Ohlheiser,
das Buch ist einfach fantastisch. Es hat mir schon viele Anregungen gegeben.
Mit freundlichen Grüßen.
..............................

PS. Das Andere lese ich noch.......

**Im Jahr 2000 beauftragte**
wurde ich beauftragt mich Familie F. damit, ihr Schlafzimmer auszumessen. Die Frau lag auf ihrer Bettseite mit dem Oberkörper in einer Wasserader. Diese hatte über 6000 Reizeinheiten. Außerdem befand sich in ihrem Bett ein Kreuzungspunkt und sie hatte noch eine Federkernmatratze im Bett. Der Mann hatte in seinem Bett einen anderen Kreuzungspunkt im Kopfbereich. Sie haben dann das Bett in ein unters Zimmer im Haus umgestellt. Nach nur einer Woche waren sie beschwerdefrei und können nun wieder schlafen.

**...... sehr geehrter Herr Ohlheiser,**
wir sind mit Ihrem Raumharmonisierer bestens zufrieden!

Wie besprochen senden wir Ihnen die Haare zur Analyse zu.

**Herr K. aus Bremen**
Ihr Buch „Krank durch Erdstrahlen..." finde ich großartig. Ich bitte um Zusendung der nächsten Bücher.

**Schreiben von einem Arzt**
Nachdem ich ihr Buch gelesen habe, lege ich es in unserem Wartezimmer in der Gemeinschaftspraxis aus. Es hat mir selber sehr geholfen.

A. S. , Arzt

Terminanfrage über ein Buch aus dem Buchhandel
Ich habe in dem Buch „Erdstrahlen“ die ersten Kapitel gelesen und möchte Sie hiermit zu einer Schlafplatzuntersuchung bei mir bestellen.

Familie K. aus Bonn
Ziemlich zu Anfang meiner Zeit in der ich meinen Beruf wechselte und als Energiearbeiter sowie das Rutengehen hauptberuflich anfing, wurde ich von einem Ehepaar in der alten Bundeshauptstadt zu einer Schlafplatzuntersuchung bestellt. Es waren sehr viele und starke Belastungen vorhanden, die wir wieder in Ordnung bringen konnten. Der Mann hatte ständig starke Kopfschmerzen und Übelkeit. Die Frau starkes Rheuma und Gicht. Das Bett wurde umgestellt und der Mann war fast sofort beschwerdefrei. Bei der Frau konnten wir die Leiden sehr lindern.

Während ich jetzt das Buch neu überarbeite, rief vor einem halben Jahr etwa diese Frau wieder bei mir an und erzählte mir, dass bei beiden wieder Probleme im Bettbereich aufgetaucht sind. Ob ich nicht noch einmal vorbeikommen kann?

Ich war dann später noch einmal dort und habe noch einmal eine Untersuchung vorgenommen. Es war ansonsten alles noch wie damals, also in Ordnung. Da sie älter geworden waren, hatten sie sich neue Lattenroste gekauft und diese zum leichteren Hoch- und Herunterstellen mit je einem Elektromotor. Seit dieser Zeit fingen dann auch wieder, die Probleme an ................

Eine andere Familie aus Bonn

Bei einer Familie haben wir ebenfalls in dieser Zeit das Bett im Schlafzimmer umgestellt, da sie beide damals sehr krank waren. Im letzten Jahr habe ich dort nochmals eine Untersuchung vorgenommen, denn ich wurde dringend dazu beauftragt. Die Frau hatte inzwischen Brustkrebs bekommen und wollte wissen, ob ihre Bettstelle inzwischen wieder belastet war.

Ja, das war sie leider inzwischen wieder. Aber nicht weil ich damals alles falsch gemacht hatte, sondern weil sie es sich später hatten einfallen lassen, alles wieder „besser„ zu machen in der Zeit, als beide wieder gesund waren. An die Stelle, an der früher das Bett stand, platzierten sie ein Sofa. Um (fast nie) darauf zu sitzen und später wurde es dann als Ablage für Kleidung zum nächsten Tage hin benutzt. Das war ja an sich eine schöne Sache. Nur war der Innenaufbau des Sofa aus Federkernen aufgebaut mit Schaumstoff- und anderen Abdeckungsmaterialien. Damit man bequem und weich darauf sitzen konnte. So sind nun mal die meisten Garnituren aufgebaut. Durch die Antennenwirkung der Metallteile darin wurde aber leider auch die Belastung, aus der sie sich damals herausgelegt hatten, wieder in einem großen Bereich abgestrahlt. Ihre vorher geschützte Schlafstelle war jetzt wieder belastet.
Da wir an der alten Bettstelle und auch an der neuen Bettstelle damals eine sehr hohe Elektrobelastung gemessen

hatten, wurde dann ein Feldschaltautomat von mir an den Stromkreis des Schlafzimmer und nebenan befindlichem Bad, eingebaut. Das funktionierte ja auch sehr lange sehr gut. Bis sie Jahre später auf die Idee kamen, im Bad ein Radio einbauen zu lassen. Da dieses Radio jedoch ein Dauerverbraucher war und der zuständige Elektriker von der vorhandenen Schaltvorrichtung keine Ahnung hatte, sagte er einfach sie sollten halt einfach die bisher genutzte Kontrolle weglassen. Das brauchen sie ja jetzt nicht mehr. Die Kontrollleuchte zeigte an, wenn der Stromkreis nicht ausgeschaltet war und der Feldschaltautomat dadurch auch die Stromzufuhr nicht unterbrechen konnte, wie er es ja machen sollte. Sie lagen also wieder im Dauerstrom. Als ich damals mit ihnen darüber sprach und wir ausgetestet hatten, ob ihre Bettmaterialien verträglich sind, wollten sie dann später nichts mehr davon wissen. Sie waren ja wieder gesund. Also wurde dann einfach ein anderes Kopfkissen und Zudecke gekauft. Natürlich nicht verträglich und später haben sie dann ihre Bettsachen bei mir neu gekauft, nachdem wir es zuvor ausgetestet hatten. Die Metallscharniere zum Lattenrostverstellen sollten damals herausgeschraubt werden, was aber nicht geschah. Also sprach ich es jetzt wieder an. Inzwischen hatte sie sich einen Computer angeschafft und saß dort öfters. Hier konnten wir die ganze Situation recht schnell mit einer Schwarzen Box wieder neutralisieren.

Nachdem die Räume wieder neu in Ordnung gebracht waren, sagte mir die Frau in einem der nächsten Telefonate, dass sie jetzt beide wieder merkten wie sich alles wieder verbesserte. Deshalb bestellte sie dann bei mir das ausgetestete Kopfkissen und die Zudecken.

In Rothenburg o.d. Tauber

hatte ich vor kurzem wieder einen Vortrag. Etwas früher als die meisten anderen Besucher kam ein älterer Mann in den Raum herein. Er ging dann auf mich zu und fragte mich, ob ich ihn kennen würde. Ich schaute ihn einen Augenblick an und dann sagte ich ihm, klar ich war doch vor einem Jahr bei Ihnen zu Hause und wir haben das Schlafzimmer für sie ausgemessen. Je mehr ich mich innerlich darauf einlassen konnte, um so mehr erinnerte ich mich wieder an das Haus. Ich sah wieder das Schlafzimmer und was wir damals dort gemacht hatten, um die Belastungen auszuschalten. Quer durch beide Betten lief eine sehr breite Wasserader, die weit über 9000 Reizeinheiten hatte und linksdrehend (schwächend) war. Durch das Bett des Mannes verlief noch ein zweiter Gesteinsbruch mit einer Wasserführung. Also eine Tiefenwasserader verlief auch noch zusätzlich durch sein Bett. Sein Kopfkissen und seine Zudecke hatte er ebenfalls nicht vertragen. Die Strombelastung war eindeutig zu hoch gewesen. Hier bei dieser Familie hatten zwar beide ihre Belastungen und Probleme, aber vom Gesundheitlichen her war eindeutig der Mann derjenige, der die meisten und schwersten Krankheiten erlebt hatte. Irgendwann wollt er dann wissen, ob es von den Belastungen aus dem Bettbereich kommen konnte und so wurde ich dann gebeten, hier eine Ausmessung vorzunehmen. Wir haben

uns dann die Zeit genommen und die einzelnen Materialien ausgetestet und nachdem wir die richtigen zwei verträglichen Materialien hatten, habe ich die beiden Zudecken hereingeholt. Zufälligerweise hatte ich gerade diese beiden dabei und er probierte sie dann aus. Eine Bettdecke und ein besonderes Nackenstützkissen, das ihm gefiel, da er sehr gut darauf liegen konnte, behielt er gleich da. Bei der Strombelastung vom Zimmer her und den Außeneinwirkungen platzierten wir Schwarze Boxen unter dem Bett. Für die Erdstrahlenbelastungen stellten wir dann einen Raumharmoniesierer auf. Auf die Fensterbank kam noch ein Paar Petras Perideidas, um die notwendige Grundenergie des Raumes auszugleichen.
Als der Mann dann vor mir stand, lächelte er und gab mir einen Briefumschlag in die Hand. „Sie wollten doch damals ein paar Haare von mir haben und austesten?!" Ich habe sie ihnen jetzt mitgebracht, vielleicht können Sie sie mir bitte austesten und feststellen, ob wieder alles in Ordnung ist. Mir geht es jedenfalls wieder so gut wie kaum jemals im Leben und meine ganzen Probleme sind vorbei. Meiner Frau geht es auch wieder gut und wir können wieder richtig und erholt schlafen. Inzwischen gehe ich wieder gerne ins Bett und freue mich schon darauf. Ganz im Gegensatz zu früher. Meine bei Ihnen gekauften „Bettsachen" würde ich nicht wieder hergeben.
Er blieb dann noch beim Vortrag dabei und wollte es sich noch mal anhören. Da er dort in der Gegend sehr wohl bekannt war, sprach er mit einigen seiner Bekannten in der Pause und sie versuchten wie auch andere meiner Zuhörer mit meinen Laienruten die Stellen, die ich dort im

Vortragraum gekennzeichnet hatte, selber mit den Laienruten abzugehen. Für viele ist es immer wieder ein Erlebnis, wenn ich vorher zwar über diese ganze tatsächlich wenn auch unsichtbar vorhandenen Energien gesprochen habe, jetzt selber eine paar Ruten in der Hand zu haben und zu sehen und zu spüren wie sie sich ganz von alleine über den mit einfachen Bierdeckeln gekennzeichneten Stellen, ihre Ruten anfangen eine Bewegung zu zeigen. Wenn sie auf den gekennzeichneten Punkt zugehen, fangen sie an sich zu kreuzen und wenn sie wieder davon heruntergehen, gehen sie auch langsam wieder auf. Oder sie gehen über das Kabel des Overheadprojektor und die Ruten kreuzen sich. Ebenso kann man damit messen, wieweit der Fernseher ausstrahlt und so weiter. Obwohl ich es jetzt schon so lange mache und jede Woche Vorträge halte, finde ich es immer wieder auf`s Neue erstaunlich, wie sensibel und wahrnehmend die meisten Menschen sind. Meist wissen sie gar nichts von ihren Fähigkeiten.

### In Oberfranken

Vor Jahren bestellte mich eine Frau zu sich nach Hause, um ihr Schlafzimmer ausmessen zu lassen. Sie war sehr misstrauisch und wollte vieles zuerst nicht glauben, was ich dort messen konnte. Ich sagte ihr nach den Ergebnissen was ich glaube und was ich mir bei diesen Belastungen vorstellen kann. Ähnlich wie ein Detektiv vorgeht, versuche ich mir anhand der einzelnen Ergebnisse ein Bild zu machen. Ich sagte ihr dann, was ich hier sehen und spüren kann. Sie brach in Tränen aus und fragte mich, wie ich das denn wissen könne. Ihr Mann war an Krebs gestorben und sie brauchte lange, um darüber hinwegzukommen. Denn sie waren sich sehr nahe gewesen. Er hatte in seiner letzten Zeit hier auf dieser Erde öfters davon gesprochen, das ihn das Schlafzimmer und sein Bett noch in den Tod treiben werde. Aber in Ihrer Lebensvorstellung konnten sie so etwas nicht richtig verstehen oder glauben, dass es wirklich so sein kann wie er es empfunden hatte. Ob seine Gefühle wohl stimmen mögen?! Jahre später starb er dann. Da die Frau Sehnsucht nach ihm hatte, legte sie sich dann später selber in seine ehemalige Bettseite hinein. Zwar war sie ihm jetzt innerlich näher gekommen und „lebte mit ihm und den Erinnerungen", aber sie wurde auch immer schwächer und bekam ähnliche Probleme, wie er sie damals erlebt hatte. Alles nur ein Zufall? Wir haben ihr dann eine spezielle Auflage, die in diesem Fall das richtige Gegenmittel war auf die Matratze gelegt und ein paar andere Kleinigkeiten ausgetauscht und die Belastungen wieder behoben. Mit Erfolg, denn ihre Probleme lösten sich in Luft auf und ihr geht es heute wieder bestens.

### Auf keinen Fall Gewohnheiten verändern

In Bayern habe ich einmal in einem kleinem Dorf auf einem großem Hof lange Zeit gebraucht, bis wir alles ausgemessen hatten. Durch das dortige Anwesen liefen zwei Wasseradern, sowohl im Haus der früheren Besitzer, wie im neugebautem Haus der jetzigen neuen Hofbesitzer nebenan. Der Hof und die Leute dort hatten eine ganz eigene Lebensvorstellung und dementsprechend war die Stimmung und Schwingung dort auch. Auf ihre Bitte hin machte ich mich dann an die Arbeit und wir konnten es dann wieder soweit verändern, dass sie sogar nach ganz kurzer Zeit selber spüren konnten, was sich hier alles veränderte. Sie waren alle begeistert und wollten es ab jetzt so haben. Also wurde vieles für sie und mit ihnen geändert. Ich hatte jedoch so meine ganz eigenen Gedanken, Gefühle und Wahrnehmungen als ich wegfuhr. So bekam ich dann auch ein paar Tage später einen Anruf und wurde beschuldigt, sie verhext zu haben. Ich hätte sie über´s Ohr gehauen, manipuliert und außerdem stimmt das alles sowieso nicht. So ging es die ganze Zeit hin und her. Auf meine Frage, ob sie es denn nicht selber erlebt und gespürt hätten, da sie doch dabei waren, gingen sie dann gar nicht mehr ein. Ich sollte so schnell wie möglich wieder hinkommen und alles abholen. Das es für mich mehr als 1.600 Fahrkilometer bedeutete hatte war ihnen egal. Sie wollten es so und ich habe mich verdammt noch mal danach zu richten. So ging es die ganze Zeit hin und her und ich fragte sie einfach, ob sie denn Angst bekommen haben, weil sich tatsächlich etwas verändert?! Da kam dann heraus, dass sie eine Veränderung eigentlich nicht wirklich wollen und lieber ihr bekanntes wenn auch sehr schwieriges Leben führen wollten. Lieber leiden als glücklich sein! Nun, jeder ist seines Glückes Schmied und wenn sie es wirklich so wollen, so sollen sie es auch haben.

Ich kann mich einbringen, ich kann ausmessen, ich kann beraten. Aber meine Kunden müssen wissen und entscheiden, was sie wirklich wollen und was sie machen. Ich kann ihnen zu Ängsten, inneren oder äußeren Wiederstände, die auftreten können wenn bisher Gewohntes und Bekanntes sich anfängt zu verändern, Hilfe und Bestand geben. Aber ich kann und werde nicht entscheiden wie jeder Mensch sein Leben zu leben hat.
<u>Die Verantwortung hat immer jeder für sich selber!</u>

### Belastungen im Taubertal

Seit vielen Jahren zieht es mich immer wieder ins Taubertal. Dort fahre ich schon immer gerne entlang, wenn ich irgendwo dort zu Vorträgen oder Ausmessungen gebeten werde. Ich selber fahre gerne Kajak und im Sommer habe ich meist eines meiner beiden Boote mit dabei. Schon seit längerem habe ich Lust, hier einmal eine schöne lange Reise mit meinem Tourenkajak die Tauber hinunter zu fahren. Doch bisher kam ich noch nicht dazu. Ich habe erfahren, dass dieses Tal in Deutschland so seine ganz eigene Schwingung und Aufgaben hat. Mal sehen, wann es soweit weit ist, wann mich die dortige Energie die ich seit so vielen Jahren durch die vielen Menschen die mich in ihre Häuser, Büros, Praxen oder Höfe bestellt haben, aufgenommen hat um dort einmal zu erleben, wie es ist, dieses Tal mit einem Boot zu durchfahren. Bis jetzt hat mir das Tal so mache harte Nuss zum Knacken gegeben und wir haben es immer gemeinsam geschafft, es im Sinne des Lebens zu lösen und zu verändern. In einer dort sehr weit bekannten Stadt bestellte mich ein Ehepaar, um das Haus auszumessen. Zum Schlafzimmer gingen wir nach einem kleinen Gespräch dann hoch in den zweiten Stock. Hier schlief in dem einen Zimmer die Frau und in einem anderem Zimmer nebenan der Mann. Beide hatten die Betten so stehen, dass sie nur durch eine Wand getrennt mit den Köpfen zueinander schliefen. Beide lagen jedoch in der selben Wasserader, die sich unter dem Haus an der Stelle unterhalb durchzog, an der die beiden oben ihre Betten in den Schlafzimmern aufgestellt hatten. Die Frau hatte Krebs bekommen und war total abgemagert. Da hier mehrere Belastungen zusammen in dem Bett der Frau waren, sind wir hingegangen und haben diese Belastungen wieder systematisch ausgeschaltet. Es waren Wasseradern mit weit über 7000 Reizeinheiten im Bett, ein Globalkreuzungspunkt in dem Bereich ihres Körpers, in dem sie ihren Krebs bekommen hatte. Die Elektrobelastung vom Hausstromnetz war zu hoch und die von außen kommende Elektrobelastung war ebenfalls viel zu hoch. Dazu kam noch eine verstärkend wirkende Federkernmatratze und für sie unverträgliche Bettsachen wie Zudecke und Kopfkissen. Wir legten ihr dann eine spezielle Auflage mit einer regelbaren Magnetfeldtherapie in das Bett und brachten alles andere wieder so in Ordnung, dass es ihr auch genau entsprach. Am anderen Morgen haben wir uns ausgetauscht und sie hatte mir berichtet, dass sie die erste Nacht seit über 8 Jahren wieder einmal durchgeschlafen hatte. Sie konnte dieses Gefühl fast nicht mit Worten wiedergeben. Heute ist sie wieder vollständig gesund und diese schwere Zeit, die fast ihr Leben gekostet

hätte, ist zwar nicht vergessen aber zum Glück nur noch Erinnerung.
Es ist immer wieder erstaunlich, was alles passieren kann, wenn ein Mensch wirklich bereit ist, sich seinem Schicksal und den Veränderungen, die sich daraus ergeben müssen zu stellen. Es auch wirklich zu ändern und nicht in Selbstmitleid zu vergehen und unterzugehen.

### Am Anfang schien es perfekt zu sein

Eine junge Familie zog in ein altes haus ein und wollte dort ihren Lebensabend mal verbringen. Bevor sie dort allerdings eingezogen sind, habe ich das Gelände und die Stelle, an der das Haus schon stand gründlich untersucht. Das Haus hatte keine Wasserader, keine Gesteinsbrüche oder Verwerfungen, Kreuzungspunkte waren zwar da, aber die Betten konnten dort im Haus so gestellt werden, dass keiner darauf liegen musste. Die Stromlastung konnte ausgeschaltet werden und so schafften wir mit der Zeit ein Haus, in dem es sich angenehm leben ließ. Sie hatten die Tür und ein Fenster im Schlafzimmer natürlich auch mal wieder so vorgefunden, wie es halt mit der modernen Bauweise üblich ist. Genau der Tür gegenüber befand sich das Fenster. Die Grundenergie kam in das Schlafzimmer hinein und ging direkt wieder hinaus. Hier legten wir dann ein Paar Petras Perideidas auf die Fensterbank und so konnten wir das dann auch wieder bereinigen.

Auf dem großen Gelände verliefen allerdings zwei Wasseradern. Sie kreuzten sich just an der Stelle an der später eine sehr große Pappel wuchs. In derselben Reihe wuchs mit sehr viel Abstand noch eine zweite große Pappel. Die beiden Pappeln waren wirklich sehr groß geworden und mit ihren weiten Ästen dominierten sie das ganze Grundstück. Also eine der beiden Pappeln stand auf der Stelle, unter der sich im Boden die beiden Wasseradern in verschiedenen Tiefen kreuzten. Bei den Vorbesitzern schlug ein Blitz in die Pappel ein, die auf dieser Kreuzungsstelle stand. Die abgesprengte Rinde konnte man auch nach so vielen Jahren immer noch deutlich erkennen.

Die eine Wasserader war eine Oberflächen- und die andere eine Tiefenwasserader. Es war eine Hanglage und so floss die Oberflächenwasserader auch durch dieses Grundstück weiter. Später wurden dann oberhalb von diesem Haus in einer Neubausiedlung sehr viele neue Häuser gebaut und die in nur acht Meter Tiefe fließende Wasserader wurde abgegraben oder durch Erschütterungen musste sich einen neuen Weg bahnen. Jedenfalls war sie später nicht mehr auf dem Gelände oder im Hausbereich festzustellen.

Auf dem Hausdach befand sich ein Dachständer, über den Strom ins Haus eingespeist wurde. Dort befanden sich noch die alten Leitungen, also vier Leitungen, die die Stromversorgung übernahmen. Sie wurden dann ausgetauscht und durch verdrellte Kabel ersetzt. Hierdurch konnte die Strombelastung ausgeschaltet werden, die vorher bis in ca. 20 Meter Abstand zu messen war.

Das energetische Herz im Haus wurde aufgesucht und ebenso das energetische Herz vom ganzen Gelände. Beide Orte wurden miteinander verbunden, gereinigt und wieder lebendig gemacht. Mit Erfolg. Auf diesem Gelände waren vorher von den Besitzern bestimmte Sachen einfach nicht erreicht worden. Viele ihrer Wünsche konnten sie nicht umsetzen. Es klappte einfach nicht, egal was sie auch immer unternommen haben. „Etwas" verhinderte es immer wieder. So gab es in diesem Haus zwei Geistwesen oder Geister, wie wir sie landläufig nennen. Auf dem Gelände liefen so viele Mäuse herum, dass sie einem am hellen Tag durch die Füße liefen auf dem Gras. Die großen Pappeln wurden nach dem Blitzeinschlag völlig entastet. Es war schon sehr eigenartig, dort zu sein und zu spüren, was hier alles an Leben um einen herum war, obwohl nur ein Teil davon wirklich zu sehen war. Die Bäume selber habe ich dann mit bestimmten Steinen die ich ausgetestet hatte und an bestimmten Stellen platziert hatte, wieder in Ordnung gebracht.

Hier musste zwar einiges wieder verändert werden, aber es war auch später sichtbar und fühlbar ein anderen Haus geworden. Das Leben hier war wieder angenehm geworden. Nachdem auf dem Grundstück und dem Haus wieder alles soweit in Ordnung war, habe ich dann dieses Ganze mit bestimmten Energiesystemen der Erde verbunden. Heute hat dieses Haus wieder eine ganz bestimmte Aufgabe im Gesamtgefüge der Erde.

Erdakupunktur oder Grundsteinlegen

sind ja von Alters her bei unseren Vorfahren bekannt gewesen. Es gab schon immer bestimmte Menschen, die die Aufgabe übernommen hatten, hier für die Welt oder für den jeweiligen Zeitgeist zu leben, zu wirken und zu arbeiten. Ich selber habe dies in vielen Gegenden getan wenn ich spürte, das es richtig ist und sein soll. Hierzu könnte ich ein ganz eigenes Buch schreiben. Möchte aber an dieser Stelle erwähnen, das es wenig mit dem zu tun hat, was heute so Allgemein bekannt ist oder von so vielen „Wissenden“ in Kursen gelernt werden kann. Heute kann jeder alles und wenn es wirklich darauf ankommt, merkt man meist, dass es doch nicht so einfach ist, wie es sich der Kopf oder Verstand gerne ausmalt und dann in Lage, ist alles zu können. Es ist nicht alles nur so harmlos und ungefährlich. Ich denke da nur ein Paar, die bei mir eine Ausbildung angefangen haben. Kurze Zeit später wussten sie dann schon alles „alles“ und fingen an, selber zu experimentieren. Sie wussten alles besser und hatten natürlich einen göttlichen Auftrag dazu bekommen. Ich habe ihnen am Anfang zwar gesagt, dass sie sehr vorsichtig damit umgehen sollten, aber das war ihnen so ziemlich egal. Sie wussten ja jetzt alles!

Ihre Beziehung ging sehr schnell in die Brüche, es gab sehr viele innere und äußere Verletzungen, die bisherige Arbeit ging verloren. Sie konnten dann später gerade noch so einiges für sich wieder retten, aber ihre vorherige Harmonie, aus der heraus sie vorher geschöpft hatten, war entgültig zerstört.

Nicht alles ist so einfach und harmlos, wie die meisten es gerne hätten. Wir leben hier auf einem Planeten, der ein ganz eigenes Leben hat und damit sind bestimmte Gesetze einzuhalten. Ob wir sie kennen oder nicht, jeder von uns ist ein Teil des Ganzen. Jeder hat seine Aufgabe und seine vielen schönen Tage dafür, wenn wir uns danach richten. Das Leben selber möchte lernen. Möchtest du es auch und damit für dich und für alles Erfahrungen sammeln?

### In Bayreuth

Vor meinem Vortrag in Bayreuth kam ein Mann auf mich zu und fragte, ob ich später noch Zeit für ihn hätte. Klar sagte ich zu ihm, wir können uns dann später gerne noch mit mehr Zeit unterhalten. Er sagte mir dann später, dass ich vor zwei Jahren bei ihm zu Hause war. Es gab damals eine Wasserader, die durch sein Bett lief. Seine Frau hatte jahrelang mit sehr starken Kopfschmerzen zu tun gehabt. Er hatte ein offenes Bein, das allen medizinischen Behandlungen getrotzt hatte. Es heilte einfach nicht zu. Wir haben das Schlafzimmer dann wieder so Harmonisiert, dass beide unbelastet schlafen konnten. Die Frau hat seit dieser Zeit nur ab und zu mal Kopfschmerzen, was sie aber auf ihren Beruf und die dort anfallende starke Belastung zurückführt. Das Bein des Mannes ist wieder verheilt und man fragte ihn öfters, was er denn gemacht habe um eine solche Verbesserung zu erzielen. Im Schlafzimmer der Tochter war ebenfalls eine Erdstrahlenbelastung sowie eine starke Elektrobelastung vorhanden gewesen. Sie konnte nicht schlafen und war morgens beim Frühstücken immer sehr aggressiv. Auch das hatte sich nach meinem Besuch geändert. Sie schläft jetzt wieder und ist ein „ganz normales“ Kind. Im Zimmer der zweiten Tochter war keine Belastung gewesen und sie hatte auch als Einzige keine Probleme gehabt.

### Keine Belastungen

Da nicht alle Untersuchungen die ich durchführe immer nur Belastungen in den Häusern aufzeigen, möchte ich in diesem Fall mal wieder zeigen, was eine Familie erlebte. Ich war vor ein paar Tagen in einem Haus, in dessen Schlafzimmer ich außer den Kreuzungspunkten, die außerhalb des Bettes waren, nichts gefunden habe. Selbst die Tür-Wand-Verhältnisse stimmten. Als ich sie dann fragte, warum sie mich eigentlich bestellt hatten, sagten sie mir: Oh, uns geht es gut. Wir haben soviel darüber gehört und wollten es einfach mal ausmessen lassen um zu wissen, ob alles in Ordnung ist.

### Die Raumenergie stimmte nicht

Bei einem anderem Ehepaar zeigte ich ihnen wie viel Kraft weniger vorhanden sein kann, wenn sich der Schlafzimmertür gegenüber ein Fenster befindet. Wir haben dann Pedras Perideidas auf die Fensterbank gelegt und die Raumenergie stimmte wieder. Ihr Bett stand auf einer erdstrahlenfreien Stelle. Die Bettmaterialien waren verträglich und die Strombelastung lag im Normalbereich. Also mussten wir auch hier nichts verändern.

Solche Untersuchungen habe ich öfters. Manchmal sollten wir mit Schwarzen Boxen die Elektrobelastungen wieder ausgleichen. Manchmal die Raum-Tür-Situation mittels Perda Perideidas wieder stimmig machen. Oftmals sind es nur Kleinigkeiten, die verändert werden sollten. Es kann aber auch sein, dass ein Schlafzimmer sehr stark belastet ist und dann sollte es auch wieder so hergestellt werden, das die Menschen dort wieder störungsfrei leben und schlafen können. Ich habe Ihnen ein paar Beispiele aufgeschrieben. Es ließe sich noch Seitenweise weiter fort setzen, aber ich denke, die bisherigen Fälle reichen.

**In den nächsten Beispielen möchte ich Ihnen gerne Erfahrungen darstellen, die ich in den vielen Jahren in so manchen Ländern gesammelt habe.**

In Lichtenstein
hielt ich einen Vortrag und als danach brach eine große wüste Schimpferei über das ganze Thema los. Es stellte sich dann heraus, dass unter den wenigen Anwesenden, eine Frau selber „vom Fach“ war. Sie und ihr Freund wollten einfach mal hören, wie jemand anderes es machte. Meist kommen diese Leute und schauen und hören es sich an. Aber manche wollen dann auch versuchen, auf diesem Wege ihre eigenen Ansichten, Waren, Dienstleitungen oder eigenen Weltanschauungen anzubieten. Das mag ich überhaupt nicht gerne, denn ich habe die Kosten und andere wollen dann einfach das ausnützen. Zumal da manchmal wirklich sonderbare und spinnerte Sachen rauskommen. Ich denke, das kann so jeder verstehen.

Die Frau jedoch sah bei mir etwas, was sie sehr gut fand und kaufte es dann auch um, es mit ihrem Freund selber auszuprobieren und für sich einzusetzen. Tachyonisierte Filze für ihre Handy`s. Ein Ehepaar hatte, wie sich dann durch Nachfragen herausstelle, schon mehrere Rutengänger bei sich gehabt. Leider hatte jeder etwas anderes erzählt und mittlerweile waren sie sehr verunsichert und wütend. Ich erzählte nochmals, wie ich es machen kann und was wir alles ausmessen können. Das wir es immer wieder mit und bei ihnen überprüfen werden. Ob es so ist, ob es so stimmt und ob es ein Auswirkung auf sie hat. Das konnte sie anscheinend überzeugen und sie machten mit mir einen Termin für den nächsten Tag aus. Obwohl sie sagten, dass diese Leute ja doch nur alle ihr Zeug verkaufen wollten und sich dann nie mehr blicken lassen. Da war also richtig viel Wut und Enttäuschung vorhanden.

Als ich dann am nächsten Tag da war, bekam ich dann nach Abschluss der Messungen und vielen Überprüfungen mit ihrem eigenem Erleben und Spüren die folgende Geschichte zu hören: Ein „Rutengänger" war bestellt worden ging mit seiner Wünschelrute mal schnell durch das Zimmer und fand alles total belastet. Entweder Hausverkaufen oder Magnetfeldmatte kaufen und ins Bett legen, das waren seine Empfehlungen. Sie kauften dann die Magnetfeldmatte und in der ersten Zeit spürten sie Verbesserungen. Später wurde es dann noch schlimmer. Eine Rücknahme kam jedoch nicht zustande. Auch hier war wieder das gleiche Spiel wie üblich abgelaufen. Die Magnetfeldunterlage war sehr gut und ich kenne die Herstellerfirma

und deren Vertriebssystem ja gut. Statt den beiden zu helfen und darauf hinzuweisen, die im Bett vorhandenen Metallteile zu entfernen, „vergaß" er diesen wichtigen Hinweis. Federkernmatratzen, Metallscharniere in den Lattenrosten und noch einen Elektromotor zum bequemen Verstellen des Lattenrostes waren im Bett vorhanden. Etwa 50-100 Meter entfernt verliefen auch noch die Überlandleitungen zur Schweiz hin und die Sache war perfekt, um die Metallteile in der Bettstatt als Antennen abstrahlen zu lassen. Kein Wunder also, dass die Unterlage mit dem einstellbaren Magnetfeld von diesen vielen anderen Frequenzen überlagert wurde und dann die gewünschte Wirkung nicht mehr vorhanden, spürbar war.
Der zweite „Rutengänger" der damals bestellt wurde, war anscheinend sehr gut. Er kam aus kirchlichen Kreisen und hatte auch wieder nicht all das in Augenschein genommen, was ich bei jeder Messung Routinemäßig überprüfe. Einiges hatte er nachgesehen und wie man mir sagte, hatte er bei manchem einfach ehrlich gesagt, dass er das nicht kann oder dass es für seinen Körper einfach zu anstrengend sei. Aber er konnte dafür Handauflegen und den beiden auf diese Weise körperliche und geistige Hilfe besorgen. Doch leider hielt das auch nicht für immer an. Aber er zeigte ihnen, was Gebet und Glauben alles bewirken kann. Das konnte ich nur bestätigen, denn ich denke und empfinde dies ebenfalls sehr stark. So hatte jeder der Vorgänger einen Teil ausgemessen oder zur Verärgerung oder zur Stärkung des Glaubens beigetragen. Es ist schon erstaunlich wie es manchmal so kommt, wenn man sich mal die Zeit nimmt und nachforscht, warum Menschen

schimpfen oder verärgert sind. Das Haus und der Hof waren nur wenige Meter von den Überlandleitungen entfernt und ich wunderte mich schon als ich dort hinfuhr. In den Erzählungen später habe ich dann erfahren, das in den Häusern in der Nachbarschaft acht Männer und Frauen in den letzten Jahren an Krebs gestorben sind. Viele Menschen waren dort krank und es war leider nicht alles so, wie es sich die Leute dort gewünscht hatten. Also nahmen wir uns einfach viel Zeit für die ganzen Ausmessungen und immer, wenn ich etwas feststellte sprachen wir das lange durch.

Der Schlafzimmertür gegenüber befand sich in diesem Haus leider keine geschlossene Wand sondern zwei große Fenster. Also blieb die Grundenergie des Raumes nicht im Zimmer. Sie fehlte den beiden aber zum entspannten Schlafen und sich wieder richtig regenerieren. Mit den Pera Perideidas konnte wir es wieder ausgleichen.

Im Bett befanden sich, wie schon beschrieben, Metallscharniere, Elektromotor und Federkernmatratzen. Die radioaktive Grundstrahlung war mit 60 Impulsen pro Minute gut. Bis 100 ist in Ordnung.

Quer durch beide Betten befand sich im Boden ein wasserführender Gesteinsbruch. Also gleich zwei Erdstrahlenarten auf einmal waren an dieser Stelle vorhanden. Es war eine Tiefenwasserader, also war das Ganze weit über 50 Meter tief. Ich musste weit über 9300 Reizeinheiten feststellen, bis 1000 Reizeinheiten wäre in Ordnung gewesen. Ein zweiter Gesteinsbruch, der im Moment nicht wasserführend war, lief im Bett der Frau im Kopf- Schulterbereich durch. Sie hatte im Kopfbereich ebenfalls einen

Kreuzungspunkt. Im Bett nebenan befand sich in Kopfhöhe des Mannes der eine Kreuzungspunkt und eine andere starke Belastung im Knie- und Oberschenkelbereich.
Um das alles wieder in Ordnung zu bringen, hatte einer meiner Vorgänger gesagt, dass man sich einfach einen großen Spiegel unters Bett legen soll. Dann ist wieder alles befreit. Das mag vielleicht bei der einen oder anderen Situation mal möglich sein, aber diesen Vorschlag bei solch einer starken Belastungen verwunderte mich schon. Mit eingeschaltetem Licht, also Strom an, konnte am Körper ca. 60 V/m gemessen werden. 10-30 V/m sollte nicht unbedingt überschritten werden. Bei ausgeschaltetem Licht war das elektrische Feld durch den Netzfreischalter dann nicht mehr messbar. Das funktionierte also sehr gut. So war noch zu hören, dass ein Elektriker aus der Gegend da gewesen war. Als er zu dem Ehepaar ins Haus kam, um dort die technischen Belastungen auszumessen, die er als Baubiologe ja feststellen wollte, sagte er einfach zur Begrüßung: Das können sie hier vergessen. Hier brauche ich so nahe von der Überlandleitung überhaupt nicht zu messen. Da ist die Belastung einfach zu hoch. Das wird teuer, wenn wir das wieder hinbekommen wollen. Wäre es nicht besser, gleich auszuziehen?

Klar doch, man gibt einfach so ohne weiteres halt mal den großen spezialisierten Hof und das Wohnhaus auf !!!!!!

Beim magnetischen Feld sollte die Stärke ebenfalls so zwischen 10 und 30 Nano-Tesla liegen. Weit über 500 Nano-Tesla musste ich jedoch im Schlafzimmer messen.

Mit großen Schwarzen Boxen konnte wir im Schlafzimmer die Harmonie dann wieder soweit herstellen, dass die Belastungen verträglichen waren. Mit einem Raumharmonisierer III-1 haben wir die Erdstrahlensituation im Haus wieder neutralisiert und selbst im in der weit entfernten Küche (großes Haus) war es jetzt wieder in Ordnung, wie die Messergebnisse zeigten. Wir hatten jetzt wieder gleichmäßig 300 Reizeinheiten im ganzen Wohn- und Schlafbereich mit rechtsdrehenden Schwingungen. Die beiden waren dann zum Schluss doch noch sehr zufrieden und waren froh, dass es jetzt endlich mal gründlich gemacht war und sie nicht nur alles glauben oder nicht glauben mussten. Sondern selber während dieser Zeit erleben konnten, was ihnen körperlich schadet oder was hilft. Der Kopf und seine Möglichkeit, die Welt um uns herum aufzunehmen und seine eigenen „Weltbilder" aufzubauen ist eine Möglichkeit. Unser Körper und seine Möglichkeiten, das wahrzunehmen und sichtbar zu machen, was halt einfach mit den normalen Sinne nicht mehr unbedingt zu erfassen ist, sollte aber aus meiner Sicht immer mitberücksichtigt werden. So können wir immer wieder und immer weiter viel lernen.
Auch hier in diesem Fall konnte dann später mit vielen Verbesserungen trotz der massiven Beschwerden, die hier aufgetreten waren ein Erfolg verbucht werden.

In der Schweiz
habe ich viele Vorträge gehalten und gelernt, dass die Menschen dort ihre ganz eigenen Lebensrhythmen haben. Schon wenn ich immer auf ihre Grenze zukomme, kann

ich merken, dass es einfach eine ganz andere Energie wird. Sie verändert sich und wird weicher und auch fester und die Schwingungen in der Umgebung fangen an, in einem ganz anderen Muster zu schwingen und sich zu verhalten. Nicht nur die Menschen selber haben ihre eigenen energetischen Felder auch Aura genannt, sondern Dörfer, Städte und Länder ebenfalls. Diese feinen Veränderungen spürt vielleicht jeder von uns. Es ist nur die Frage, ob du sie auch bewusst in dein Leben einlässt und zulässt. Jeder von uns kennt solche Phänomene, viele würden es vielleicht nicht zulassen, wenn sie darauf angesprochen werden.

Nun die Schweiz hat so ihre ganz eigene Aufgabe und Schwingung. Ich habe hier in manchen Gegenden sehr schöne und intensive Stellen gefunden, die für das Land dort arbeiten. Meist waren es aber nicht die bekannten und populären Stellen, an denen sich die Massen drängen oder die in der heutigen Esoterikszene immer wieder aufgesucht werden.

Bei einer Frau war ich vor mehreren Jahren zu einer Wohnungsausmessung bestellt worden und im Schlafzimmer bei ihr fanden wir im Bett eine sehr starke Wasserader. Einen Kreuzungspunkt und noch ein paar weitere Belastungen. Sie war in dieser Wohnung ^sehr krank geworden und hatte sich doch am Anfang richtig glücklich geschätzt und sehr gefreut, dort einziehen zu können. Wie wir aber dann an und mit ihr ausgetestet haben, konnte sie über einen langen Zeitraum diese Belastungen nicht vertragen.

Wir haben dann wieder einen Raumharmonisierer aufgestellt und nach ein paar Minuten schon hat sie selber gespürt, dass ihre Wohnung sich jetzt ganz anders angefühlte. Bevor ich ging habe ich noch meine für andere nicht sichtbare Aufgabe zur Reinigung und dem Anschließen an bestimmte Erdkräften vorgenommen. Heute lebt die Frau wieder gerne und glücklich in ihrer Wohnung und möchte dort auch nicht mehr ausziehen. So könnte ich noch viele Erfahrungen aufschreiben.

In Österreich habe ich ja ebenfalls den einen oder anderen Vortrag gehalten. Hier habe ich oft erlebt, dass vieles von dem was ich sagte, bei den Bewohnern von Häusern noch im Bewusstsein vorhanden war und mit beachtet wurde. Oder zumindest viel offener angenommen wurde als von vielen Menschen in Deutschland. In Österreich kommen mir noch sehr viel mehr Menschen viel „Bodenständiger“ vor und mit einem größerem Zugang zur Natur.

Hier habe ich als Beispiel einmal bei einer Familie eine Ausmessung durchgeführt. Sie hatten schon zwei oder drei verschiedene Leute, die sich als Rutengänger ausgegeben haben bei sich zuhause gehabt. Immer mit unterschiedlichen Ergebnissen und immer haben sie etwas anderes getan. Doch wirklich geholfen hatte es bisher wenig. So wie sie es selber einfach erlebt hatten. Nun wollten sie es ein letztes Mal ausprobieren und so kam ich dann zu ihnen nach Hause. Wir haben uns zusammen viel Zeit genommen und miteinander herausbekommen, was wirklich an Belastungen vorhanden war. Ich habe jedes Mal mit ihnen zusammen ausgetestet, ob das was wir fanden, auch einen Einfluss auf sie selber hatte. Nach ungefähr drei Stunden hatten wir dann in ihrem Zimmer und im Zimmer des Sohnes verschiedene Störungen festgestellt, sie auch wieder beseitigt und nach etwa drei Wochen bekam ich dann je zwei oder Haare der einzelnen Familienmitglieder zugeschickt und konnte hier ebenfalls keine Belastungen mehr erkennen. Inzwischen fühlt sich die ganze Familie wieder zuhause und wohl in ihren eigenen vier Wänden. Neben denn Veränderungen im und am Haus wurde es über das energetische Herz wieder an die Lebensenergie von diesem Land angeschlossen und auch das haben sie als sehr angenehm empfunden.

### Indien

Indien habe ich einmal vor Jahren in privatem und beruflichem Interesse besucht. Schon als ich mich diesem Land näherte, konnte ich deutlich spüren, dass es eine ganz eigene Energie und Schwingung hat. Sehr pulsierend, sehr intensiv und sehr öffnend war es fühlbar und verstehbar. Während ich viele Länder eher in einem sehr deutlich abgegrenztem Rhythmus habe schwingen fühlte, so hat dieses Land eine sehr in die unteren Bereiche und in die oberen Bereiche schwingende Grundenergie. Tiefste Tiefen und all das, was man an sich selber nicht so gerne sieht im Alltag. Aber dadurch ist es auch möglich, sich so anzuerkennen und anzunehmen wie man selber wirklich ist. Spiegelbilder der Seele und der gelebten Wirklichkeit können mit ein wenig Mut und Selbstliebe zu sich selber sehr schnell durchschaut und erkannt werden. Wenn man mit wachem Auge einmal abseits der geführten Pfade gehen mag, so begegnen uns hier immer wieder Gedankenformen, alte Wünsche oder auch Widerstände, die uns durch die jeweiligen Menschen vorgehalten werden. Vieles entspricht nicht den bisher gewohnten Erfahrungen und es ist leicht sich zu verlieren. Zumal einige Menschen das Spiel um Gunst, vertrauten Grundmustern, Armut als Leiden hinstellen und tausend andere Illusionen perfekt erlernt haben und gerne damit spielen. Gerade damit bekommen die Worte Ehrlichkeit und Wachsamkeit ganz andere Dimensionen.

Ich habe in einigen Häusern, Plätzen oder stillen Gegenden erfahren, wie sehr die Energie dort leben und fließen, tanzen will. Wie schnell und stark eine gestörte Energie die Menschen dort beeinflusst. Ich habe ein paar Mal erlebt, wie es ist, wenn ich dieses dort gespielte Spiel durchschaut und verstanden habe, blitzschnell mit aller Macht versucht wurde, es die Kraft, gegen mich zu richten und mich zu vernichten. Doch zum Glück habe ich aus vielen früheren Leben und Erfahrungen mir mein Wissen und Können schon immer mit in die nächsten Aufgaben mitnehmen können. Das mag vielleicht nicht jedem Menschen so gegeben sein, aber für die Aufgabe, die ich zu erfüllen habe in diesem Lebensspiel ist es einfach notwendig und richtig. Sonst wäre es nicht so. Aber das wäre ein ganz eigenes Buch um es auszuführen.

Ich bin in diesem Land jedenfalls an so manche Aufgabe herangeführt worden und konnte es mit den jeweiligen Menschen immer lösen und ihnen helfen, sich wieder zu erkennen. Oder sich wieder zu schützen, Ideen und Pläne in die Realität umzusetzen und den einen oder anderen Menschen dem Innerem wieder näher zu bringen. Manchmal war ich Ratgebender, manchmal war ich ein Schlüssel, durch den bestimmte Kräfte wirken konnten. Manche nahmen es an, manche wehrten sich dagegen. So wie die Menschen nun einmal sind und wie sehr sie gerne leiden wollen. Aber wehe du sagst es ihnen oder führst es ihnen vor Auge! Manch andere streben danach, immer glücklicher und innerlich immer zufriedener zu werden. In Indien kann dies alles viel schneller und intensiver geschehen als in unserem Lande und unserer Schwingung. Deutschland hat einfach eine ganz andere Aufgabe auf diesem Planeten zu erfüllen. Trotzdem sind alle Länder und alle Menschen darin ein Teil des Ganzen. Die Frage ist nur, ob du es verstehst und von dir aus dazu ja sagen kannst oder eher ein Mitläufer und eine Schachfigur bist, die in diesem Lebensspiel gerade so eingesetzt wird, wie ein anderer es für richtig empfindet.

### Sri Lanka

Sri Lanka liegt gar nicht so weit von Indien weg. In diesem Land war ich zuerst gewesen und habe damals schon gespürt wie unterschiedlich diese beiden Länder nicht nur von den Menschen her sind, sondern was für eine völlig andere Energie und Lebendigkeit aus Indien kommend „herüberschwappte“. Ceylon hat mir geholfen, wieder einen wichtigen Punkt in meinem eigenem Leben anzunehmen und in einem Punkt einfach ehrlich zu sein. Auch wenn ich mich anfangs noch sehr dagegen gesträubt hatte. Dies hatte etwas mit meinem persönlichem Erleben zu tun. Andererseits hat es großen Einfluss auf meine Arbeitsweise gehabt und ich habe hier wieder den Mut gefunden, mich aus den eingefahrenen und eingespielten Berufsbild, das ich hier in Deutschland in meinem Beruf immer wieder erlebt habe, heraus zu entwickeln. Das was wirklich wichtig und richtig war, in meiner Arbeit an und mit den Leuten auch umzusetzen. Ich hatte zu diesem Zeitpunkt in meinem beruflichen Agieren das Gefühl, dass ich etwas „Neues" mit aufnehmen sollte. Es aber bisher nicht geschafft hatte, da die Widerstände hierfür immer zu groß waren, die ich von den Menschen erlebt habe denen ich es weitergeben wollte. Als ich dann wieder in Deutschland war und es weitergab, war es gar keine Frage mehr und Widerstände konnte ich anders sehen. Seit dieser Zeit hat sich mein Beruf wieder einmal gewandelt und so kann ich den Menschen, die mich bestellen immer das geben oder das erkennen, was sie von mir brauchen oder als Hilfe annehmen können. Rutengehen ist einfach nichts anderes als Leben und die Umgebung, die uns prägt und manchmal Trugbilder sehen lässt, richtig zu erkennen. Doch dazu muss man zuerst einmal lernen, die Umgebung zu erfassen, zu verstehen und sich dann von den Bildern und Meinungen der anderen Menschen lösen lernen, die uns sehr gerne immer wieder sagen wollen, wie es richtig oder falsch sein soll.

Richtig und falsch. Ein sehr weiter Begriff. Was für den einen Menschen gut sein mag und wenn er oder sie dann auch noch glauben es aus bestem Wissen und Gewissen heraus zu machen, oder weil sie eine „Aufgabe" haben - es kann trotzdem eine Manipulation sein. Manchmal sogar eine sehr starke.

Wie alt dieses Wissen ist, ist an einem ganz einfachem Beispiel zu sehen. Ich habe in Ceylon oftmals gesehen, dass Riesengrosse Wände vor den im Bau befindlichen Häusern errichtet wurden, hinter denen das Haus nicht mehr zu sehen war. Nach langem hin- und her bekam ich dann folgendes heraus:

Wenn in Sri Lanka ein Haus gebaut werden soll, so ist der andere Mensch die größte Gefahr für das Haus und die Bewohner, die später darin leben werden.

Denn jeder, der daran vorbei geht und es sieht, denkt oder fühlt etwas dabei. Diese Energie die dadurch entsteht, fließt in das Haus mit hinein und wird ein Teil von ihm. Neid, Wut, Ärger, Lust und all die vielen Gedanken und Wünsche, die in diesen Momenten gelebt werden. Ob bewusst oder unbewusst wie wir es hier bezeichnen. Auch die, die meinen uns Gutes tun zu müssen oder zu wollen. Es ist und bleibt einfach eine Manipulation.

Deshalb soll das Haus nicht gesehen werden oder erahnt werden können. Es soll sich so entwickeln, wie es das für sein Leben braucht und richtig ist. Erst wenn es fertig ist

und in sich weiß was es will, wird die Sichtwand davor in einer feierlichen Zeremonie entfernt.
Schade, dass das in unserer Kultur nicht so weit verstanden wird und umgesetzt wird beim Hausbau.

Es ist ja auch kein Wunder, dass in diesem Land zwar einerseits sehr schöne und später auch teure Steine gefunden werden können, aber mit jedem Stein, der aus der Erde einfach nur geholt wird und nicht mehr wie früher mit Ehrfurcht behandelt wird, sondern zu einem „Geschäft" wird, verändert sich auch das ganze Land und die Menschen. Werte, wie wir so schön sagen, verändern sich. In diesem Land habe ich es besondern erlebt, was dieser Begriff bedeutet. Ich habe hier nicht nur sehr vieles erfahren und gelernt, sondern konnte aus meiner Arbeit und aus meinem Wissen heraus ebenfalls die eine und andere Hilfe beisteuern. Außerdem war und bin ich für mich persönlich noch nie jemand gewesen, der etwas lernt und es nicht als erstes für sich privat anwendet. So habe ich überall meine „Reinigungen" vor dem Betreten von Räumen durchgeführt und immer darauf geachtet, was noch alles an Leben zugegen war. Außer dem, was sichtbar auf unserer Ebene war. Denn gerade in diesen Ländern verschwimmen sehr schnell die Grenzen zwischen den sogenannten Realitäten. An vielen Plätzen habe ich die dortigen Energien wieder gereinigt und neu ausgerichtet wenn ich einen Auftrag dafür bekam. Erstaunlich immer wieder, wie sehr es einen Einfluss auf das Leben hat und auf unsere Art glücklich zu sein.

## Griechenland

In Griechenland habe ich auch das eine oder andere Haus ausgemessen und wieder bereinigt, wenn es krank war, an der falschen Stellen gebaut oder die Menschen darin gegen das Natürliche an diesem Ort gekämpft hatten. So habe ich eine meiner vielen Reisen in dieses Land einfach einmal dafür genommen, um mich von dortigen „Geist" lenken und leiten zu lassen. Es war eine ganz erstaunliche Zeit, die ich so auf diese Art erlebt habe und ich habe vieles gelernt. Nicht nur für mich selber, sondern auch für meinen Beruf. An bestimmten Stellen mit sehr starken Felsen oder Steinen, konnte ich sehr intensive „Zeitreisen" durchführen und so vieles wieder bereinigen. Doch das war nur ein kleiner Teil von dem, was mir das Land dort geschenkt hat als Gegenleistung für meine geleistete Arbeit.

## Türkei

Bevor ich damals in die Türkei flog, merkte ich, dass in mir sehr viel Widerstand hochkam. Also nahm ich mir erst einmal sehr viel Zeit, um mir klar zu werden, was hier in mir los war. So kam für mich dann heraus, dass ich einige Punkte wahrnahm, die ich später aufgearbeitet habe und ablegen konnte. Dinge, die ich bisher über dieses Land gehört oder gelesen habe, ich durch Begegnungen mit Türken erlebt und in mir abgespeichert habe. So wie es halt jedem im Laufe seines Lebens geht. Doch es ist die Frage, ob du dir die Zeit nimmst, das mal aus und in dir wahrzunehmen und später dann aussortierst. Nachdem ich diese Punkte durchgearbeitet hatte, kam ich an die

Dinge, die ich nicht so einfach ablegen konnte. Es hatte etwas mit der Energie zu tun, die mir aus diesem Land entgegenkam. Mit den Aufgaben, die mir dort begegnen würden, die Schwingung die dieses Land im Gesamtgefüge inne hatte und so weiter.

So vorbereitet flog ich dann in dieses Land und konnte vieles von dem, was ich dort erlebte, annehmen und umsetzen. So kam ich auch an eine sehr intensive Stelle, die mir vieles über die Steine in diesem Land erzählte und ich konnte spüren, wie viel dort von der Geschichte dieses Lande abgespeichert war. Sehr viel Energie kam mir entgegen, die von den Menschen dort abgegeben wurde. Leid, Hass, Trauer und eine tiefe Verbundenheit mit diesem Land. Um hier aus den sehr vielen festen Strukturen her- auszukommen, musste sehr viel innerer Wiederstand und Kraft aufgenommen werden. Es war und ist ein Land, in dem sehr viel eigene innere Wachsamkeit gefordert wird. Sonst hat die Macht, Struktur und Energie einen sehr schnell im Griff. Ich habe mich in dieser Zeit sehr viel innerlich schützen müssen und kam auch in die eine oder andere Situation, in der ich mich auch äußerlich schützen musste. Wer in das Land wirklich eintaucht, wird hier stellenweise eine sehr eigene Lebensweise kennen lernen, die sich der gesicherten und sehr strukturierten Lebensweise in z.B. Deutschland total unterscheidet. Nicht umsonst habe ich mich dort eingehend mit Schutz- und Kraftamulette beschäftigt. Dort sind inzwischen überall, wo Touristen anzutreffen sind, billige Glasamulette zu bekommen. „Nazar“ werden sie genannt und selbst die türkische

Fluggesellschaft trägt dieses alte Schutzzeichen. So habe ich mir die Mühe gemacht im Lande selber herauszufinden, was es genau zu bedeuten hat und wie es ursprünglich entstanden ist.

Ursprünglich wurde es von den dortigen Religionsführern und Mächtigen als Schutz- und Heilamulett aus Kristallen und anderen „edlen Steinen“ (nicht zu verwechseln mit unserem Begriff: Edelsteine) hergestellt. Um vor negativen Mächten aus der Erde, von falschen Raumenergien und falscher Bauweise, vor bösen Mächten und Geistern zu schützen und sie von den Lebensräumen fern zu halten. Alles Dinge, die in anderen Ländern andere Namen haben und an die dortigen Bedürfnisse angepasst sind. Menschen wieder an ihrem göttlichem Auftrag zu erinnern oder wieder dorthin zurückführen, vor Menschen zu schützen, die Negatives von einem wollen oder Probleme mit uns haben, die Krank sind und uns unsere Lebenskräfte rauben und all die Dinge mehr, die auch heute noch im aufgeklärtem Zeitalter auf der ganzen Welt alltäglich geschehen. Wer mehr darüber lesen möchte, sollte in meinem Buch: „Der richtige Umgang mit Schutz-, Kraft- und Heilsteinen“, mehr darüber lesen.

Hier habe ich mehrmals erlebt, wie wichtig es ist, den Wohnraum immer wieder zu reinigen und energetisch aufzuarbeiten. Je nachdem was für Menschen in der Nähe waren. Eine energetische Schutzenergie aufzubauen, um mein Hab und Gut auch behalten zu können. Nachbarn die dies nicht konnten oder wollten, haben da leider andere Erfahrungen machen „dürfen“ oder müssen. Auch das Wissen um einen „Grundstein“ richtig herauszufinden und zum richtigen Zeitpunkt mit den richtigen Kräften einzusetzen. Erstaunlich, was dieses Land und die Menschen dort noch für ein Wissen haben und teilweise auch noch einsetzen.

Ich habe hier viele Stellen gefunden an denen schwarze Energien vorhanden waren und die dementsprechenden Belastungen und Störungen auf die Menschen, Pflanzen und Tiere sich auswirkten. Im Gegensatz dazu habe ich auch Orte und Stellen gefunden und dort gearbeitet, an denen sogenannte „Positive Energien“ vorhanden waren, die ebenfalls mit der Gesamtenergie der Erde verbunden sind.

### Portugal

Portugal ist für mich ein sehr wichtiges Land. Hier war ich schon sehr oft und es ist für mich immer wieder auf`s Neue eine große Herausforderung und Freude, dort zu sein. Zum einen ist es immer wieder ein nach Hause kommen. Obwohl ich dort nicht geboren wurde oder aufgewachsen bin. Ich als Wesen oder Seele habe dort jedoch früher sehr wichtige Zeiten erlebt und nur so kann ich es auch ehrlich beschreiben, wenn ich davon berichte, wie ich mit den Aufgaben und dem Wissen dieses Landes in Kontakt gekommen bin. Als ich mich das erste Mal diesem Land wieder in diesem Leben näherte habe, hatte ich eine bestimmte Idee und einen Wunsch mit dem ich dort angereist bin. Das Land hat mir dann allerdings gezeigt, das es mich nur „zulässt", wenn ich bereit bin, eine dementsprechende Aufgabe auch dafür zu übernehmen und ebenso wie früher eine bestimmte Energie und Hilfe dafür an andere Menschen weitergebe. Zuerst erschien sie mir viel zu gewaltig und zu groß und ich hatte ehrlich gesagt Angst davor zu scheitern. Doch ich hatte unsichtbare Helfer, die mir im richtigen Moment wieder weitergeholfen haben, wenn ich nicht weiterwusste. Alleine hierdurch habe ich sehr viel gelernt und wieder erfahren was dieses Allerweltswort „Gottvertrauen" alles beinhaltet und was darüber alles erlebbar ist. Doch das ist wieder ein anderes Thema.

Bei einer meiner späteren Reisen in dieses Land habe ich dann auf einem Berg bei einer mir inzwischen sehr bekannten Stelle angefragt, um Hilfe für mein gerade zu schreibendes Buch: „Du kannst alles erreichen, was du wirklich willst!" zu bekommen. In einer Vision habe in drei Teilen dann die Bedeutung und das was dahinter steckt am eigenem Leib erfahren. Seit dieser Zeit hatte mein damaliges drittes Buch auf der Vorderseite ein Symbol. Zuerst weigerte ich mich, es dort mit aufzunehmen, denn einem Teil von mir war es zu einfach und zu „unprofessionell". Doch als der zweite Teil aus der Vision kam, konnte ich verstehen, warum in mir dieser Widerstand hochkam und ab hier war es gar keine Frage mehr dieses Buch so weiter zu geben. Nur wer wirklich etwas an und mit sich erfahren und weitergehen will, wird es kaufen und lesen. Doch dann können viele „einfache" Erfahrungen gemacht werden.

In diesem Land habe ich immer mehr erfahren, was es heißt, altes Wissen auch heute noch anzuwenden. Obwohl es ein sehr religiöses, christliches Land ist, haben sich die Bewohner vieles von dem Wissen ihrer Vorfahren mit in unsere Zeit hinüber gerettet und wenden auch noch vieles davon in der heutigen, modernen Zeit an. Mehr dazu können Sie im Bericht über die Steine aus diesem Land lesen, Pedra Perideida.

Mich fasziniert dieses Land immer wieder, wenn ich dort bin. Hier besteht eine ganz eigene Energie und Schwingung, die einen sehr schnell gefangen nimmt, wenn man es nur zulassen kann. Ich habe hier in vielen Gegenden Plätze, Orte, Häuser und Menschen ausgetestet oder beraten. Die hiesigen Ortgeister oder Naturgeister sind manchmal sehr belastend oder sehr hilfreich. Je nach dem.

### Spanien

In Spanien war ich ebenfalls des öfteren beruflich unterwegs, angefangen von Häuser ausmessen bis hin zu Steine suchen. An manchen Zeiten hatte ich eine klare Vorstellung, zu welchen Plätzen ich in diesem Land fahren soll um dort bestimmte Steine zu holen, die ich für meine Arbeit brauche. Es gab aber auch Reisen, bei denen ich nur einfach wusste, dass ich losfahren soll und mich lenken und leiten lassen soll. Das waren besonders spannende Abenteuer, denn es wollte mir helfen, mich besser kennen zu lernen. War ich wirklich bereit zu erfahren was für mich vorgesehen war, oder habe ich es nicht richtig zugelassen. Weil....... Oh ich habe da sehr viel gelernt. Wie einfach es ist, über einen anderen Menschen zu reden oder zu urteilen. Da ist es ja so offensichtlich. Aber ganz alleine auf mich gestellt zu sein ist eine völlig andere Erfahrung und Entscheidungen sind völlig anders zu treffen. Dieses Land kann sehr kultiviert aber auch sehr wild zugleich sein. Welche starke lebendige und gelebte Sexualität dort gelebt wird habe ich an dem „Liebesfelsen" einer großen Stadt erleben können. Es ist schon erstaunlich, was dieses Land für Gegensätze parat hält für den/die es erleben wollen. Für meinen Beruf war und ist dieses Land sehr wichtig für mich. Es gibt dort (natürlich nur wieder für die, die das Geld und die Zeit dafür haben) Möglichkeiten, sich wunderschöne Häuser oder Zimmer zu kaufen, oder bauen zu lassen. Hier sollte eine fachliche Beratung wie ich sie anbieten kann nicht fehlen. Ich habe es des Öfteren gemacht.

In Spanien habe ich auch gemerkt, wie wirksam und intensiv ein Schutz sein kann. Ich habe schon seit ewigen Zeiten, so kommt es mir vor, um mein Auto und um meinen Wohnwagen, einen energetischen Schutz herum aufgebaut. So bin ich Nächtens wenn ich im Sommer viel unterwegs bin, schon öfters mit einem komischen Gefühl aufgewacht. Ich habe mich einfach vorher so programmiert aufzuwachen, wenn dieser energetische Schutzraum bedroht oder berührt wird und es klappt auch sehr gut. Des öfteren habe ich gemerkt oder gesehen wie an den Wohnmobilien oder Wohnwagen der Leute um mich herum gerade versucht wurde etwas zu stehlen oder sie aufzubrechen. Gerade in Spanien, Italien und einigen Stellen an der Autobahn in Deutschland war viel davon zu erleben. In Spanien jedoch habe ich es öfters sehr deutlich erlebt und kann jedem nur raten, sich vielleicht ein mal Gedanken darüber zu machen.

Je mehr du auf der materiellen Ebene versuchst, dich zu schützen um so mehr ziehst du damit auf einer anderen Ebene Widerstände an. Je sicherer zum Beispiel die Häuser durch Alarmanlagen und so weiter gemacht werden, um so mehr Reiz bringt es für manche dunkle Mächte, gerade dies anzugehen und auszuprobieren. Es wird immer reizvoller. Kein Wunder, dass im Zuge der immer mehr auf Sicherheit bedachten Bürger dann Menschen aus sogenannten „armen, brutalen oder primitiven Ländern“ hiervon angezogen werden und wahre Serien starten, um an das gut gesicherte Hab und Gut zu kommen. Bitte nicht falsch verstehen, gegen ein Mittelmaß oder gesunden Menschenverstand ist überhaupt nichts einzuwenden. Es geht mir hier um Nachdenken über all das, was davon abweicht. Je sicherer du es machst, um so mehr Angst wirst du haben. Angst strahlt aus und wird genau von den Mächten oder Energien angezogen, die du eigentlich abwehren willst.

### Holland

Holland ist ein Land mit einer völlig anderen Energie, Schwingung und Aufgabe. Auch diese ist einzigartig (vergleiche doch mal dieses Wort - einzig und artig). Einzig! Art=Kunst oder artig für brav!?
Mit den Menschen dort und von dort habe ich bisher ganz eigene Erfahrungen gemacht. An der Oberfläche glatt und freundlich, verbirgt sich meist darunter eine sehr starke Persönlichkeit. Viele sind sehr sensitiv und fühlend, bekommen sehr vieles mit, was andere nur schwer wahrnehmen. Nur ein Klischee?!

Ich wurde zum Beispiel einmal vor vielen Jahren zu einer Familie mitten in Holland bestellt. Alleine die Fahrt dorthin war für mich schon eine Reise, bei der ich vieles der dortigen Erdgeister wahrgenommen habe und das Land selber hatte mir manch eine Aufgabe gestellt, die ich zu lösen hatte. Holland ist mir schon seit langem bekannt, denn ich fuhr dort gerne hin um zum Beispiel früher meine Erfahrungen mit dem Fallschirmspringen zu machen. Ich habe hier erlebt was für ein vollkommen beglückendes Gefühl es für mich war, ganz alleine am Himmel mit einem Schirm entlang gleiten zu können. Wunderschön, aber auch welche Erfahrungen zu machen sind, wenn ich hier Fehler mache. Das Meer in und an diesem Land hat ebenfalls seine ganz besondere Sprache und Erfahrungen parat, die ich als Kajakfahrer kenne.

Nun diese Fahrt zu dieser Familie schien mir ewig zu dauern und ich dachte schon, ich bin nicht mehr in der Lage dort eine Hausausmessung vorzunehmen. So vieles so kam es mir vor, hatte ich an diesem Tag zu erleben und zu erfahren. Doch als ich dann angekommen war und noch sogar pünktlich dazu, war ich voller Energie und überhaupt nicht mehr müde. Ich habe dann das Schlafzimmer von einem älteren Ehepaar ausgemessen. Hier gab es eine starke und breite Wasserader. Kreuzungspunkte im Bett und je eine Federkernmatratze im Bett. Wir haben dann eine andere Naturmatratze von mir in die Betten gelegt und mit Auflagen die Erdstrahlenbelastung umgelenkt. Mit Erfolg wie ich später erfahren habe, denn beide konnten ab da wieder schlafen.

### Frankreich

Weitere beruflich Stationen waren und sind Frankreich, Italien usw.. In Frankreich habe ich inzwischen sehr viele Häuser kennen gelernt und in vielen Häusern erlebt wie Kranke Menschen durch falsche Schlafplätze, falsche Bauweise oder durch Bettmaterialien die sie nicht vertragen haben, krank geworden sind. In fast allen Fällen wenn die Menschen bereit waren die gegebenen Umstände zu verändern, so konnten sie nach kurzer oder längerer Zeit einfach erleben wie es sich wieder verändert und gewandelt hat. Alle diese Erfahrungen aufzuschreiben würde das Buch vom Platzangebot einfach sprengen. Deshalb habe ich Ihnen hier ein paar Beispiele aufgeschrieben. Auch wenn es nur „Geschichten“ für sie sein mögen, für jeden einzelnen Menschen von dem ich berichtet habe, war es kein Spaß oder Spiel. Sie haben wirklich darunter gelitten und es hat sie in dem Leben sehr stark beeinträchtigt. Wer so etwas nicht selber erlebt hat, kann sich vielleicht überhaupt kein Bild davon machen, was es heißt, krank zu sein und egal wohin man auch kommt, es gibt nicht die Hilfe, die sie erwartet haben. Manche Menschen, die ich als meine Kunden erlebt habe, waren davon noch mehr in eine Ecke geschoben worden und haben darunter noch einmal auf eigene Weise gelitten. Für die anderen in der Nähe oder Umgebung war doch alles perfekt was sie sahen. Was hat sie oder er bloß? Oft kamen so einfache Dinge wie spüren, Wahrnehmungen, Ängste nicht richtig bei den anderen Menschen an. Klar, wenn sie es nicht selber erlebten oder vielleicht nicht so sensibel und wahrnehmend waren. Wir sind zum Glück alle sehr unterschiedlich. Deshalb sollten wir auch all denen, die damit Probleme haben, einfach den Raum geben, es sich so zu gestalten, wie es für sie selber richtig und lebenswert ist. Wenn ich hierzu meinen Anteil besteuern kann so freue ich mich.

## Schlafen Sie wirklich gesund?

## Die wichtigsten Prinzipien, die Sie zur Schlafplatzoptimierung berücksichtigen sollten:

1. Möglichst kein Metall (Federkerne, Metallscharniere usw.) wegen der Veränderung des natürlichen Erdmagnetfeldes im Bett.

Neueste Untersuchungen zeigen, dass das Erdmagnetfeld von entscheidender Bedeutung für viele Organismen ist, und das insbesondere an Schlafplätzen, wenn Intensität und Richtung dieses Feldes gestört ist, vermehrt Krankheiten auftreten.

2. Keine Synthetikmaterialien im Schlafbereich wegen des Inonengleichfeldes, da sonst elektrostatische Aufladungen hervorgerufen werden.

3. Gewährung eines körperfreundlichen Kleinklimas = Wärmeisolierung, Atmung und Feuchtigkeitsregulierung, gewährleistet durch Naturmaterialien im Schlafbereich wie z.B. Naturkautschuk, Rosshaar, Schurwolle, Baumwolle und andere.

4. Notwendige Statik für die Anpassung der Körperform. Schlafen auf einer überweichen „Hängematte“ ist für die meisten Menschen auf Dauer unbequem und ungesund.

Flaches und zu hartes Liegen hingegen gibt vielleicht blaue Flecken, schadet Ihrem Rücken jedoch nicht. Naturvölker, die ein Leben lang auf Bastmatten am Boden schlafen, sind der Beweis dafür. Eine gute Naturmatratze schmiegt sich dem Körper an und verschafft die komfortable Weichheit. Damit Sie in jeder Körperstellung flach liegen, muss unter ihr eine ebene, relativ feste Unterlage sein, zum Beispiel ein Ganzholzlattenrost mit verstellbaren Leisten und einer verstellbaren Rückenzone aus Holz.

## Die Magnetfeldtherapie

Ich werde von meinen Kunden oder auf den Vorträgen immer wieder gefragt, wie herum wir denn nun schlafen sollen? Mit dem Kopf nach Norden? Die richtige Antwort darauf ist ganz einfach, wenn auch zuerst ein wenig verwirrend: Mit dem Kopf nach Norden oder nach Osten. Oder so wie es für dich am Besten ist.

Im Jahr 1992 fanden amerikanische Wissenschaftler in der menschlichen Hirnmasse Magnetit. Diese schwach dauermagnetisierte Material kannte man bis dahin nur von Tauben, die ja schon lange für ihre Orientierungsfähigkeit bekannt sind. Dass es nun auch im Menschen gefunden wurde, lässt vermuten, dass wir uns auch „magnetisch" im Raum zurechtfinden.

Oder wie wäre es mit:
Moderne Bauten aus Stahlbeton schotten den Menschen vom natürlichen Magnetfeld der Erde ab. Oder Isolierfaktoren wie Autos.

Das Magnetfeld der Ede hat in den vergangenen 500 Jahren etwa die Hälfte seiner Kraft eingebüßt. Wissenschaftler nehmen an, dass dies auch den Menschen schwächt.

Hippokrates behandelte damals Unfruchtbarkeit bei Frauen und Menstruationsbeschwerden damals indem er ihnen mit magnetischem Stein behandelte Tampons zum einführen gab. Der römische Geschichtsschreiber Plinius berichtet von Heilern, die Magnete in der Therapie von Augenentzündungen und Brandwunden einsetzte. Von den alten Chinesen wird berichtet, dass sie seit über 4000 Jahren mit Magneten behandeln.

Der arabische Arzt Ibn Sina behandelte Depressionen bei seinen Kranken mit Magneten mit Magneten. Heute ist dies inzwischen wissenschaftlich bewiesen, dass bei diesem Anwendungsgebiet zahlreiche Belege für Verbesserungen zu finden sind.

Paracelsius verwendete sie vor allem bei der Behandlung von Wunden und Knochenbrüchen.

Die Kräfte von Heilmagneten bewegen sich im Mikrowellenbereich: Im Unterschied zu diesen Dauermagneten können die sehr kurz- oder aber sehr langwelligen Magnetkräfte von elektrischen Leitungen und Geräten durchaus schädlich sein. So erbrachten deutsche Studien Hinweise darauf, dass extrem kurzwellige (hochfrequente) Geräte wie etwa Mikrowellenöfen und Funkgeräte die Arbeit der Zirbeldrüse beeinflussen. Und dadurch den Schlaf stören können. In den 60. Jahren entdeckten russische Forscher, dass Menschen, die an Hochspannungsleitungen mit extremlangwelligen (niederfrequenten) Magnetfeldern arbeiten, überdurchschnittlich oft an Müdigkeit und Kopfschmerzen litten.

Dies sind nur einige wenige wissenschaftliche Aussagen. Natürlich gibt es auch immer wieder Wissenschaftler, die beweisen wollen, dass das alles Humbug ist.

Aus heutiger Sicht ist die Zelle die kleinste Lebens- und vermehrungsfähige Einheit des Lebens („Elementarorganismus"). Ein mehrzelliger Organismus ist ein komplexes Gebilde, welches trotz verändernder Einflüsse von außen sein inneres Gleichgewicht hält (Homöostase). Ein Mensch besteht aus ca. 70 bis 100 Billionen verschiedener, spezialisierter Zellen, in denen ein harmonisches Zusammenspiel von Zellverbänden, Geweben und Organen koordiniert wird. Für die Aufrechterhaltung aller Lebensfunktionen benötigt unser Körper Energie, die er über den Stoffwechsel in den „Kraftwerken" der Zellen, den Mitochondrien, selbst produziert. Kommt es zu Energiemangel, so führt das zu einer Leistungsschwäche und Funktionsstörungen zunächst von Zellen und in deren Folge von Organen und Geweben, die sich als Krankheitssymptome bemerkbar machen. Der Organismus gerät aus dem Gleichgewicht.

*Folgende Beschwerden und Leiden sind bereits erfolgreich mit der Magnetfeldtherapie behandelt worden :*

Allergien, Allgemeine Schwäche, Angina pectoris, Apnoe, Arthritis, Arthrosen, Bandscheibenbeschwerden, Bettnässen, Bluthochdruck, Blutzucker, Bronchialasthma, Bronchitis, Chronische Atemwegserkrankungen, Chronische Bänderdehnungen, Chronischer Schnupfen, Durchblutungsstörungen, Durchfall, Entzündungen, allgemein Erkältungen, Föhnkrankheit, Frakturen, Gefäßstörungen, Gelenkbeschwerden, Gicht, Gliederschmerzen, Herpes, Herzbeschwerden, Herzrhythmusstörungen, Heuschnupfen, Ischias, Knochenveränderungen, Konzentrationsschwäche, Kopfschmerzen, Kreislaufstörungen, Lymphknotenentzündungen, Lymphgefäßkrankheiten, Magenbeschwerden, Migräne, Morbus Bechterew, Muskelverspannungen, Narbenschmerzen, Nebenhöhlenentzündungen, Nervenentzündungen, Nervosität, Neuralgien, Ohrenentzündungen, Osteroporose, Phantomschmerzen, Pickel, Rheumabeschwerden, Rückenbeschwerden, Sauerstoffmangel im Blut, Schilddrüsenunterfunktion, Schlafstörungen, Schwindelanfälle, Sportverletzungen, Stoffwechselstörungen, Taubheit in den Gliedern, Thrombosen, Traumafolgen, Unruhe, allgemein Vegetative Störungen, Verbrennungen, Verdauungsbeschwerden, Verstopfung, Wetterfühligkeit, Wirbelsäulenbeschwerden, Wundschmerzen, Zellstörungen, Zellulitis.

Magnetfeldanwendung sollte nicht angewandt werden bei Menschen mit elektronischen und medizinischen Hilfen, besonders bei Herzschrittmacher. Schwangere sollten ausprobieren, ob sie sich wohlfühlen. Bei richtiger Anwendung kann es die Schwangerschaft sogar unterstützen. Kinder können es bei richtiger Anwendung ebenfalls bedenkenlos benutzen. Bei den meisten künstlichen Hüftgelenken, Schrauben, Platten oder Marknägel kann es bedenkenlos angewendet werden.

Eine Magnetfeldanwendung ist nebenwirkungsfrei. Die mit der verbesserten Durchblutung einhergehende Erwärmung kann unter Umständen zu einer sogenannten Erstverschlimmerung oder Nervosität führen. Dies ist jedoch in der Regel bedenkenlos und eher als positives Zeichen zu werten. Die Anwendung kann je nach Mensch und Sensibilität von einschleichend bis auf einmal komplett einsetzend verwendet werden. Das heißt zu Beginn nur kurzzeitig (ca. 30 Minuten) und erst später über mehrere Stunden bis ganztägig oder in der Schlafphase zu verwenden. Oder eine Auflage ins Bett hineinlegen, einschalten und ständig darauf liegen.

***Ein Hinweis ist mir allerdings inzwischen sehr wichtig geworden:***

***Kein Metall in unmittelbarer Umgebung***

***Keine Strombelastung (Elektrosmog)***

***Kein Elektrosmog( von Außen kommend)***

Leider wird bei den meisten heute verkauften Systemen auf diese einfachen notwendigen Hinweise nicht hingewiesen. Warum wohl? Aus Unkenntnis heraus, oder weil man etwas, das man verkauft hat nicht auch noch mit unnötigen Dingen belasten will?! Wie auch immer, ich komme in viele Schlafzimmer und stelle oft fest, dass man es wesentlich besser machen könnte mit ein paar Kleinigkeiten.

Wenn Sie wie schon beschrieben in ihrem Bett viele Metallteile haben, so wird dadurch das natürliche Erdmagnetfeld verändert und kann sehr wohl wiederum eine ganz eigene Belastung für den Körper darstellen. Deshalb wäre es auf jeden Fall besser, diese zusätzlichen Antennen heraus zu nehmen. Denn die Wirkung kann sehr wohl gegen das aufgebaute oder angestrebte Feld arbeiten und wird nicht immer überlagert. Starke Elektrobelastungen werden ebenfalls ständig gegen das aufgebaute Magnetfeld arbeiten und können auch hier die Wirkung und Leistung stark herabsetzen. Warum also wird nicht versucht, ein optimales Bettklima zu schaffen und dann noch zusätzlich eine Magnetfeldtherapie eingesetzt? Dies wäre von der Wirkung her auf jeden Fall wesentlich effektiver. Ich werde bei meinen Messungen oder Beratungen oder wenn Sie eine dementsprechende von mir angebotene Magnetfeldunterlage kaufen wollen, immer darauf hinweisen. Denn nur dann wird auch auf Dauer eine Veränderung und damit eine Zufriedenheit bewirkt werden können.

Da ich beruflich sehr viel unterwegs bin, habe ich oftmals einen Wohnwagen an meinem Lieferwagen angehängt. Bin ich nun für einen oder mehrere Tage in einer Gegend tätig, so kann ich so nach Feierabend wieder in mein eigenes Zuhause zurückkehren. Wenn man viel unterwegs ist, ist es einfach eine wichtige Sache, zumindest für mich.

Wohnwagen sind heute ja komplett ausgestattet und mit einer Solaranlage auf dem Dach habe ich auch immer Strom. So lässt es sich inzwischen angenehm wohnen. Aber nicht jeder Mensch ist wohl für ein solches Leben geeignet. Mir macht es jedenfalls viel Spaß. Dort in meinem Bett habe ich schon seit langer Zeit selber ein spezielles Magnetfeldunterbett liegen und je nach Bedarf schalte ich es mir dann zusätzlich ein. Ich möchte also nicht nur etwas verkaufen, sondern biete so etwas nur an, wenn ich selber ganz genau weiß, was hier zu beachten ist und welche Vor- oder Nachteile vorhanden sind. Ich denke, Erfahrung ist immer wichtig. Deshalb möchte ich noch einmal zwei Fälle aufzeigen, um es etwas deutlicher zu machen.

In einer Praxisausmessung bei einem Arzt für Naturheilverfahren habe ich die einzelnen Räume ausgemessen. Nachdem die Praxis geschlossen war, denn er wollte es nicht an die große Glocke hängen wie er mir damals sagte. Ein paar Verbesserungsvorschläge konnte ich ihm anbieten und wir probierten dann auch den Unterschied direkt aus. So konnte er die Unterschiede direkt feststellen und war dann auch bereit, dies auf Dauer zu ändern. Unter anderem kamen wir auch in eines seiner Behandlungszimmer, in dem er eine Magnetfeldtherapie durchführte. Ob das alles so in Ordnung sei, fragte er mich natürlich. Nachdem ich den Raum ausgemessen hatte, musste ich ihm leider sagen, das die Wirkung, die er hiermit erreichen konnte leider nicht bei 100 % lag. Im Nebenraum war für eine Heizungsanlage für ein Mehrfamilienhaus installiert und direkt an dieser Wand waren die Pumpen angebracht. Damit das Wasser und die Heizungsanlage im Haus arbeiten konnte, wurde es durch die Pumpen auf den nötigen Druck gebracht und in die Hausanlage gepumpt. Die Pumpen gaben jedoch ein so hohes elektrisches Feld ab, dass sie locker die von der Magnetfeldanlage in ganz bestimmten Frequenzen abgegebenen Felder überlagerten. Er hatte sich schon gewundert, warum er nicht die angegebenen Erfolge erlebte. Ich gab ihm hier für dieses Zimmer ein paar Tipps. Die zweite Möglichkeit war, diese Behandlungen in ein anderes Zimmer zu verlegen.

Eine Frau, die sehr fortgeschrittenem Krebs litt, habe ich nachdem ich ihre Bettstelle ausgemessen hatte und dort sehr viele Belastungen feststellte, empfohlen eine Magnetfeldunterlage von mir dort in das Bett mit hinein zu nehmen. Wir haben zusätzlich die alte Federkernmatratze ausgetauscht gegen eine Naturmatratze von mir, die sie vertragen hatte. Die Strombelastung wurde mittels Schwarzen Boxen in Ordnung gebracht und nach einer Nacht hatte sie schon einen viel tieferen und längeren Schlaf als in all den vielen Jahre zuvor. Inzwischen ist diese Frau von dieser Krankheit wieder befreit.

Wenn mit einer Magnetfeldunterlage gearbeitet werden soll, so gibt es hier mehrere Arten und leider ist es heute noch immer so, das selten jemand die Vor- und Nachteile der einzelnen Wirkungen erzählt oder kennt. Es heißt fast immer nur noch: diese hier ist die beste, weil......

Ich persönlich habe in meinem Angebot zwei Sorten-Arten. Einmal eine Unterlage mit Permanent- oder Dauermagnetfeld und eine Unterlage mit variabler Frequenzeinstellung mittels eines Magnetfeldgenerators. Je nach Typ Mensch sind die einen oder anderen einfach besser und wirkungsvoller. Der Magnetfeldgenerator erzeugt magnetische Wechselfelder im Frequenzbereich zwischen 1,5 bis 13 Hz. Jeder Mensch ist magnetischen und elektronischen Feldern ausgesetzt. Der Einfluss dieser Felder auf den Organismus ist abhängig von deren Intensität und Frequenz. Es wurde festgestellt, dass niedrige Frequenzen eine höhere Eindringtiefe bewirken. Dies ist der Grund warum in der Magnetfeldtherapie elektromagnetische Wellen im Bereich von ca. 2 bis 18 Hz eingesetzt werden. Eine Theorie ist, dass durch das Magnetfeld im Organismus ein Wirbelstrom induziert wird, wodurch eine Stimulation des vegetativen Nervensystems hervorgerufen wird, beding durch Ladungsverschiebungen im Bereich der Zellmembranen. Hinsichtlich der Stärke und optimalen Frequenz des Magnetfeldes gelten empirische Regeln. Man kann von der Erfahrung ausgehen, dass die im Körper des Menschen auftretenden, physiologischen Ströme selbst ein Magnetfeld erzeugen, dem das externe Magnetfeld überlagert wird. Deshalb sollte das externe Magnetfeld nicht wesentlich stärker sein als dieses körpereigene Magnetfeld. Eine Feldstärke, die rund dem zehnfachen der in einem Raum üblicherweise feststellbaren Erdmagnetfeldstärke entspricht, dürfte in den meisten Fällen genügen. Die Frequenz sollte zwischen 1,5 bis 13

Hz variierbar sein, da es sich empfiehlt, mit der Therapie bei niederen Frequenzen zu beginnen und zu höheren Frequenzen überzugehen. Das ist die Methode der pulsierenden Magnetfelder. Bei diesem Verfahren wirkt das Magnetfeld nicht dauernd auf den menschlichen Körper ein. Es arbeitet nur in bestimmten Zeitintervallen, dazwischen liegen Pausezeiten. Das Magnetfeld des Körpers wird nur taktweise beeinflusst, damit der Körper in den Pausezeiten Gelegenheit, hat in seinen natürlichen Magnetrhythmus zurückzufallen.

Wirkung der Magnetfeldfrequenzen:

2 - 5 Hz beruhigend und krampflösend
6 - 10 Hz stabilisierend
11 - 13 Hz schmerzstillend

Die Leistung des Magnetgenerators lässt sich je nach Bedarf einstellen. Bei akuten Schmerzzuständen wird der Generator direkt auf die schmerzende Stelle gelegt. Durch die nun viel höhere Leistung klingt der Schmerz in der Regel innerhalb von 15 bis 20 Minuten ab. Danach kann der Magnetfeldgenerator wieder an die Unterlage im Bett angeschlossen werden. Diese wird in den meisten Fällen zwischen Matratze und Spannbettlagen gelegt. Sie kann aber auch zwischen Holzlattenrost und Matratze gelegt werden. Von der Wirkung her, macht das kaum einen Unterschied.

## Tabish`s Energietest

Wenn man mich fragt, was ich für einen Beruf habe, so habe ich bisher immer wieder die Erfahrung gemacht, das „Energiearbeiter“ für die meisten Menschen so gut wie nichts aussagt. Bevor ich mich mehr dieser Form des „Rutengehens“ zuwandte habe ich früher in einer großen Stadt in Hessen, das „Institut für angewandte Lebenshilfe“ gegründet und dort auch gearbeitet. Ich glaube im Laufe der vielen Jahre, die jetzt schon mit diesem Beruf lebe, habe ich so viele verschiedene Arten davon ausgelebt und gelernt das es nichts gibt, was nicht miteinander verbunden ist. So habe ich inzwischen wohl alle Varianten von Massagen gelernt und angewendet. Von in der heutigen Zeit eher unbekannten „Knochenmassagen“ bis hin zu den bekanntesten Massagenarten. Tantrische Arbeit habe ich persönlich über viele Jahre selber kennen gelernt in den verschiedensten Richtungen. Später habe ich als Trainer/Mitarbeiter in einer sehr bekannten Tantraschule mitgearbeitet und selber die unterschiedlichsten Seminare dazu über Jahre geleitet. Im Institut habe ich früher versucht Menschen zu helfen indem wir gemeinsam versuchten herauszufinden, wie die Probleme, mit denen sie sich jetzt auseinander zu setzen haben, entstanden sind. Dies geschah in Gesprächen oder in Reinkarnationsarbeiten auch Rückführungen genannt. Im Laufe der Jahre habe ich meine eigene Art darin entwickelt und auf meine Art das früher einmal gelernte verbessert. Mit einem „öffnen, durch Berührung bestimmter Punkte am Körper war es mir dann möglich, das Aktuelle oder das Erlebnis „hoch zuholen“ das zu den jetzigen Problemen geführt hat. So war dann jeder in der Lage, bewusst diese Erfahrungen noch einmal zu durchleben und gemeinsam haben wir die Erfahrungen durchgearbeitet, um eine Änderung im jetzigen Leben zu erreichen. Mehr dazu können Sie in den Büchern: „Du kannst alles erreichen was du wirklich willst“ und „Bewusst und glücklich sterben“ die ich geschrieben und in den Buchhandel gebracht habe.

Auch heute noch bin ich dieser Arbeit treu geblieben und führe die eine oder andere Frau oder Mann in vergangene Leben zurück. Damit wir erfahren können, was ab jetzt verändert werden kann und warum es zu dieser oder jener Situation gekommen ist.

## Möchten Sie ein kleines Beispiel nachlesen:

In einer Familie, bestehend aus Mann, Frau und erwachsener Tochter und Sohn, hatten sich wie in den meisten Familien ganz eigene Rituale eingeschlichen. Die Familie war sehr intakt und sie haben alle miteinander ein gutes Verhältnis gehabt. Sie waren alle sehr neugierig gewesen und wollten dann irgendwann von und mit mir erfahren, woher bestimmte Probleme kommen, die jedem von ihnen unabhängig voneinander und doch auch wieder gemeinsam die eine oder andere Schwierigkeit bereiteten. Zuerst hatte der Mann und Vater den Mut gehabt, mehr Verständnis und auch die Ursachen erfahren zu wollen. Er hatte schon immer an den Armen und im Schulterbereich im Rücken mehrere „taube Stellen“ gehabt. Während der Rückführung kam heraus, dass er bei einem verbotenem

Liebesverhältnis mit einer Frau erwischt wurde und lange Zeit später, als es schon vergessen schien, in einer Nacht- und Nebelaktion gefangen genommen wurde. Er wurde gedemütigt und von Hunden, die auf ihn gehetzt wurden, zerrissen und aufgefressen.

Wir sind dann dieses Erlebnis solange durchgegangen bis er alles erkannt hatte, was hier geschehen ist. Er war ja damals daran beteiligt gewesen. Auch wenn es ein anderer Körper war in dem er damals gelebt hat. Nachdem wir dann unsere Rückführung durchgeführt hatten, haben wir das ganze noch einmal bearbeitet. Als ich ihn das nächste Mal dann wieder gesehen habe, erzählte er mir von seinen Erfahrungen. Die „tauben Stellen" waren jetzt verschwunden und der Körper fühlte sich völlig anders an. Es kam nach und nach und seit dieser Zeit war er wesentlich sensibler und fühlender geworden. Seit Kindheit an hatte er Rückenprobleme. Diese waren verschwunden. Er hatte wieder ein anderes Verhältnis zu Tieren allgemein bekommen. Inzwischen konnte er viele Erfahrungen mit seinem Körper machen, von denen er früher nur geträumt hatte. So hat sich seine Wahrnehmung und sein gesamtes sexuelles Erleben als Mann seither völlig verändert.

Nachdem seine Frau erlebt hatte, dass sich ihr Mann so veränderte, spürte sie natürlicherweise Neugier und auch Furcht in sich, wenn sie daran dachte, auch ihre Probleme anzugehen. Sie hatte schon immer das Gefühl gehabt, dass ihre jetzige Mutter sie nicht haben wollte. Wieso konnte sie nie richtig erklären. In der Rückführung kam dann heraus, dass sie in einem anderen Leben als Säugling von fremden Männern und einer Frau von der Brust der Mutter weggerissen wurde die dieses Haus überfallen hatten. Die Mutter wehrte sich zwar, war aber machtlos gegen die Übermacht. Das völlig verängstigte Kind wurde in eine Decke gewickelt und weggebracht. An eine andere unbekannte Stelle verkauft und dann später bestialisch in einer schwarzen Messe missbraucht. Zerstückelt und aufgegessen.

Kein Wunder, dass die Frau bestimmte Ängste mitgebracht hatte und einiges ihrer Gefühle und Verhaltensweisen nie richtig erklären konnte. Nach dieser Zeit veränderte auch sie sich sehr stark. Später hatten dann der Sohn und danach die Tochter den Mut und sich die Zeit genommen um ebenfalls etwas aus ihrer Vergangenheit zu erfahren. Auch hier konnten sie dann vieles besser verstehen.

Fühlen Sie doch bitte noch einmal in sich hinein. Was haben sie beim Lesen dieser paar Zeilen empfunden?

Nichts?
Widerstand?
Vertrautes Gefühl!
Oder ........

Wenn ich eine Rückführung mache, so kann es zwischen 1- 5 Stunden Zeit brauchen. Bisher haben alle, die es erlebt haben, immer gedacht, das kann doch nur ein paar

Minuten gedauert haben und waren meist ganz überrascht, wenn sie mitbekommen haben, wie viel Zeit tatsächlich vergangen ist. Das ist eine der Fragen, die ich immer wieder gestellt bekomme, wenn es um dieses Thema geht. Eine andere Frage und auch nicht unberechtigte Angst bekomme ich auch meist zu hören. Was kann mir passieren, schaffe ich das auch, komme ich da auch hinein und so weiter. Zum einen habe ich selber über viele Jahre diese Erfahrungen kennen gelernt und an mir selber ausprobiert. Später habe ich dann gelernt, mich von anderen Menschen unabhängig zu machen und mich selber durch diese Erlebnisse zu führen. Dann mag vielleicht wichtig sein, dass ich sie hier hineinführe, mit ihnen zusammen dort durchgehe und sie auch wieder hinausführe. In der Regel kann ich mehr sehen, spüren oder fühlen als sie. So bin ich also immer mindestens ein paar Schritte vor ihnen und doch direkt bei Ihnen. Doch meine Aufgabe besteht darin sie zu begleiten. Sie werden es erfahren und erleben. Nacherleben. Manchmal kann es stocken, dann gehen wir weiter wenn wir wissen, warum es jetzt so war. Es geht alleine um das, was sie erleben wollen und wozu sie bereit sind.

Wie gesagt, das ist ein Teil der Arbeit und Fähigkeiten, die ein Energiearbeiter beherrschen sollte. Ich stelle hier ganz bewusst hohe Ansprüche, denn ich stelle sie auch an mich selber.

Klar kann man heute alles lernen und irgendwann ist man in der Lage, einen Job zu machen. Doch ich sehe es etwas anders. Ich glaube, das jeder eine Aufgabe in diesem Leben hat und wenn ich wirklich den Mut habe, dem Innerem zu folgen, so ist dies vielleicht nicht so bequem wie der Weg, den die meisten von uns gehen, - aber es ist mein eigener persönlicher Weg. Alles im Leben hat seinen Sinn und alles ist richtig. Auch wenn es im ersten Moment nicht so erscheinen mag oder unbequem ist. Für mich ist mein Leben auch mein Beruf und alles, was bisher geschah führte mich zu dem, was ich heute bin. Ich habe einmal von einem Mann folgendes vernommen und bis heute entdecke ich immer mehr Wahrheiten dahinter:

***Das was jetzt ist – ist das Beste von all den Möglichkeiten, die hätten geschehen können!***

So habe ich die unterschiedlichsten Ausbildungen gemacht und in meiner Arbeit mit Menschen es auch weitergegeben. Aber immer erst wenn ich für mich selber erfahren habe, was alles darin zu erleben ist. Ich habe in viele Teile des Lebens hineingeschaut. Doch mir war es immer wichtig, es so zu verstehen und die Erfahrungen zu machen, die mir das Leben geben konnte. Natürlich bin ich kein Arzt geworden. Wo hätte ich da die Freiheiten gehabt, die ich heute habe? Als ich damals in der Schule angesprochen wurde, ob ich mich nicht doch vielleicht mehr anstrengen möchte, da ja doch wohl mehr in mir steckt als das was ich wirklich einsetze, wusste ich, dass ich dann später genau diesen Beruf haben würde. Oh es war schon schön, aber es passte einfach nicht zu meinem Leben und das sagte ich dann der Lehrerin auch. Sie schaute mich zwar komisch an, aber ich glaube ganz fest, dass sie in diesem Moment es verstand. Doch die Belege für den prakt. Psychologen und den Psychotherapeuten habe ich. Doch was gilt das schon in einem Welt, in der nur studierte Psychologie zählt. Ehrlich gesagt ist es mir inzwischen Ganz egal, denn egal was du (ich) bin, es gibt immer etwas an allem auszusetzen. Was für mich zählt sind andere Dinge, schaffe ich es menschlich zu bleiben und mir meinen Spaß und die Freude am Leben zu erhalten? Egal was ich auch immer mache oder erlebe? Als Lehrer für Autogenes Training und Entspannungsmethoden habe ich begonnen, später kamen dann Meditationen hinzu. Während dieser Zeit habe ich angefangen all die unterschiedlichen Wahrnehmungen immer mehr zu verfeinern, die ich schon immer von Menschen hatte. Als Kind hatte es mir nicht nur Freude und Glück gebracht. Denn so manche Erlebnisse konnten die Erwachsenen nicht nachvollziehen und manchmal galt ich als mal wieder verrückt!

In meine jetzigen Arbeit hilft es mir sehr, Wahrnehmungen zu erfassen und manche Sachen zu verstehen, die im „Normalfall" nicht nachvollziehbar sind. Doch hausiere ich nicht damit. Meist ist es besser, „dumm" zu erscheinen oder ich muss innerlich lächeln, wenn mich manche Menschen in bestimmte Rollen und Bilder zu pressen versuchen die sie meinen von mir zu haben. Meine Philosophie ist einfach: Je klüger oder Wissender die Menschen mich meinen, um so mehr Ansprüche oder Forderungen haben sie auch an mich. Die Erwartungen werden immer höher

und so brauchen sie nicht selber anfangen, an sich zu arbeiten.
Doch gerade das macht das Leben so spannend und interessant. Ich habe irgendwann einmal wieder mein Lebensmotto und Lebensaufgabe gefunden. Das stimmt so überein das ich nur zu einhundert Prozent damit übereinstimmen kann. Das ist etwas was, ich seit dieser Zeit nur allen anderen Menschen und mir wünsche und gönnen kann.

So bin ich noch viele andere Wege gegangen und habe die eine oder andere wertvolle Erfahrung in meinem Leben machen können.

Eine meiner wichtigen Arbeiten waren bewusstseinsveränderte Zustände und wie diese herbeigeführt werden können. Ich meine damit nicht die durch Alkohol oder Drogen herbeigeführten. Das habe ich in früheren Leben erfahren, in denen ich immer schon als Schamane, Medizinfrau und  Medizinmann immer nur einmal und jedes mal neu!! gelebt habe. Ich war schon von Kindheit an immer in der glücklichen Lage vieles zu können und zu verstehen, wozu ich alleine auf Grund der Erfahrungen, die ich in diesem Leben hätte sammeln können einfach nicht in der Lage gewesen wäre. Trance, Ohnmacht (ohne macht über seinen Körper zu sein aber nicht gestorben zu sein und doch alles mitbekommen), Koma als Beispiel seien hier genannt. Während ich dies schreibe habe ich erst vor einer Woche wieder ein Erlebnis dieser Art gehabt. Ich war bei einem Mann und hatte seine Wohnung und anschließend den Rohbau des Sohnes ausgemessen und hierzu beraten. Danach fuhr ich, wie vorher besprochen, ein paar Strassen weiter und habe mit einem Mann eine Ausbildungsstunde gemacht. Wir hatten uns vorher schon unterhalten und kannten uns schon. So fragte er mich, ob ich etwas für seinen Onkel tun könne, da er meine Arbeiten als Energiearbeiter kannte. Dieser war letzten Sommer nach einem Herzstillstand ins Koma gefallen und seit dieser Zeit nicht mehr erwacht. Da er im Krankenhaus keine Fortschritte in Richtung Genesung mehr gemacht hatte, wurde er notwendigerweise dort entlassen und nach Hause gebracht. Die Frau und der erwachsene Sohn waren allerdings damit überfordert. Wie das halt oftmals so ist, waren in dieser Familie Berührungen und nette, ehrlich einfühlende Worte eher ein Tabuthema gewesen. Ungewohnt und sie waren damit nicht in der Übung.

Ich hatte ein paar Tage vorher schon gesagt, das ich gerne etwas helfen werde, wenn es die Angehörigen genehmigen. Wir fuhren dann ungefähr eine halbe Stunde entfernt zu dem Haus in ein kleines Dorf. Als wir beide dann dort zusammen in das Haus gingen und ich in das Zimmer eintrat, in dem der Mann in einem „normalen Krankenbett" wie es in einem solchen Fall üblich ist, lag, spürte ich wie sich die Raumenergie immer mehr verdichtete. Man hätte die Luft und Atmosphäre dort wohl sprichwörtlich in Blöcke schneiden können und hinaustragen können. Es waren viele Leute dort im Zimmer und alle wollten wohl sehen, was jetzt passieren würde. Das war ja mal was ganz anderes!

Als ich an der Reihe war bin ich dann zu dem Bett des Mannes gegangen und habe ihn begrüßt. Ob er den spürt und weiß warum ich gekommen sei, fragte ich ihn dann. Ich bekam eine Antwort, aber nicht auf der normalen, bewussten Ebene. Ja, sagte er, ich habe so sehr darum gebeten.

So setzte ich mich dann zu ihm hin neben das Bett und berührte ein paar bestimmte Stellen an ihm. Dann entspannte ich mich und ging aus meinem Körper hinaus, um ihn zu suchen. Es war zuerst schwer, ihn zu erfassen, denn er war nicht mehr in der Nähe seines Körpers gewesen. So machte ich mich dann auf die Suche nach ihm und ließ mich einfach zu ihm hintreiben. Er war nicht klar und bewusst dort in diesem sehr weit entfernten Zustand. Sondern gefangen und nicht freiwillig dort.

Stell dir vor, du bist Nachts unterwegs und du gehst durch einen dichten fast undurchdringlichen Nebel. Weit vor dir erahnst du ein Licht, aber du kannst es nicht sehen. Du kannst dich nur nach deinem Gespür und Gefühl vorwärts bewegen. Je näher ich ihm kam, um so mehr bekam ich auch mit, wie verzweifelt und hilflos dieses Wesen vor mir war. Einsam und inzwischen völlig desorientiert. Ein Zustand, den ich selber vor sehr langer Zeit einmal erlebt habe und deshalb gut nachvollziehen konnte. Ich näherte mich auf dem letzten Stück zu ihm sehr langsam und vorsichtig und redete erst einmal lange Zeit mit ihm, bis er mit mir in Kontakt war und er wieder anfing, einen klaren Verstand und eine Orientierung zu finden. Vorher war nur Panik da. Ich umhüllte ihn dann und nahm ihn mit von diesem Ort fort. Wir kamen dann wieder in der Nähe seines Körpers an. Doch kurz vorher stoppte er. Ich erlebte, was er bisher alles erlebt hatte. Er wollte zu und in seinen Körper wieder zurück. Für ihn war es ein riesiger Schock zu erleben, wie er damals aus seinem Körper herausgeschleudert wurde und dann mitzubekommen, wie die Menschen um ihn herum in Panik reagierten. In diesem Zustand bekommst du ja alles noch viel deutlicher mit als in dem Zustand, der für uns normal ist wenn wir in und mit unserem Körper leben. Damit du es besser verstehst möchte ich dir eine kurze Erklärung hierfür geben:

Außerhalb unseres materiellen Körpers haben wir unseren feinstofflichen Energiekörper. Oder unsere Aura, wie wir sie heute meist nennen. Zwischen der Haut unseres Körpers und der feinstofflichen nächsten Haut unseres Energiekörpers, der sogenannten Ätherhaut liegt unser Energiekörper. Wenn du in eine Narkose oder Betäubung geführt wirst und aus dir (dem bewusst gelernten Einsatz und der handlungsfähigen Körperherrschaft) herausgehst, so wirst du ohne die bisher bekannte Macht und Bewegungsmöglichkeit deines Körpers sein. Deshalb sagen wir auch Ohnmacht. Ohne Macht über den Körper. Du bist jedoch nicht tot oder was auch immer, sondern nur in einem deinen sonstigen Lebensformen oder Lebensmöglichkeiten. Doch du kannst alles sehen, spüren, wissen und erleben, was um dich herum geschieht, was zum Beispiel Menschen denken, fühlen, welche Ängste da sind, was sie zu verbergen versuchen und noch sehr viel mehr.

All das hatte dieser Mann bei seinem Herzstillstand bewusst erlebt. Damit musste er nun erst einmal fertig werden. Später kam dann der verzweifelte Versuch hinzu, wieder in seinen Körper zurückzukehren, um sein bisher gewohntes Leben wieder aufnehmen zu können. Doch alle Versuche scheiterten. Alle Versuche und Anstrengungen von ihm, sich verständlich zu machen wurden nicht verstanden oder wollten nicht verstanden werden. Der ist ja im Koma. Der kriegt ja eh nichts mit. Der kapiert ja eh nichts mehr! Ob es nicht besser ist, wenn sie ihn einfach sterben lassen!? Solche und ähnliche Erfahrungen musste er machen, wenn andere Menschen an seinem Körper waren oder er wieder in seinem alten Haus lebte. Seine Antworten und Versuche, sich verständlich zu machen, waren halt eben nur Zuckungen. Oder unwillkürliche Handlungen von diesem „Wrack“ da, wie die anderen meinten.

Sein Bruder sagte dann später zu mir, das wird mit dem und er nannte dann seinen Namen ...., doch eh nichts mehr. Sie sollten in doch besser sterben lassen. Das war die Meinung bei den meisten Menschen in der Familie.

So war es kein Wunder, dass der Mann bei all den Belastungen, die er ständig erlebt hatte, es irgendwann nicht mehr ausgehalten hatte und sich dann soweit zurückgezogen hatte, das er so gut wie überhaupt keinen Kontakt mehr zu seinem Körper hatte. Auch nicht mehr zu dem, was die anderen ständig dachten oder sagten. Das ging ja alles nicht freiwillig. Es war sein Selbstschutz im wahrsten Sinne des Wortes. Später kam er nicht mehr da heraus und er wurde immer ver-rückter. In diesem Zustand war er auch ein leichtes Opfer für andere Mächte.

Als ich ihn dann dort wieder herausholte, brauchte er erst wieder Mut, sich diesem seinem Körper zu nähern und ich half ihm auch, wieder mit alldem umzugehen, was er über der gesprochenen Ebene, mit mir zusammen wahrnehmen konnte.

Hier war an diesem Tag nicht meine Aufgabe, den Mann einfach wieder in seinen Körper zu schicken oder zu führen. Sondern ihn wieder Schritt für Schritt näher dahin zu bringen. Es den anderen außen herum zu erklären, was hier Tatsache ist. (Sofern sie es verstanden haben oder verstehen wollten. Für viele war es einfach zu neu und zu ungewohnt, um es anzunehmen). Doch die, die es verstehen wollten atmeten auf. Ich erklärte ihnen, was er ihnen zeigen will und kann. Das sie keine Angst zu haben brauchen. So zeigte ich dem Sohn, der Frau und dem Mann der mich hierher geführt hatte, wie sie ihn berühren müssen. Wie sie ihm wieder Vertrauen geben können und wie sie ihm helfen können wieder in den Körper zurückzukehren. So vermittelte ich zwischen den beiden unterschiedlichen und doch nicht so unterschiedlichen Welten. So sagte ich dem Mann dann, er soll uns zeigen, dass er mich verstanden hat. So zuckte dann einmal der Arm sehr stark oder das Bein. Je nachdem worum ich ihn bat. Er war wieder aus diesem scheußlichen „Nebelzustand und der absoluten Panik“ heraus und wieder in der Nähe seines Körpers. Für ihn war es eine totale Erleichterung und er war wieder bereit, soweit er konnte mitzuarbeiten. Auch war jetzt bei ihm wieder der Mut und das Verständnis da, es zu schaffen und irgendwann wieder ganz Zuhause in seinem Körper (Machtübernahme) zu sein.

Der Mann, der mich hierher gefahren hatte, erzählte mir dann auf der Rückfahrt, dass er die ganze Nacht vorher für seinen Onkel gebetet hatte und fast nicht geschlafen hatte. Das das auch klappt. Er war stolz darauf, dabei gewesen zu sein und dies miterleben zu dürfen. Denn er war bei der Feuerwehr und hatte schon viele Menschen retten müssen oder versucht ihnen beizustehen, wenn sie verletzt waren. Jetzt hatte er vieles verstanden was er nie so richtig erklären konnte. Mal sehen, wie es in diesem eingefahrenen Familienverband möglich war, bisher eingespielte und eingefahrene Gewohnheiten zu verändern. Denn es erfordert für jeden und jede einzelne in dieser Familie sehr viel Mut und guten Willen, sich diesem Neuen so zu stellen.

Vielleicht kannst du als Leserin oder als Leser das eine oder andere aus dieser Erfahrung mitnehmen. Wie du selber auch immer zu dem eben gelesenem stehen magst, bedenke bitte, das du nicht selber betroffen bist. So hast du den nötigen „Abstand“ und die Freiheit es abzulehnen oder es an dich heranzulassen. Vielleicht hast du ja selber einmal eine Möglichkeit, jemanden zu helfen. Wir haben alle mehr oder weniger gelernt, einen verletzten Körper, ja nicht zu berühren oder hinzulangen. Es könnte ja sonst etwas geschehen. Doch gerade das Gegenteil ist der Fall. Berühre dich dort, wo es wehtut und du wirst sehen was alles geschehen kann und du wahrnehmen kannst. Bei dir oder bei anderen Menschen.

Doch möchte ich es in diesem Buch nicht versäumen einen kleinen Überblick über eine sehr interessante und wertvolle Erfahrung weiter zu geben.

Nach meinem Namen habe ich es genannt:

## Tabish`s Energietest

*Nicht darüber reden und es damit zerreden -*

*sondern darüber wissen und bewusst damit leben!*

*Wissen ist Macht!*

*Wie groß ist deine Aura genau?*

Was hat dies für eine Bedeutung in deinem Alltag?

*Wie groß ist dein Reaktionsabstand?*

Achtest du auf deinen Intimbereich (hier ist nicht der Genitale Intimbereich gemeint) und wie groß ist dieser genau?

Lässt du andere ohne deine Einwilligung deinen Intimbereich eindringen oder ihn übertreten?
Wie kannst du einfach, klar und bestimmt damit umgehen?

*Wo genau sind deine Chakren?*

Fließen deine Energiezentren?
Sind sie gestört?
Was genau bedeutet das für deinen Alltag?

*Was für eine Ausstrahlung hast du?*

Was gibst du unbewusst an andere weiter?
Wie gehst du damit um, was du unbewusst oder bewusst empfängst/wahrnimmst?

*Was sagt dein Gesicht über dich aus?*

*Was sagt dein Körper über dich aus?*

*Was sagt deine Haltung über dich aus?*

*Wo sind deine Schwächen oder Blockaden?*

*Wo sind deine Stärken?*

*Was kannst du mit diesem Wissen in deinem Alltag anfangen?*

Das war für mich die Grundfrage, als ich mich mit diesem Test auseinander gesetzt habe. Nun, du wirst vieles besser verstehen lernen, wie wir Menschen miteinander umgehen und was wir alles von unserem Gegenüber wahr-

nehmen. Wie sehr wir von anderen Menschen ständig manipuliert werden oder diese selber manipulieren. Bewusst, oder es nicht einmal merken. Du wirst vieles über dich erfahren. Wie du zum Beispiel wirklich mit anderen Menschen Kontakt aufnimmst. Unabhängig von dem, was wir gelernt haben oder vielleicht bewusst geschehen lassen können. Warum passiert immer wieder .........?
Warum gerate ich immer wieder an den Falschen ........?
Du lernst zu verstehen, was du fühlst, ahnst oder vage wahrnimmst und vieles mehr. Was ich hier auch immer aufschreibe, wenn du den Mut hast und dich einlassen kannst, ich werde dir vieles zeigen können, was du dir nicht vorstellen kannst. Es liegt alleine bei dir, JA oder NEIN zu sagen. Der Test mit ausführlicher Erklärung und schriftlichem Vordruck, den ich dann dementsprechend ausfülle und mitgebe, dauert zwischen 1 bis 4 Stunden.

## *Folgendes können Sie über mich bestellen:*

Zwischenglied

wie im Buch beschrieben. Gibt es in versilberter und vergoldeter Form.

Mimosapendel

Dieses ca. 3,9 g leichte Messingpendel ist besonders leicht und sensibel einzusetzen und hängt an einem Seidenfaden. Gut geeignet für Anfänger, aber auch für Fortgeschrittene.
Dies ist mein bestes und meistverkauftes Pendel.

Vergoldetes Pendel

Dieses ca. 26 g leichte Pendel ist mit einer Kette versehen und ebenfalls leicht und präzise zu verwenden. Für alle, die leicht, viel oder öfter mit einem Pendel arbeiten möchten.

Bio-Tensor

Diesen Bio-Tensor lasse ich ebenfalls extra für mich als Spezialanfertigung herstellen. Er ist für alle geeignet, die öfter oder sehr viel damit arbeiten. Von der Eigenschwingung neutral und deshalb präzise. Er zeigt schnelle Ergebnisse. Auch sehr gut für Energieübertragungen geeignet.

## Spezialpendel können von mir jederzeit besorgt werden.

### Dazu gehören:

<u>12 er Pendel</u>

Hier sind 12 Pendelkörper aus Messing auf einer Kette aufgezogen. Sehr gut geeignet, wenn Sie z.B. die Lebensenergie eines Apfels ausmessen wollen. Für viele Pendelversuche ein sehr schönes Pendel.

<u>Resonanzpendel</u>

Dieser Füll- oder Hohlpendel aus Messing mit vergoldeter Oberfläche kann aufgeschraubt werden. Zum Suchen und Auspendeln gleichartiger Stoffe. In den Hohlraum des Pendels wird eine Probe hineingetan, damit über die Resonanzmethode dieser Stoff gefunden werden kann. Mit einer feingliedrigen Kette, ebenfalls sehr sensibel.

## Die Laienrute

Besonders für Anfänger die ideale Einsteigerrute. Diese von mir entwickelte Rute besteht aus 2 Winkelruten und zeigt auch für Ungeübte schnell und präzise Störfelder an. Diese Rute wurde auf meinen Vorträgen mehrere tausendmal bisher ausprobiert. Leichte Handhabung, geeignet für allgemeine Störfelder, Erdstrahlen, Elektrosmog.

<u>Die Vertikalrute</u>

Diese Messingrute wird zwischen den beiden Zeigefingern ohne Druck in Bauchnabelhöhe gehalten und zeigt sehr schnell und präzise das Ergebnis an. Sehr gut besonders für Wasseradern und Gesteinsbrüche, Störungen des Erdmagnetfeldes, Aura-Ausmessungen.

Lecher-Antenne

Die L-Antenne nach R. Schneider, wird mittels eines Schiebers auf die genaue Frequenz eingestellt und ist somit sehr präzise zu handhaben. Als Vertikal- und Horizontalrute zu verwenden. Ausschlaggebend ist allein die eingestellte Wellenlänge, für Profis geeignet.

Sofern ein Bettumstellen nicht möglich ist oder nicht gewünscht wird, kann hiermit eine Umlenkung von Störfeldern im Bettbereich gezielt vorgenommen werden. Dies kann nur nach vorheriger Bestimmung und Kenntnis der tatsächlichen Belastung erfolgen. Es werden bestimmte Schutz- und Kraftsteine ausgetestet und zum Beispiel unter dem Lattenrost platziert. Diese Stellen werden gekennzeichnet. Ein spezielles Unterbett mit verschiedenen Funktionen wird unter oder auf die Matratze gelegt. Bei richtiger Abstimmung ist die Bettstelle belastungsfrei von Erdstrahlen. Mit diesem Verfahren habe ich seit vielen Jahren die besten Erfolge bei meinen Kunden.

## Biofeldformer-Raumharmonisierer III-1

Dieser wird an einer neutralen Stelle mit der Pfeilrichtung in die Störung aufgestellt und nach allen Seiten hin zwischen 20 bis 25 Meter vorhandene Erdstrahlen neutralisieren. Er wirkt auf alle neun Erdstrahlenarten, wie hier im Buch beschrieben.

## Schwarze Box

Für den Arbeitsplatz oder für das Fernsehgerät und um sie unter das Bett zu legen gebaut. Wird einfach zwischen Bildschirm oder PC und Ihnen hingestellt und neutralisiert die Schwingung der Elektrobelastung für den Bereich von ca. 2 m. Dies gilt für den Tagesbereich. Sie können jedoch auch nachts zwei kleine schwarze Boxen unter das Bett legen. Eine schwarze Box unter den Kopfbereich mit dem Pfeil zum Fußende hin und eine zweite schwarze Box unter das Fußende des Bettes. Mit dem Pfeil zum Kopfende hin. Also so, das die Pfeile aufeinander ausgerichtet sind. Es kann hier eine Neutralisierung der vorhandenen Hausstrombelastung und der von außen einstrahlenden technischen Wellen zum Beispiel von Rundfunk, Funk, Fernsehen, Handy bewirken. Je mehr Belastung vorhanden ist, um so mehr kann umgewandelt werden und als neutrale oder helfende Kraft zurückgegeben werden. Mittels Rute, Pendel oder Kinesiologietest kann dies sichtbar gemacht werden.

## Tachyonisierte Steine

Für Trinkwasser, Kaffee, Tee oder wasser für Pflanzen. Wie im Buch beschrieben. Mit Beschreibung.

## Tachyonisierte Filze

Für Handy, Telefon mit Sende- oder Empfangsteil. Einfach nur aufkleben, schon funktioniert es!

## Reinkarnationsarbeit

Rückführungen in vergangene Leben und diese aufarbeiten. Dauer zwischen 1- 5 Stunden je nach Sitzung. Wie im Buch beschrieben. Stundenabrechnung.

## Tabish`s Energietest

Wie im Buch beschrieben. Dauer zwischen 1-5 Stunden. Festpreis.

## Pedra Perideia oder Gebärende Steine

wie im Buch beschrieben, sollten auf den jeweiligen Menschen abgestimmt sein und paarweise getragen werden. Jedes Paar für einen Menschen um auch tagsüber getragen zu werden. Nachts sollten sie auf die Fensterbank gelegt werden.

## Ojo

das spanische Auge habe ich im Buch ebenfalls beschrieben.

Weitere Schutz-, Kraft- und Heilsteine können Sie von mir ausgetestet bekommen und bei mir kaufen. Wenn Sie nicht nach vorheriger Terminabsprache zu mir kommen können, kann dies auch über ein Haar und /oder ein Bild von Ihnen bestimmt werden.

## Erdstrahlen oder Wasseradern können verursachen:

Rheuma, Gicht, Schlafstörungen, Vegetative Dystonie, Krebs, chronische Leiden, Rückenprobleme, Unruhe, Überreizung, Energielosigkeit, Tod, Schmerzen, Depressionen

<u>Es gibt immer eine Gegenmaßnahme!</u>

Es muss nur vor Ort die richtige Maßnahme gefunden werden!

Sehr, sehr vielen konnte geholfen werden mit meist spürbaren Verbesserungen innerhalb von 1-3 Monaten bei richtigen Gegenmaßnahmen.

Deshalb:

Untersuchungen nur vom Fachmann!

**Wenn ich eine Schlafplatzmessung vornehme, benötige ich hierfür zwischen 1-3 Stunden.**

## Mein Angebot im Überblick:

1. Private Schlafplatzausmessung
2. Grundstücks- und Bauplatzuntersuchung
3. Arbeitsplatzuntersuchung
4. Einzelstunden für Ausbildungen

**Beispiel private Schlafplatzausmessung** - gemessen werden bis zu zwei Schlafzimmer einer Familie, jeder weitere Raum kostet extra:

1. Das energetische Herz (Grundenergie des Hauses/der Wohnung),
2. Grundenergie des Zimmers und Störungen des Energieflusses,
3. Radioaktivitätsmessung durch Untergrundschichten/Baumaterialien,
4. Verträglichkeit der Bettmaterialien,
5. Messung der 9 Erdstrahlenarten:
   Oberflächenwasserader
   Tiefenwasserader
   Gesteinsbruch
   Verwerfung
   Kreuzungspunkt des Globalgitternetzes
   Kreuzungspunkt des Currynetzes
   Doppelzonengitternetz-Kreuzungspunkte
   Horizontale Störfelder
   Schwarze Energiefelder
6. Elektrosmogmessung durch Hausstromnetz und Außeneinstrahlung
7. Beratung und auf Wunsch Austesten über Sanierungsmaßnahmen,
8. Erstellen eines Messprotokoll (zu Ihren Händen).

## Dienstleistungen

- Naturbettwaren, wie Matratzen, Kissen, Zudecken usw. - Austesten auf Verträglichkeit und Möglichkeit zum Kauf,
- Ruten, Pendel, Bio-Tensor und den richtigen Umgang damit - Kurzbeschreibung liegt beim Kauf anbei,
- Einzelausbildungen im Rutengehen, richtiger Umgang mit einem Pendel, Aura- und Chakraausmessung,
- Reinkarnationsstunden (Rückführungen in frühere Leben),
- Heil-, Schutz- und Kraftsteine können auf Sie persönlich ausgetestet werden. Große Auswahlmöglichkeit!

## Vorträge

*Öffentliche Vorträge:*

1. Krank durch Erdstrahlen/Wasseradern, Elektrosmog und der falschen Bettstelle?
2. Der richtige Umgang mit Heil-, Schutz- und Kraftsteine
3. Magnetfeldtherapie
4. Sterben
5. Wer bist du wirklich?

Diese Vorträge führe ich ständig im In- und Ausland durch. Wenn Sie wissen möchte wo die nächsten Vorträge in Ihrer Nähe sind, so schreiben Sie uns und wir schicken

Ihnen gerne die entsprechenden Daten zu, soweit vorhanden.

**Möchten Sie im Bekannten-, Freundeskreis oder bei sich im Verein einen Vortrag der oben genannten Themen?**

Rufen Sie bei uns an oder schauen Sie auf unsere Internet-Seiten vorbei unter

www.rutengaenger.org

## Meine Bücher durch meinen Verlag:

*1. Krank durch Erdstrahlen/Wasseradern, Elektrosmog und der falschen Bettstelle?*

Leichtverständliches und umfassendes Buch über meine Arbeit. Für Laien und Fachleute gleichermaßen interessant. 2. überarbeitete Auflage

ISBN 3-9802140-0-1

Euro 19,80

*2. Tabish-Momarien eines wilden Mannes*

1. Auflage vergriffen.
2. Wird nicht mehr aufgelegt.

*3. Du kannst alles erreichen, was du wirklich willst*

Geht nicht, gibt`s nicht

Lerne dich selber kennen und du erlebst alles, was für dich wirklich stimmt. Mit vielen Übungsvorschlägen.

ISBN 3-9802140-2-8

Euro 10,23

*4. Bewusst und glücklich sterben -*

*oder du stirbst so wie du gelebt hast*

Steckt in diesem Titel nicht schon alles?
Ein Buch, dich selber zu erkennen. Es hilft dir auf vielen Ebenen. Leichtverständlich geschrieben.

ISBN 3-9802140-3-6

Euro 12,30

In Vorbereitung:

*Der richtige Umgang mit Schutz-, Kraft- und Heilsteine*

Alle Bücher können direkt beim Verlag bestellt werden oder im Buchhandel bezogen werden.